"爱你如同上战场，

归去来兮，我身心俱碎。"

——华珊·希雷

不是我失败
是有人太坏

［瑞典］托马斯·埃里克松 著

张雨薇 译

天津出版传媒集团

天津人民出版社

图书在版编目（CIP）数据

不是我失败，是有人太坏 / (瑞典) 托马斯·埃里克
松著；张雨薇译. -- 天津：天津人民出版社, 2018.12（2022.4重印）
　　ISBN 978-7-201-14242-5

　　Ⅰ.①不… Ⅱ.①托… ②张… Ⅲ.①性格－通俗读
物 Ⅳ.①B848.6-49

中国版本图书馆CIP数据核字（2018）第259897号

著作权合同登记 图字：02-2018-391号

SURROUNDED BY PSYCHOPATHS by Thomas Erikson © 2017
This edition arranged with ENBERG AGENCY AB through
Andrew Nurnberg Associates International Limited

不是我失败　是有人太坏
BU SHI WO SHI BAI　SHI YOU REN TAI HUAI

（瑞典）托马斯·埃里克松　著　　　张雨薇　译

出　　　版　天津人民出版社
出 版 人　刘　庆
地　　　址　天津市和平区西康路35号康岳大厦
邮政编码　300051
邮购电话　（022）23332469
电子信箱　reader@tjrmcbs.com

责任编辑　玮丽斯
监　　制　黄 利 万 夏
营销支持　曹莉丽
版权支持　王秀荣
装帧设计　紫图装帧

制版印刷　天津中印联印务有限公司
经　　销　新华书店
开　　本　787毫米×1092毫米　1/32
印　　张　11.75
字　　数　120千字
版次印次　2018年12月第1版　2022年4月第2次印刷
定　　价　49.90元

目录

推荐序 这本书可以帮我们认识自己的问题模式 / 6

引言 不是我失败，是有人太坏 / 9

他们为了得到自己想要的，不择手段·13

读了这本书，你可能会睡不着觉·17

这是一本有关变态的书吗？·19

精神病态占人口总数的 2% 到 4%·20

一个精神病态对应 50 个受害者·21

胜出的是，最有魅力的小恶魔·26

为什么你要读这本书·30

CHAPTER **1**

究竟什么是精神病态者？

黑尔《精神病态检核表修订版》·3

这个检核表怎么用？任何人都可以用吗？·14

我在检核表里看到了自己的影子，以及我伴侣的……·15

精神病态是种病吧？

我们难道不应该对他们表示同情吗？·15

如果我发现检核表中有几条和自己相符……·16

这类人比你想的要多·18

日常生活中我们会遇见的现实版变态·19

CHAPTER 2

怎样对精神病态者建立防线

把自我认知提升到最高水平·23

学会识别精神病态行为·30

想清楚你的自尊价值几何·32

CHAPTER 3

谁有可能是精神病态者

无足轻重的决定与举足轻重的决策之间有什么不同吗？·38

那些操纵者都是谁？有嫌疑的人通常是……·40

你永远不会遇到的那一类精神病态者·41

万一你的伴侣是精神病态者·42

万一你的同事是精神病态者·44

他们藏在哪里·47

CHAPTER 4

进入正题前，先来了解下 DISA 性格测评系统

红色性格 - 支配型行为·52

黄色性格 - 影响型行为·63

绿色性格 - 稳健型行为 · 74

蓝色性格 - 分析型行为 · 84

CHAPTER **5**

我们为什么要彼此操纵？

什么是操纵？它一定是负面的吗？ · 98

你也利用过别人，你就承认了吧！ · 101

一个不易被察觉的操纵案例 · 102

时刻存在的影响 · 104

我们究竟为什么要彼此操纵 · 105

结论是什么 · 108

举一个真实生活中简单的例子 · 109

如果事情没有那么简单 · 110

CHAPTER **6**

当不同性格的人操纵你时……

红色性格人影响你的方法 · 115

为了向你推销你并不感兴趣的产品，

黄色性格人会用什么招数 · 121

为了引你善心大发，绿色性格人会怎么做 · 128

蓝色性格人是如何用事实论据让人心悦诚服的？ · 137

CHAPTER **7**

现实生活中的精神病态

精神病态者以红色性格人居多吗？ · 149

黄色性格的操纵家是精神病态者？ · 155

消极被动的绿色性格人有可能是精神病态者吗？ · 162

沉着冷静的完美主义者，
蓝色性格人是精神病态者吗？ · 169

CHAPTER **8**

精神病态者如何利用不同人的性格弱点展开攻击

精神病态者如何操纵红色性格人 · 178

精神病态者如何操纵黄色性格人 · 191

精神病态者如何操纵绿色性格人 · 203

精神病态者如何操纵蓝色性格人 · 215

CHAPTER **9**

操纵老手们的"三十六计"

随意正强化 · 230

爱的轰炸 · 240

负强化 · 249

让人摸不着头脑的烟雾弹 · 253

调动你的情绪来对付你 · 258

三角剧 · 265

煤气灯 · 274

不理不睬 · 280

更多的一些操纵手段 · 283

CHAPTER **10**

如何应对来自非精神病态者的操纵？

打破操纵套路 · 291

学学有划痕的唱片 · 297

消除恐惧、忧虑和负罪感 · 300

揭穿他们的操纵行径 · 308

开弓没有回头箭，要摧毁操纵就坚持到底 · 312

提出继续维持现有关系的条件 · 314

CHAPTER **11**

万一前面讲的方法都不管用怎么办？

换句话说：怎样保护自己免受纯种精神病态者的伤害 · 320

要对付真正的精神病态者，你必须这样做 · 328

后记 最后——一些助你前行的话 / 332

这本书可以帮我们认识自己的问题模式

李雪 精神分析心理学学者，
《当我遇见一个人》作者。

　　抽出时间来读读这本书很有益处。我们每个人都或多或少存在一些精神病态的表现，但不等于就是精神病态者，这本书可以帮助我们认识自己的问题模式。

　　识别出身边的精神病态者并且及时远离或者保持清晰的界限，能给我们的生命减少很多麻烦，甚至事关生命财产安全。

　　识别精神病态者，说简单也简单，凭人类的直觉即可。如果你在原生家庭里体验到真实的爱，那么你天然的就会排斥精神病态者，你的直觉就会告诉你，在精神病态者身上，没有真实的情感，也没有真实的关系。

　　如果你的父母正好是精神病态者，那么这会很大程度增加你被精神病态者纠缠的概率，他们会在你身上嗅到这样的味道：

你的界限是可以一步步被侵蚀的，总有一种方式能够突破你的自我保护。或许是躁狂的许诺满足你的自恋妄想，或许是给你制造内疚从而操控你，或许是激发你的拯救欲来剥削你，或许向你泼污水让你自证无罪，等等。这些通常也都是童年你和父母关系模式的再现。

这所有方式的背后，都是他不在乎你的感受，他只关心如何达成他的意志。这是精神病态者的核心，他们的心理发育没有进展到客体水平；他们的内心里，别人并不是跟他一样的人，只是满足他自己的工具。所以精神病态者不会真的关心别人，他们只关心如何操纵别人来满足自己，并且毫不在意这个过程会给别人造成多大的痛苦和损失。

精神病态者也分段位高低。高段位的精神病态者，经常让人觉得很迷人。因为他们身上似乎没有常人的束缚，他们根据需要切换角色的速度之快让人咋舌，他们好像没有什么固定的人格结构。但是这一切，如果你体验过真实的情感联结，精神病态者都会给你一种虚假的感觉，感觉那种快速建立的美好关系是空中楼阁。

可能你会说，可是我很难有这方面的直觉，能够觉察到情感的真伪。确实，高段位的精神病态者经常是影帝影后。那么还有一个可能更容易操作的检验方法，就是看一个人是否会为自己的行为负责任。

　　精神病态者，无论把话说得多么漂亮，一旦事情出现不好的后果，他们在行为上是不会去负责任的，因为在他们的感知里，任何事情都不是他的责任，都是别人的错；或者别人蠢，活该。

　　所以检验精神病态者，可以观察，当你和对方出现冲突的时候，对方的直接反应，是把责任推出去，还是愿意去了解问题出在哪里，负起责任。

　　或者你可能疑惑，有些人擅长推卸责任，但或许不至于是精神病态者？我觉得在诊断学上叫什么，其实并不重要。重要的是，无论选择朋友、工作伙伴还是伴侣，如果你希望未来的日子好过，都可以遵守这个检测方法：当发生冲突、损失的时候，看对方最关心的是证明我对你错，还是关心如何解决问题，让关系和事情朝好的方向发展。能够为自己负起责任，是交往的第一原则。

　　我觉得，谨守这一个原则，你的人生就能够避免大多数狗血悲剧。

2018 年 10 月于大理

不是我失败，是有人太坏

　　请在脑海里勾勒出这样一个画面：一位符合你性取向又魅力四射的人坐在你面前，微微一笑，说："你是我这辈子见过的最棒的人！"而你立刻认定这不是逢场作戏，这人对你所说的都是发自肺腑的真心话。这种人会问你一个又一个的问题，想要了解关于你的一切，却丝毫不提及他们自己；而那股热乎劲儿则让你觉得似乎在对方的眼里，整个世界都消失了，你是唯一。接下来他们对你全方位关注，让你感到飘飘然，感觉前所未有地好。对方对你表示钦佩和赞美，说的话全都善意满满，表达出的情感恰恰是你这辈子一直渴望得到的。这个人似乎完全读懂了你，清楚地知道你的所是、所为、所喜、所恶。那感觉就像是遇到了相见恨晚的知己。莫名其妙地，但它就是以你从未感受过的方式触动了你的心。

你脑海里想象出这样的情景了吗？你内心感受到悸动了吗？这场景要是真的可就妙极了，对吧？

那么问题来了：你能不能摸着自己的良心说，这种情况不会对你产生影响？你能不能保证自己对这种没来由的艳遇免疫，而且内心还会立刻警铃大作，意识到此人实际上醉翁之意不在酒，非图色，即图财？

回答之前还望三思。因为如果你从来没经历过这种情景，你永远都不会发现其中的危险。这种人会对你吐露自己的私密事，然后套出你的秘密来。你会对他们提出的各种试探性问题一一作答，然而他们这样做只不过是为了一个目的：极尽所能去了解你的全部。几年前我写了一本书，书名叫作《周围都是白痴——如何读懂那些让人无法理解的人》（Surrounded by Idiots – How You Understand Those Who Cannot Be Understood）。书中介绍了 DISA 性格测评系统[1]的基础知识，这种心理测试是全球范围内用来描述人类沟通以及行为差异的

---

[1] 为了分析和研究心理健康的普通人群，马斯顿博士于 1928 年在《常人的情绪》一书中提出了 DISC 行为模式理论。它是一种研究"人类行为语言"的理论，后人在其基础上逐步建立了 DISC 性格测评系统，也叫 DISC 行为风格测试。其中，"DISC"是测评中四种典型人格特质的英文单词的首字母缩写（见正文的下面一段）。虽然在不同的测试版本中，这 4 个字母具体代表的单词不同，但本质上都大同小异。在本书中，作者采用了另一个单词来指代第四种特质，故这一测试的名称变为"DISA"；下同。——译者注

最常见方法之一。书上市后很受欢迎，这一点倒是出乎了我的意料。我想这是因为许多人和我一样，自然而然地对他人的行为感到着迷，但最为着迷的还是自己的行为。我自己不妨也承认：我嘛，有个有趣的灵魂！至少我自己是这么认为的。

在我的这两本书中采用的行为分析体系是以马斯顿[1]的研究为基础，包含了四个大类，为了便于读者们记忆，我给每个大类划分了一种颜色。红色行为、黄色行为以及绿色行为和蓝色行为。红色代表支配力（dominance），黄色代表影响力（inspiration[2]），绿色代表稳定性（stability），蓝色代表分析能力（analytical ability）。在后面的章节中你会看到这几种颜色在实际生活中所代表的含义。这个分析工具可以用于解答不少我们心中的有关人类思维、行为模式的疑问。当然了，要解答所有的疑问只靠它是不行的。

人类太复杂了，无法百分之百精细地描绘出来，但是你对

---

1 即美国心理学家威廉·莫尔顿·马斯顿博士（William Moulton Marston，1893—1947），其研究方向与关注异常心理和行为的传统心理学派不同，主要研究的是正常人类的行为和情绪反应，并提出了 DISC 理论，后来的学者进一步将该理论方法发展为今日心理学界最常用的测评之一。此外，马斯顿博士还是全世界首台测谎仪的发明人，也是美国著名编剧，其代表作品有《神奇女侠》等。——译者注

2 心理学界对 DISC 中的 "I" 有多种释义，例如影响（influence）、引导（inducement）、激励（inspiration）等。我国国内的 DISC 测评大多采用第一种，故这里遵从国内习惯，译为 "影响"；下同。——译者注

人类了解得越多，就越容易发现人与人之间显然存在着差异。这个方法或许能把整幅拼图拼出个80%，虽然已经挺不错的了，但离彻底拨开"谜"雾还差得远。而且，其他因素也必须考虑进去，例如性别视角、年龄、文化差异、驱动力、智力、兴趣、各方面经历、新入职员工还是职场老手、在兄弟姐妹中的排行，以及诸多其他因素等。为了简单起见，我们这么说吧，这幅"谜"雾拼图的碎片多得可怕。

但是，问题来了，过了一段时间我发现，有人专门把这个方法以完全错误的方式加以利用。这绝不是我的本意。我现在想做的就是让你们意识到这些人的存在。关于《周围都是白痴》这本书我经常被问到的一个问题是：有没有可能有人能具有所有四种颜色的特质呢？我收到的很多读者来信中都写着"我每种颜色都有点像"。当然会有人这么觉得了。有时候我的行为像红色，一般是黄色和绿色，但是在一些别的时候又无疑是蓝色。这一问题的答案实际上非常简单：我们都有能力按自己意愿选择做出四种行为中的任意一种，这多亏了我们是能为自己着想的智能动物。例如，随着黄色人群自我认知的提高，他们能意识到是时候闭上自己的嘴巴竖起耳朵听了。而绿色人群也能学着表达自己内心真实的想法，哪怕这么做会带来冲突。不过基本上，一个人的行为通常由两种颜色主导。

他们为了得到自己想要的，不择手段

《周围都是白痴》这本书出版大约一年后发生了一件诡异而令人不愉快的事情。当时我在某所大学做一场讲座，结束后有位小伙子走过来。他来到我面前，和我面对面，同时或多或少地把其他过来想问问题的听众挤到了一边。他紧紧地盯着我，说四种颜色都不像他。我问他是什么意思，他答道我描述的四种行为没有一种与他相符。他觉得他是第五种颜色。此外，他也想更多地了解一下如何才能真正适应其他颜色的人。他想知道要怎么做才行，而他的措词则耐人寻味：他想知道对他来说怎样才能充分利用好这些知识。

行吧。

由于我没有机会当时就在现场对他展开分析，所以我给了他一个模板式的回答。当这个小伙子意识到他并不会得到自己想要的答案时，就让开了。但是他并没有离开现场，而是站在离我几米远的地方，一直观察着我，直到我收拾好所有的随身物品。

实际上，"观察"这个词还不太准确。更确切地说，他用几乎下作的目光瞪着我，可能足足瞪了 10 分钟。我看到有人走到他跟前和他笑着打招呼。这小伙子也会对来人报以微笑，但是其实他根本没笑。他的微笑是装出来的。他的脸扭曲着挤出一个诡异而奇特的笑容，算是在模仿微笑吧。有些人会对他怪异的笑容做出反应，脸上浮现出了疑问，然而其他人似乎根本没发现有什么不同寻常的问题。每次"笑"完过后，这个小伙子就重新拿出他那副严肃而全神贯注的目光瞪着我。毫无疑问那很令人不悦。

那他说的对他来说怎样才能充分利用好这些知识到底是什么意思呢？

我突然意识到，这个小伙子有一句话说对了——DISA 性格测评并不真正适用于所有人。人群中有一定比例的人无法归类，也就是那些令人非常不愉快的几类人，我们应当对他们提高警惕。我们都听过这样那样的故事，什么操纵高手、老狐狸、江湖骗子。受害者们常说的一句话是，"我怎么会被他耍得团团转？为什么我没能看出来他是个大骗子？"

是啊，为什么呢？因为这些人熟知如何利用你的行为习惯来对付你。他们天生就知道如何操纵一个人去做几乎任何一件事。通过利用对受骗对象本人的了解，他们可以愚弄几乎任何一个人。而且这种人的目标永远都是一样的：得到他们想要的东西。留在他们身后的却是一片混乱无序。

问题就在这里：如果一个人并不真正具有某一种自己的人格，而总是像一面镜子一样模仿在他／她面前的人——那么，这个人到底是谁呢？他们不是红色人群，不是黄色人群，也绝对不是绿色或蓝色人群。他们是四种颜色兼备吗？是第五种颜色吗？答案是——这些都不是。他们是更糟糕的一类，这一类人无法用我们给正常人分类的方式去归类。他们没有自己的人格，他们只是模仿他们看到的，以让自己获益。他们就像是变色龙，带着自己不可告人的目的，并且我们可以确定这些目的都是专门利己的。

其实我更想这么说：他们根本就没有颜色。因为没有真实人格的人、总在演戏的人——根本就不是一个真正的人。他们更像是个影子或者镜像，映照着现实，却并不真实存在。这种人活脱脱就是行走中的诈骗犯。如果你遇到过这样的人，想必你会深有同感。

但是，我说的这种人，他们都是谁呢？什么人会像他们那样模仿别人的行为？还有，他们这么做的目的会是什么呢？

假装跟普通人一样。翻译成大白话就是：披着人皮的狼。是不是觉得听起来有点太夸张了？原因很简单：就是这么夸张！这种人会伤害绝大部分出现在他们生命中的人，而且通常受害者都意识不到自己遭遇的混乱情形是谁造成的。

亲爱的读者们，这就是变态狂——或者更准确地说，是精神病态者[1]的所作所为。

---

1 "精神病态者"和"变态狂"在英文中是同一个单词"psychopath"。该词在日常生活中含义较为宽泛，常被用作"变态"义，但在心理学领域是一个专业术语，特指一类人群。这类人的行为具有高度冲动性和攻击性，而对其危害社会的行为往往缺乏悔意。针对精神病态这一课题，早期的研究对象主要是精神病人和重刑犯。然而随着研究的深入，有学者指出在这两种病态研究对象之外的正常人群中也存在精神病态心理和行为。后来，这种亚临床阶段的精神病态被作为一种人格特质，为人格心理学所研究。精神病态（psychopathy）又称病态人格、反社会人格或社会病态人格。——译者注

　　幸运的是，这种人统统都关在监狱里。和我们正常人一样，精神病态者们散布在社会的各个角落。他们潜入公司、渗入组织，干的活比别人少得多，仅在极特殊情况下才会做出那么一丝丝贡献。聚餐时几乎从来不见他们主动买单，家庭开支需要钱时他们总是一毛钱也拿不出来。这些人往往行为不检点，爱摆布人，且两面三刀。他们是臭名昭著的骗子，其中大多数人甚至不为任何原因，就是无缘无故地撒谎。他们能愚弄所有人对其产生信任感，而后又利用你说过的话来对付你。然而，这些人通常人缘极好。好多人喜欢他们，尊敬他们，甚至崇拜他们。

　　你或许会问："这怎么可能？"问得好。我们为什么会喜欢一个如此两面三刀的奸诈之人呢？你这会儿可能在想："我可不会这样，我会从一开始就讨厌他们。"对极了，前提是你得知道他们的真面目。然而你并不知道，因为他们从不以真面目示人。运气好一点的话，或许，你能看破他们的伪装。最乐观的情况是，在丢了饭碗、众叛亲离之前，你能悬崖勒马。

　　"别急，等一下。"你可能又在想了，变态狂都是连环杀人犯和暴徒啊。"很显然这些疯子绝大多数都关在监狱里。"

　　要真是那样就好了。精神病态者中确实有很多人在吃牢饭——因为他们当年没能控制住自己的冲动。他们很暴力，有时候，直白点儿说吧，很疯狂。当这种人看到什么自己想要的东西，伸手就拿了，一般还附带暴力行为，这立刻就暴露了他们的本性。然而，大多数精神病态者并不在监狱里。他们当中有更精明的，以及不以严重暴力犯罪为主要手段的，这些人伪装成普通人，就隐藏在你我中间。他们为了得到自己想要的，可是不达目的决不罢休。你肯定遇到过这样的人。

读了这本书，你可能会睡不着觉

刚才我提到的讲座上的那个小伙子——他怪异的行为困扰了我好几个月。他那双死死瞪着我的眼睛，还有做作的笑容，一切都太诡异了。他后来怎么样了？这个问题的答案我前不久刚刚得到。出于各种缘由，我需要回那所大学一趟。我找到当时组织讲座的学系的系主任，向他了解那个小伙子的情况。他是谁？作为系主任对他有什么了解吗？我得到的回答让人毛骨悚然。

那个小伙子被人发现挪用公款，到系主任报警时，他已经贪污了50万瑞典克朗。但是事情还远不止如此，他还致使系里两位女性意外怀孕。然而他耍手段，成功使其中一位因被举报性骚扰（说她骚扰他！）而遭解雇，另一位则在婚外情被揭发之后试图自杀（她已结婚多年）。此外，自这人在同事中施展阴谋、制造混乱以来，系教职员工里已有两位因慢性疲劳综合征而离岗休病假。他所在部门的领导也辞职了，部门内一片混乱。大家都不知道该干什么，各自的工作目标早被忘个一干二净，整个部门眼看就要散架。

但是，那个小伙子可是懂得如何取悦于人的。他早就学会了如何给人留下一个人见人爱花见花开的大好人印象。他戴着这副面具逍遥了两年之久才被开除。谁都未曾怀疑过他。他给每件事都找好了说辞，并且说到最后总是别人的错。

系主任带着颤抖的声音告诉我，那个小伙子被无罪释放了，因为他成功地说服了警方和检方，让他们相信他是在系主任的授意下才挪用了公款。而这位在大学校园耕耘了三十八年的系主任，差一点就被检察院提起公诉。钱反正是找不回来了，而证据又实在不清不楚，不足以支持对真正的罪犯采取任何措施。我问系主任那年轻人后来如何了。他说他刚在一个 IT 公司找到了份新工作，现在正负责一个涉及大笔投资的项目，即将带领全公司走上新的高度。

由此看来，那个小伙子已经弄明白了对他来说怎样才能充分利用好这些知识。

当系主任讲完了那人的故事时，泪水已爬满了他的面颊。看到这一幕，我心里也十分难过。

要是当时有时间，我本会给那个小伙子做一下心理分析。可是分析结果能是什么呢？坦白地说——我不知道。

然而最恐怖的是：他仍然逍遥法外。若是你某一天遇到他时知道要怎么应对，那就再好不过了。因为一旦他嗅出你的弱点所在，就会采取一切可能的手段来摧毁你。这并不是因为他恨你，或者你们俩之间有什么私人恩怨，而是说，精神病态者就是这样的。他们想从你身上得到什么就径直拿走，为此不择手段。至于可能带来什么后果，他们并不在意。

这种人会引诱、蒙骗、撒谎、摆布。他们是偷窃贼，是寄生虫。他们从摧毁他人的过程中汲取能量。那是他们的主要燃料。

夸张了吗？一点也不。当你读了这本书后，你可能会睡不着觉的。如果真会这样的话，我先在这里表达我的歉意。

我将向你讲解如何识别精神病态者以及如何辨认出带有精神病态者特质的人。我还会给你展示应对这些人的措施。

这是一本有关变态的书吗？

《周围都是白痴——如何读懂那些让人无法理解的人》这本书出版后，我在欧洲各地举办了相关主题讲座。这本书中关注的一些事情是我本人曾一度想当然地轻视掉的。人和人是不同的。没错，这我们早知道了。但是，有多不同？又有哪些不同？还有，最重要的——我们对此能做些什么？

当年，威廉·莫尔顿·马斯顿提出了 DISC 行为语言分析理论，后来在其基础上建立的涉及四种颜色的 DISA 性格测评系统也确实解释了有关人类思维、行为习惯的不少问题。但是，正如我在前面提过的，并不是所有情况都能用它解释得通。举个例子，马斯顿是首个在正常人身上开展研究的伟大心理学家，而在他之前的荣格和弗洛伊德则主要致力于研究病态心理对象。

你能在 DISA 测评系统里给每个人都找到符合的分类吗？不，当然不能。这个系统只对精神状态稳定的人适用。患有心理疾病，如边缘性人格障碍、重度自闭症、精神分裂症等的人群，是无法用 DISA 来测评的。精神病态也是一样。

精神病态占人口总数的 2% 到 4%

"先打住，"你可能要说，"不管怎么讲，精神病态者都是很少见的吧，所以这个问题基本不值得我们担心。他们在人口中的比例最多也不会超过 0.1% 吧（哪怕是 0.2% 或 0.3%）。"我能理解你的想法。然而，世上的精神病态者比你想象得要多。最新的科学研究发现，精神病态者占总人口的比例在 2% 到 4% 之间。可能对比一下更清楚：这个占比要比单一红色行为人群的占比高出许多倍。后者仅占总人口数量的 0.5% 左右；然而即便如此，我还在上一本书中花了不少篇幅来专门写他们。

试想一下：假如你是个牧场主，养着 1000 只羊，最近听说附近有两匹狼出没——那么，你会更在意哪边的动向？羊的，还是狼的？你必然是想掌握狼的行踪啊。尽管它们为数不多，尽管它们不会把羊群赶尽杀绝，但多了解一下狼的思维模式还是好的。因为狼一旦展开攻击，一切就太晚了，只能任其宰割。

精神病态者对周围的破坏力跟狼差不多。这种人的行径能影响到大量的人，因为他们的恶行造成的危害基本不会只波及身边寥寥数人。精神病态者带来的破坏将导致深远的影响，他们总是把许多人一起拖下水。

本书就是要教你学会保护自己不受这种行径的伤害。笔者将从马斯顿的四色性格测评系统出发，展示不同性格类型的优势和弱势是怎样被心存不良的精神病态者利用的。他们会用这些弱点反过来对付你。这就是心理治疗对精神病态者不起作用的原因之一。这种人无法被治愈。

笔者将在本书中回顾四色性格测评系统的一些知识，好让没有读过《周围都是白痴》一书的读者们更好地理解本书中的术语和案例。如果你已经读过笔者的上一本书，觉得自己对性格测评系统百分之百地了解，也请拿出耐心来，提醒自己，复习是学习之母。

一个精神病态对应 50 个受害者

关于日常生活中的精神病态行为，我要举的第一个例子是我自己的亲身经历。那时我已经出了几本书，包括第一本小说，有个想当作家的年轻女子通过电子邮件联系到了我。她自称读了我的书，觉得棒极了，问我能否在写作之路上帮她一把。我对待读者的态度很简单：我真心喜欢与他们接触，也欢迎他们和我交流思想，比如说说对我的书的看法。不过通常我只会给读者一次答复。我不可能长篇大论地和他们聊，因为每周工作六天的我实在挤不出更多的时间。因此，我给那个女子写了一封模板式的回信，就没再多想了。然而她继续一次又一次地给我发电子邮件，并且由于没收到我的任何回复，字里行间的语气也越来越咄咄逼人。

过了一段时间，我的同居伴侣收到了一封邮件。在信里，那个年轻女子用了另一个名字，自称是我的恋人，还说即将与我结为连理。我和伴侣都惊呆了，而且邮件里还列举了一系列对我的严重指控。例如，我曾在短短几个月之内与将近一百个女人发生过关系，并导致其中至少二十人怀了孕。（这一条指控让我最终选择报了警，警察也觉得难以置信，我怎么可能在那么短的时间内干出这么多坏事。）类似疯狂的行径还有很多很多，我无法一一讲述。总之，我伴侣收到了大约五十封邮件，虽内容各异，但主题相同。

与此同时，我自己也收到了那个年轻女子言辞热烈的情书，说什么很想念我，盼着再与我相会，要和我再去看看斯德哥尔摩市中心的那套公寓。当时我的脸书（Facebook）主页是完全公开的，让那个女子搜集到了大量有关我和我伴侣的信息，因此她写的邮件里有些事情听起来可信度相当高。（当心：你不知道是谁在网上关注着你的行踪，也不知道他们会用来做什么勾当。）

这种情况持续了大约半年后，警察终于成功阻止了她。这算是一个作案手法高明的跟踪骚扰案件。在社交媒体的助力下，那女子给我造成了一大堆的麻烦，尤其是在许多作家同行之时。对于我来说，整件事令人难堪、让人惧怕。一开始我甚至都不知道她是谁。

"是个神经病吧，"你心里想，"就是个普通的疯子。世界上这种人多得是。"

有可能。但这还不是初犯。警方的调查显示，那女子以前至少还干过一次同样的事情，当时也是针对一位比她年龄大得多的男士，对方也是位作家，名气比我大得多，你很可能听说过他。他受到了很大的打击，甚至就此心灰意冷、退隐江湖。我和他谈了好几次，想弄清楚事情的原委，然而我们俩谁也没能搞明白那女子到底想要得到什么——除了打击报复，因为我没帮她实现什么写作之梦。

莉丝贝特·杜夫林格（Lisbet Duvringe）和迈克·弗洛雷特（Mike Florette）在他们的书《女性精神病态者》（Kvinnliga psykopater）中写道："复仇的滋味甚好，他们（精神病态者）从毁灭中感到快乐；他们乐在其中。尤其是女性精神病态者，她们似乎喜欢寻求情感性的报复和社交性的攻击，然后以流言蜚语的方式创造出操纵性的、不确定的、带有威胁意味的恋爱关系。那是一种破坏性的报复，不像肢体暴力那样显而易见，所以更难识别。"

　　我切身体会到了作为这种行为的受害者是怎样一种感受。警察把那个年轻女子带走问询，在那之后针对我的所有迫害仿佛被施了魔法般戛然而止。厉害，不是吗？接下来她甚至还主动指认了其他有可能对此事负有责任的人。我的观点由此得到了佐证——此人精神正常。她若是被诊断患有某种精神障碍，是不可能突然之间让自己收手的。整个过程中她完全清楚自己的所作所为。当局势变得难以把控的时候，她很可能就此转向新的猎场，好去继续实施自己变态的行为。

　　警方说他们之前从没遇到过看起来如此可信的骗子。那女子似乎把自己都骗住了。尽管警方拿出了科技手段获取的证据，证明了她是我受到的一系列迫害的始作俑者（警察查了她的电脑，需要的罪证全都找到了），她还是矢口否认。事情至此还没完。此人有效地给予了还击，报警说我威胁她，说实际上是我在反过来骚扰她。她指控我威胁要杀了她，还雇了职业杀手；而我确实还出于某个离奇的原因和后者有过接触。往轻了说，都是些耸人听闻的指控。唯一能与这人撇清关系、证明我清白的，是她编造的我俩在各个不同地点的约会，我都有不在场证明。

　　套路明摆着呢，就是那个精神病态者用来摧毁我的生活以及写作生涯的手段。我想，她是为了报复我拒绝跟她探讨她那所谓的写作。这一次她没有成功，但她倒是成功摧毁了我当时的那段恋情。那段关系被整个事件伤害得太深，最终我与伴侣分道扬镳。分手时，我的伴侣已经彻底出现了偏执行为。她每天都会花好几个小时的时间查看社交软件，搜索那女子的动态。我说什么都无济于事。

那个制造混乱的年轻女子则继续过着她的小日子，跟一个男人在游艇上乐享人生。我发现可以在脸书上看到她的动向。此人似乎没有受到丝毫的惩罚，而我的伴侣却已经被病态的嫉妒心理折磨得好像变了个人，并且为了不再发生此类事情，把我和一切隔绝开来——甚至不让我见孩子。买鞋子时她见不得我跟售货员打招呼，我俩外出就餐时她不容我与服务员说话，而且事后都要对我好一番盘问。这时我意识到，一切都完了。而一手造成这一切的真凶呢？我甚至都还没亲眼见过。

这个精神病态者成功地给多少人带来了麻烦呢？咱们来数一数。首当其冲的是我，然后是我的两个孩子、与我同居的伴侣、她的三个孩子，还有我的父亲和我可怜的母亲、我姐姐一家，最后是事件发生时我所供职的公司的同事，以及所有能算作是我朋友的人。

1 个精神病态者对应大约 50 位受害者。1 比 50，即 2%。这个比例又一次出现了。

我讲这个故事并不是为了博取你们的同情，这件事情对于我来说已经过去了。我想表达的是，任何人都可能被精神病态者影响。我们中没有谁能对这种类型的行为免疫。你们应该也看出来了，如今的我对所遇之人要警惕得多——但愿我没有表现得太明显。可是在内心深处，我清楚地知道每 100 个人里就有 2 到 4 个精神病态者，因此我现在会更加留意怪异的行为。

然而不论那次事件对我、我的朋友以及家人而言是多么的不愉快，把它和世界上许许多多其他的事情相比真的不算什么，因为精神病态者往往在谋取权力这条路上走得十分成功。

爱斯基摩人对付精神病态者的方式挺有意思的。当男人们不得不出远门去打猎的时候，有的人或许会假装生病或者受伤，无法一起去打猎，这样就可以留在陆地上了。三个月后猎人们回来，发现整个村子被烧成了灰烬，女人们全都怀了孕。

那么爱斯基摩人是怎么惩罚那个罪魁祸首的呢？他们把他扔到了海里的一块浮冰上。

胜出的是，最有魅力的小恶魔

《好心的精神病态者给你的成功指南》[1]（The Good Psychopath's Guide to Success）一书的作者凯文·达顿（Kevin Dutton）使

---

1 本书在国内已有中文译本出版，书名为《像疯子一样思考，像天才一样行动》。——译者注

用一种人格测试来诊断成年人的精神病态。测试使用的工具叫作
《病态人格量表—修订版》(PPI—R)，最初是由斯科特·利林菲
尔德（Scott Lilienfeld）和布莱恩·安德鲁斯（Brian Andrews）
为评估非犯罪人群中的某些性格特质而打造的。

量表的初衷是在不特别关注反社会行为和犯罪行为的前提
下全面地列出所有精神病态特质。另外，它还包含了对测评有
效性进行监测的方法，指导评估人判断受试者是否故意误导测
试结果或者对测试题目做搪塞敷衍的回答。

《病态人格量表—修订版》揭示出了 8 个具体的因素：

- 马基雅维利式的以自我为中心，即为了达到自己的目标而
  缺乏同理心，冷漠

- 具有社交影响力，能够取悦和愚弄他人

- 冷漠心肠，即明显缺乏情感、负罪感及对他人感受的尊重

- 从不考虑将来、不做打算，即难以事先做计划，难以考虑
  行为的后果

- 缺乏畏惧感，即内心渴望做带有风险的事，并缺乏通常与
  风险伴生的恐惧

- 责备外化，即无法为自己的行为承担责任，反而怪罪别人
  或者为自己的越轨行为寻找借口

- 叛逆、不守法，即无视公序良俗和符合社会规范的行为

- **对压力免疫，即对创伤性或引起压力的事件缺乏典型的标志性反应**

科学家们把这几个因素进行了进一步的细分，并用一种特别的方式归类，以便得到可以解读的模型。分成的两个类型为无所畏惧的强势和以自我为中心的冲动。达顿在全面研读了所有能搜集到的与希特勒有关的综合性史料之后，把希特勒列在了"具有严重精神病态特质的个体清单"的头几名。这倒并没有特别出人意料，对吧？然而，希特勒的排名没有萨达姆·侯赛因、伊迪·阿明[1] 以及英格兰国王亨利八世的高。你们可以在 2016 年 9 月《科学美国人》Mind 专版（American Scientific Mind）的《精神病态者与政客的共同点》（What psychopaths and politicians have in common）一文中看到这一研究的详细内容。

只是独裁者和暴君吗？然而，达顿用同样的工具分析了历史上其他著名的领袖，研究了他们在自始至终完全清楚自己的决策会给其他人带来巨大影响的情况下，是如何依然做出那样的决策的，并且得到了十分有意思的结果。尽管这看起来或许有点奇怪，但达

---

[1] 即伊迪·阿明·达达（Idi Amin Dada，1923—2003），乌干达前总统，军事独裁者，被称为非洲三大暴君之一。——译者注

顿确实发现有个人在"清单"上的排名与希特勒差不多高，那就是他的冤家对头——温斯顿·丘吉尔。此外，几乎与这两人并列的还有 2016 年美国总统选举的总统候选人：唐纳德·特朗普，以及希拉里·克林顿。

既然我们说到了美国总统的话题（这个职位当然对世界其他国家和地区有着很大的影响），那就顺便提一下，达顿甚至按展现出来的精神病态特质的多少，给美国总统进行了排序。他采访了那些自称对某个总统的生平研究颇深的人——例如历史学家和专业研究人员——以及一些为某几位仍在世的前总统工作过的人。避开太艰涩的术语不谈，这项研究是要看看各位总统在无所畏惧的强势和以自我为中心的冲动这两个分类中的"得分"如何。

胜出的是，最有魅力的小恶魔。达顿给出的排名里"得分"最高的是——约翰·F. 肯尼迪，第二名是——比尔·克林顿。这二位都曾给自己创造出了富有同情心、善解人意、性情迷人的名声，是技艺娴熟的演说家，精于赢取人们的信任。严格地说，都是看上去不错的人，然而他们确实在暗地里还有相当多的勾当。就说一条吧，他们都有记录在案的滥交行为。"得分"稍低一些的是罗斯福、乔治·W. 布什、尼克松以及林登·B. 约翰逊。完全没有精神病态特质的总统则有吉米·卡特、乔治·华盛顿、亚伯拉罕·林肯、哈里·S. 杜鲁门，等等；实际上剩下的大部分总统都没有精神病态特质。

笔者写这本书的时候，达顿还没有发表过任何对巴拉克·奥巴马总统的测评。

功成名就的总统竟然在如此不光彩的排名中位置那么靠前，或许看起来有些奇怪。但是读过本书以后，你会明白他们为什么榜上有名。

为什么你要读这本书

笔者写这本书并不是为了吓唬你们或者让你们对他人生疑。恰恰相反，笔者想让你明白哪些人是你可以信任的，而哪些人或许有不可告人的目的瞒着你。不论你是正在寻找新副手的 CEO，是觉得终于找到白马王子的幸福的小女人，还是虽然已经成年却每次见到母亲都会紧张到胃痛、苦苦寻找原因不得的人——有了这本书的帮助，你将能够看穿孰真孰假。提前学会慧眼识人，掌握与人相处的合理的方法，总比遇人不淑，以至于给自己的恋情、情绪、自信和财务状况带来灾难要好。许多被精神病态者伤害过的人都失去了活下去的意志。他们自暴自弃，萎靡不振，甚至选择结束自己的生命。

让我们一起来看看这到底是怎么回事。

要出发了——坐稳喽！

1

CHAPTER
ONE

究竟什么是
精神病态者？

我不是精神变态。我是高智商反社会人格。你搞清楚
再说。

——夏洛克·福尔摩斯 [1]

"精神病态者（psychopath）"这一专业术语是在 20 世
纪 60 年代开始广泛使用的，不过早在 1941 年就有与其相关的
论著问世。赫维·克莱克利 [2] 的著作《神智健全的面具》（The

---

1 摘自 BBC 电视剧《神探夏洛克》（*Sherlock*）台词，前两句英文原文为"I'm not a
   psychopath. I'm a high—functioning sociopath"。其实"高智商反社会人格"专业
   的说法应该是"高功能社会性病态"，即具有反社会性行为模式，且认知水平超越常
   人。这里涉及精神病态（psychopathy）与社会性病态（sociopathy）两个概念。在日
   常用语中二者经常混淆，甚至互相定义，而心理学界对二者的关系也暂未有一致的看
   法。目前基本上认为区别有两点：1. 前者是因为天生，后者是后天环境造成；2. 前者
   无情绪、无道德感，后者有情绪、有自己的道德体系。——译者注
2 赫维·克莱克利（Hervey Cleckley，1903—1984），美国精神病医生，反社会型人格障碍
   领域的专家。其著作《神智健全的面具》常被认为是研究精神病态者的开山之作。在书
   中克莱克利指出：被研究对象天性虚伪，巧取豪夺，喜欢操纵人，是缺乏社会责任感和
   负罪感的冷血动物，却能天衣无缝地伪装成正常人，混迹在人群中。——译者注

Mask of Sanity）也差不多是从那个时候开始印行。单单是这个术语本身就吸引了心理学界专家们长达几十年的讨论和辩论，而我也并不打算在这里花费过多不必要的笔墨来解释其中的原因。我注意到"精神病态者"这个术语普遍为公众所接受，不过有时候会用错地方。很多人会用类似的词来随口形容自己看不顺眼的人，比如"那个该死的变态"，但他们把这个术语理解得太简单了。而且不幸的是，这同时也意味着"精神病态者"这个词的含义已经被弱化了，以至于我们有时忘记了变态真的存在这个事实。在 20 世纪 70 年代的瑞典，人们认为这个词本身带有侮辱意味，专门改用"需要特殊照护"这样的说法。这种做法——我稍后会提到——太疯狂了，所以到了 20 世纪 80年代，人们又对精神病态者用回了他们该有的称呼。一直有人尝试改用新式的委婉语，然而试图把精神病态行为用没人听得懂的名词掩藏起来是危险的。在这本书里笔者选择通篇采用"精神病态者"这个术语。

毫无疑问，精神病态者对整个社会以及每个人来说都是威胁的。因为他们是披着小马驹皮的狼。（"披着羊皮的狼"的说法已经被用烂了，你不觉得吗？）

黑尔《精神病态检核表修订版》

为了帮助人们识别身边的精神病态者，这一领域最德高望重的专家之一——罗伯特·D. 黑尔（Robert D. Hare）制作了一份测试量表[1]。这位来自加拿大的心理学家自从 20 世纪 60 年代起就活跃于学术界内，是位不折不扣的顶尖专家。近五十年来他在世界各地都做过有关精神病态者的讲座。他的观点很明确：精神病态者确实存在，并且数量远比我们绝大多数人认为的要多。

黑尔《精神病态检核表修订版》（PCL-R）

1. 巧舌如簧，具有外在魅力

2. 过于夸张的自我价值认识

3. 缺乏内疚感或负罪感

4. 冷酷无情，缺乏同理心

5. 病理性说谎

6. 狡猾，爱操纵他人

---

1 指《精神病态检核表修订版》(the Psychopathy Check List-Revised，简称 PCL-R)，最初版由当代病态人格研究之父黑尔博士于 1980 年发表，并于 1985 年发布修订版。当时由于警方对精神病态一直没有清晰、准确的诊断标准，导致精神病态犯人有机会被假释而再次危害社会。因此，黑尔博士致力于开发出一套明确而可靠的评测系统，并最终成功制定了《精神病态检核表》。这一测评方法将原有的 100 项评判标准逐步缩减到了 20 项，目前已被心理学界公认为测量精神病态人格的黄金标准。——译者注

7. 感情淡薄（情绪反应肤浅）

8. 易冲动

9. 自制力差

10. 极需刺激感

11. 缺乏责任感

12. 早期行为问题

13. 成年后有反社会行为

14. 寄生的生活方式

15. 性关系混乱

16. 缺乏切实可行的长远目标

17. 无法对自己的行为负责

18. 有青少年犯罪史

19. 曾被撤销假释

20. 犯罪手段多种多样

精神病态最起码和精神分裂症一样常见。不同之处在于，精神病态者的所作所为较之精神分裂症患者而言在性质上绝对要恶劣得多。精神病态者所过之境一片狼藉。在我看来，有太多的高风险商业交易、趁人之危的敲诈勒索、诈骗与欺诈、抢劫和有组织犯罪，还有贩毒，都是拜精神病态者所赐。不止如此，还有连续不断、永无止境的残酷的战争，数不清的谋杀和虐待，以及强奸、恋童、虐童、折磨拷打、贩卖人口等累累罪行。

就我个人而言，还是坚信有大量的精神病态者藏身于世界各地许多国家的政府部门，并且是高层人物，身居要职。军方高级将领中毫无疑问也有他们的身影。地位和权力对精神病态者来说有着极大的重要性，而且，如果你有办法爬上权力的巅峰——那么，何不一试呢？

精神病态者中的绝大多数并不会犯下明显的罪行，他们潜行在你我中间，和正常人一样生活。唯一不同是，他们的看似正常只不过是一副面具。我们这会儿甚至还没谈到更可怕的。有那么一些人曾成功地让数以千万计的民众相信他们是所谓的"信使"，能与更高等的生命直接沟通，不服从其旨意便会受到惩罚。想想过去那些人吧。他们授意信众在盖房子时把自己的儿女活埋在地基里以平抚众神。如果这还不算摆布操纵，那我就不知道什么才算了。

"哎哟，我好怕怕！"你们有人或许已经在嚷嚷了，"你开始说得有点像阴谋论了。"我明白你的意思，但是请先跟着我往下看，咱们看看等你读了两三百页之后是不是还这么想。

如果你从没仔细想过"精神病态者"这个词，那你现在可有的想了。有那么多人都是如此奸诈狡猾的吗？这可能吗？可是在另一方面，这又确实解释了很可能困扰过你的其他一些事情。

看看你周围的情况吧。长久以来我们都生活在问题丛生的社会，今天也依然如此。

如果你想了解这一类的人格障碍，那还有许多资料需要你来消化。我在本书末尾附上了一张阅读清单，以便万一你打算更深入地研究一下。我想做的就是为你提供充足的知识，这样当你被那么一个或几个精神病态特质的人盯上时，你能及时察觉；不过最重要的还是，我想教会你如何保护自己。

在狼群闯入你家围栏的那一天，哪怕你不是软弱无助、坐以待毙的小绵羊、小马驹，你也一样需要对自己平安脱逃的可能性有清楚而现实的认识。不管你觉得这句话听起来有多夸张，精神病态者们可是每天都奔着同一个目标——把对自己的好处统统搜刮入囊中。

我在下面列出了一些简短的例子，以便你理解《精神病态检核表》里每一项的具体含义：

1. 巧舌如簧，具有外在魅力

精神病态者们的词汇量往往都大得惊人。他们中的许多人语速超快，以至你时常跟不上他们的思路。他们浑身上下散发着魅力，脸上常常挂着微笑，口中溢出赞美之词。这类人通过恭维周围的人，让自己在人群中收获了近乎不合常理的好人缘。尽管他们所说所讲经常是毫无逻辑可言，前言不搭后语，但他们就是能让我们信以为真。

2. 过于夸张的自我价值认识

精神病态者认为自己高于我们这些凡人。他们更高贵，值得比别人站在更高的人生巅峰。许多精神病态者是典型的自恋狂，也就是说，他们只爱自己。这些人吹牛时，不管有没有事实做基础，都跟点杯咖啡一样轻而易举。他们还认为自己有权凌驾于所有法律之上——他们自己制定的"法律"除外。

3. 缺乏内疚感或负罪感

精神病态者基本上无法感受到懊悔。必要的时候他们会装出自责的样子，但决不会有相符的实际行动。这种人才不在乎自己是不是伤害到了别人。不管受害者是他们的死敌还是自己的骨肉，都无所谓。只有他们自己才有所谓。

4. 冷酷无情，缺乏同理心

精神病态者知道你感觉到了什么，但是他并不感兴趣那具体是什么。他可能会对见到的某个重伤者饶有兴致，但绝不是同情，而且大部分的精神病态者也愿意自己是这个样子。他们反而以此为傲，认为自己能够不受"人格障碍"同理心的影响，因为这样去实施虐待和欺诈的时候就简单得多了。

5. 病理性说谎

撒谎就像呼吸一样毫不费力。即便精神病态者的谎言被揭穿了，他们也丝毫不会觉得难堪。你眼睛还来不及眨一下，他们可能就又换了个路子，并且对自己之前说过的话一概不认，说那不过是个误会。这类人甚至会无缘无故地撒谎，只为获得蒙骗他人的乐趣。

6. 狡猾，爱操纵他人

令人毛骨悚然的是，对精神病态者来说，别人的弱点就好像被白纸黑字写出来一样可以轻而易举地"读取"。接下来他们就要用这些弱点来对付受害者，行尽欺诈和愚弄。这类人的天性就是要用他人的躯体来铺就自己前行的道路。他们漠然无视别人的感受，这也把他们造就成技术娴熟的操纵狂。同时，由于他们并不担心有被发现的可能，所以会顶着巨大的风险胆大妄为，这也导致我们很难相信自己被骗了。

7. 感情淡薄（情绪反应肤浅）

他们其实并没有情感。没有害怕，没有恐惧，没有担忧，没有懊悔——什么都没有。这类人的情感贫乏是全面性的。你不必为他们感到惋惜，因为他们反而经常为此喜不自禁：当自己设计阴谋诡计、欺诈行骗的时候，可以内心冷酷、毫无波澜。但是要当心，精神病态者能够轻而易举地装出情感充沛的样子。

8. 易冲动

这类人活在当下，于未来没有任何计划。他们若是突然有想吃的冲动，那就吃。精神病态者不会花任何时间权衡利弊得失。分析后果的概念在他们那里是不存在的，这也是他们的要害所在。一个正常人或许能预想到假如自己在街上把某人痛殴一顿会带来什么后果，然而一个精神病态者不会这么想。结果就是，最控制不住自己冲动的那些人确实也都进了监狱。

9. 自制力差

尽管精神病态者让身边的人遭受了可怕的虐待，但是他们自己可金贵了，受不得一点冒犯。别人哪怕是有再小的错误或者轻率的评论都会被当成是挑衅，遭到他们怒气冲天的疯狂报复。要么这个精神病态者属于暴力型，那么他们会大打出手；要么就是朝对方大肆谩骂，虽然后者只是凑巧在错误的时间开了口。奇特的是，这类人在发泄过后立刻就能消气，好像他们身上有个控制开关似的。

10. 极需刺激感

他们对多巴胺带来的快感上瘾——刺激，妙不可言。如果他们不能亲自去做疯狂的事，就会试图让别人去做。我们正常人看到警车会紧张，并且会马上检查自己有没有超速，然而一个精神病态者却可能恰恰要在警察的眼皮底下以身涉险来挑战他们的权威。一切都是为了寻求刺激。

11. 缺乏责任感

精神病态者从不把责任感当回事。偿还债务、支付孩子的抚养费、滥交时给自己采取保护措施——这类事他们毫不在乎。精神病态者们对这些不管不顾，通常还真能让他们得逞，因为这世上负责任的人多了去了。一个真正的精神病态甚至对自己的孩子都不尽抚养义务，尽管他们口口声声说是爱孩子的。这些人能心安理得地长时间把孩子丢在无人看管、没吃没喝的环境中。

12. 早期行为问题

大多数精神病态者早在 12 岁之前就开始展现离经叛道的行为，从残忍虐待动物及其他儿童到毫无畏惧地偷窃和撒谎，不一而足。非常早期的性经历也有发生，现实中甚至有一些 12 岁孩子犯下强奸罪的案例。

13. 成年后有反社会行为

一个真正的精神病态者才不在乎什么公序良俗。我们这些正常人遵守的法则于他们而言并不适用。这些法则限制了他们恣意妄为的可能性，所以他们编制出自己的规则。这常常是精神病态者锒铛入狱的原因。

14. 寄生的生活方式

精神病态者们认为自己超凡脱俗，所以有权利依靠别人供养而生活。他们能让别人付账单的时候就决不会自己掏钱。国家债务登记系统里经常能找到这类人的欠债记录，因为他们对到期付款日感到厌烦。聚餐时他们从不会主动买单（他们总是忘了带钱包），还爱向家人朋友借钱，而且借的时候就没打算还。万一事情败露，他们只会让别的什么人来背黑锅。

15. 性关系混乱

精神病态者通常拥有许多短暂的性关系。男性精神病态者的个人魅力对女性很有吸引力，所以他们从不缺伴侣。而且持续不断的出轨行为给这类人带来的是更多的快感。同时，欺瞒自己的妻子对他们来说也很刺激，暗自窃喜地想要看看自己能侥幸瞒到什么时候。

16. 缺乏切实可行的长远目标

"今朝有酒今朝醉"的人是不需要任何长远计划的。精神病态者从不做任何规划——做计划这种事与他们喜欢冲动行事的本性背道而驰。他们的伴侣、工作说换就换，全看心情。这类人从不考虑将来，也从不回顾过去。他们唯一的生活目标就是以他人为代价活着，而这每分每秒都在发生。

17. 无法对自己的行为负责

不论自己干了什么，这类人决不会承认。哪怕他们的罪行被当场拍了下来也无济于事——他们就是会否认掉。精神病态者总会找其他人来背黑锅。即使他们知道自己做了什么错事，也还是会找个替罪羊出来。这些人看到别人为自己犯下的事买单时甚至还会幸灾乐祸。

18. 有青少年犯罪史

精神病态者在青少年时期就开始违法乱纪的情况很常见。由于精神病态一般是在 10 岁左右逐渐清晰地凸显出来，所以当事人可能在未成年时期就犯案累累。如果有的人年仅 15 岁就犯了强奸、伤人，或是抢劫，甚至杀人这样的罪，那么他们绝对不应该被当作正常人。

19. 曾被撤销假释

还是那句话——普通的法则对精神病态者们并不适用。惩罚措施也是一样。违反假释条例可能导致的不良后果对他们来说毫无威慑力，因为这类人缺乏思考自己行为所造成的后果的能力。这也就意味着他们一旦获得假释，是真的会随心所欲恣意妄为的。

20. 犯罪手段多种多样

一般的罪犯是专于犯同一种案件的，例如劫运钞车、抢劫、故意伤害或者吸毒贩毒，而精神病态者们则"多才多艺"得多了。从某种意义上来说，他们充满了好奇心，所以会把每种犯罪手段都试上一试。

这个检核表怎么用？任何人都可以用吗？

《精神病态检核表》里有 20 个特征，根据被测试者精神异常的严重程度来打分。举个例子，假如我们要测试的这个人没有任何自恋的表现，那么这人在"自恋"这一题的得分就是零分。如果此人时不时地有明确的自恋症状，那就给 1 分。如果这个人是一直持续地表现出自恋特质，则打 2 分。也就是说，《精神病态检核表》的最高评分是 40 分。一些臭名昭著的精神病态者，比如查尔斯·曼森[1] 和某些连环杀手，他们的得分通常在 35 分到 40 分之间，但是在罗伯特·黑尔看来，达到 15 分到 20 分时就已经足够需要人们提高警惕了。因为这意味着你面前的这个人不怀好意。万一你遇到了一个评分是 30 或者更高的人，一定要考虑一下自身的处境，并且务必要快。那时你正面临着非常严肃的问题，在最糟糕的情况下，那个精神病态者还是你身边极为亲密的人。

---

1 查尔斯·曼森，美国最出名的杀人狂魔之一。1969 年被警方抓获，最终被判处终身监禁，并于 2017 年 11 月 19 日死于狱中，时年 83 岁。——译者注

我在检核表里看到了自己的影子，
以及我伴侣的……

你的确可能在那 20 个特征里发现一些和自己相符的条目。不过这就说明你是个精神病态者吗？当然不是。许多人都会展示出某些精神病态特质，但只要与其他的精神病态特质没有丝毫关联，就可以在临床意义上排除有精神病态的可能。不过，检查表上打钩的条目越多，这位受试者对周围人自然就越具有危险性。

行事冲动的人有很多，魅力四射的人也有不少，还有的人吐字快得像机枪。但是这并不说明他们就是精神病态者。同样地，连环杀人狂也并非个个都是精神病态者。他们中的许多人患有精神病，但这与精神病态完全不是一码事。

精神病态是种病吧？
我们难道不应该对他们表示同情吗？

精神病态者并不是疯子或精神病患者。精神病患者的大脑是处于异常状态的。"精神病"一词用于严重但属于临时性的精神情况。有些精神疾患会导致精神错乱，例如精神分裂症、情感分裂性精神障碍以及妄想性精神障碍。双相障碍 I 型患者和重度抑郁症患者也可能出现精神错乱的症状。

然而，精神病态被划分为人格障碍，所以它并不是一种精神障碍或精神疾病。精神病态大体上被认为与遗传有关，童年的不幸经历和较早期的脑损伤有时也起了一定的作用。精神障碍则意味着病症带来的痛苦让患者自身遭受严重的折磨，包括精神层面、社会层面，或许还有经济层面。

精神障碍或精神疾病可能以许多不同的方式呈现在他人眼前。有的精神障碍体现在社交无能，通过患者的行为和语言能清楚察知，而且患者可能都无法"充分彰显"他们的人格。这种障碍是从患者自身的角度去分类和分级的，比如他们是在哪些方面遭受了困难和痛苦。这样的分类分级还会考虑患者的自我意识以及对现实世界的认知。这些是我们区分精神病态和精神疾病所必须知道的重要差别。

精神病态者并不会觉得自己有病。正相反，他们感觉好极了，并且认为自己精神稳定。（不过必要时他们能装出患有精神病的样子。）这类人并不是因为在学校受过霸凌才变成精神病态者的。也不是因为他们是不明白事理、无法适应环境的可怜人才把你的生活搅得一团糟。不论是从你我谁的标准来看，他们都是非正常人类，但是与此同时他们非常清楚自己在做什么。在这类人眼中，自己就是高高站在食物链的顶端，俯视众生。

如果我发现检核表中有几条和自己相符……

你与精神病态者之间的差别在于你有道德意识。你周身上下都能感知到什么是对、什么是错。而且你在意其他人。你并不会有意识地想去伤害周围的任何人。即使你不巧地伤害到了谁，想必也会感到很愧疚。而这，是让你成为正常人的许多因素之一。

精神病态者却不会感受到丝毫愧疚。他们想干什么就干什么，因为他们的出发点是自己有权利这么干。这类人知道他们做的事最终可能会把自己送进监狱，但这并不能阻止他们。按他们的思维逻辑，自己是不会被抓的。他们反而会冷静地以身犯险，并且内心认定能够成功逃脱法律制裁。万一被抓，他们很有可能已经为自己犯下的事找好了替罪羊并编好了说辞。假如栽赃给自己的亲兄弟能够帮助他们脱身的话，他们会连眼睛都不带眨一下地去做。这类人对你的遭遇无动于衷，他们才不在意自己会不会害得你穷困潦倒或丢了饭碗。他们将全无悔意，头也不回地走开。

精神病态者所仰仗的是他们在外表和大体行为上的正常。可是他们作恶时靠的却是冷酷无情和精明算计。他们有能思考的头脑，却没有能共情的心。他们的行为无异于狼想吃羊时所做的——想吃就抓。

或许你对我说的所有这些感觉十分怀疑，若是你之前从未了解过有关真正的精神病态的知识，我对你的感受表示完全的尊重。我说的这种人，他们真的存在吗？很不幸，真的存在。

这类人比你想的要多

　　罗伯特·黑尔做过这样一个推测：在工业化国家中的总人口里至少有 2% 的人会在精神病态测试中得到足以被划分为精神病态者的高分。更新的数据（来自约翰·克拉克《与怪物共事》[1] 一书）则显示这一比例可能还要翻个倍——4%。大约 3% 的男性和 0.5% 到 1.0% 的女性很有可能是精神病态者。事实确实如此，大部分数据都表明这种人格障碍在男性当中更常见。瑞典心理学家西格瓦德·林格 (Sigvard Lingh) 著有几本深入探讨精神病态的专著，在他看来，人群中长期存在着 4% 到 5% 的精神病态者。不止如此，林格还在自己最近出版的书中（《变态天天见》[2]）就是否需要根据四十年来的研究结果上调这一数据的问题进行了论述。

　　此外，世界各地的数据也有不同。举个例子，由于某些原因，精神病态者在美国的比例似乎要高于英国。其中一个推测是美国社会比英国社会更推崇以自我为中心的行为。假设我用较低的比例（2%）来计算，那么这意味着美利坚合众国——这个号称世界上最大的民主国家——拥有大约七百万的精神病态者。在瑞典则有二十万左右。这一数字几乎与瑞典几大城市之一乌普萨拉的总人口持平。

---

1 英文书名：《Working with Monsters》；作者名：John Clarke——译者注
2 瑞典语书名：《Vardagspsykopater》。——译者注

日常生活中我们会遇见的现实版变态

在日常生活中我们身边随处可见精神病态行为。就在撰写本章内容期间，我从一个不怎么熟的朋友那里听说了接下来这件事。

一位上了年纪的单身汉，与一位 5 个孩子均已成年的女士相遇、相许，婚后生活融洽。男方足享高寿而死，待他死后人们才知道他其实相当有钱。女方因此继承了将近 1000 万瑞典克朗的遗产。一夜暴富让死者妻子有点不知所措，于是她决定把遗产平均分成 6 份。她自己拿 1 份，其他 5 份给她的 5 个已成年的儿女。然而在短短三个月之内，其中一个儿子就从母亲和其他三个兄弟姐妹手里骗走了他们各自的那一份遗产。最后还剩一份，是大姐手里的那一份。事实证明，她对精神病态者免疫（有那么一类独特的人群，他们确实对精神病态者免疫，后者也因此把这群人视为眼中钉肉中刺，并且通常会试图采取极端暴力手段去除掉他们），拒绝把钱"借给"弟弟。于是这个弟弟用暴力手段威胁姐姐，换作他人可能就无法幸免了。但是姐姐早就看破了弟弟的为人，所以她依然拒绝交出一分钱。而这个弟弟就好像没事儿人一样耸了耸肩，消失在茫茫人海中。从此家里人再也没收到他的任何消息，他就这样带着钱一起人间蒸发了。

这类案件并不经常见诸报端。这一点和家暴有点类似。受害者往往羞于报案，这就意味着此类案情极少或者根本不会有机会进入大众的视野。由于许多精神病态者乐于拿最容易得手的亲朋好友开刀，所以人们一直未曾察觉他们的存在。精神病态者视家人朋友为最没有抵抗力的目标，这样的受害人群对冷酷无情又心怀不轨的精神病态者来说是风险最小的。不少受害者会想："这都是我的错。"于是他们保持缄默。这也让精神病态者继续逍遥法外。

　　另外，还有一个常见现象：精神病态者们都过着寄生虫一般的生活。他们喜欢在高级饭店吃饭，但是从来不会主动付账单。每次都是别人掏钱。

　　我知道你在想什么："那也太尴尬了吧！从来不出自己那一份钱！别人会怎么说？"是啊，别人会怎么说？但是你这是在用正常人的思维来思考。快打住。你不能在这些情境下使用常规逻辑。精神病态者们认为他们比我们所有人都要高等，所以也有权利无视社会守则。

2

CHAPTER
TWO

怎样对精神病态者
建立防线

说变态狂死性不改并不准确。不过，他们改变的只是
伪装的面具和攻击的目标。

——佚名

我们先来看几个基本条件。要想远离风险、避免麻烦缠
身，倒是有几件事能够帮你，不过只能防患于未然。若是你已
经掉入了精神病态者的魔爪，那恐怕就太晚了。你将需要付出
极大的心力才能逃出他或者她的牢笼。这是后话，但至少现在
你可以采取以下 3 个主要的预防性措施：

- **把自我认知提升到最高水平**
- **学会识别精神病态行为**
- **想清楚你的自尊价值几何**

听起来很简单，不是吗？事实是，知识在这里无疑就是力
量。你对精神病态的表露方式知道得越多，就越能更好地防止
自己被他人操纵。

让我们来更进一步地看看这 3 点，以及它们为什么至关重要。

把自我认知提升到最高水平

读者们注意了，谁能保证百分之百地了解自己，请举个手！有人吗？没有，这就对了。如果你身体各方面都正常，也不是精神病态，就能意识到你对自己其实并不是完全了解。我们每个人都是这样的：内心深处都有一些不为自己所知的未知区域。有时候这并没有什么大不了的，但有些时候我们也会做出意料之外的举动，比如当我们面临威胁时。不到性命攸关的那一刻，我们也无法确切预知自己会做出怎样的反应。

我们有时候会听到这样的说法：精神病态者不能理解或者无法想象他人的感受。这真是大错特错。正相反，研究显示这类人能很好地理解你在某些情景下的感受。然而问题在于，精神病态者们自身什么也感受不到，因此他们会完全无视你。这类人分分钟就能发现你的弱点所在，并加以无情地利用。他们还会熟练地找到能控制你的正确的触发点。你所能做的最好防御就是对那些把注意力放在你弱点上的人拿出一百二十分的警觉来。你必须用审慎得多的眼光来审视这类人，他们可比那些不在意或者甚至没有意识到你的弱点的那些人更需要慎重对待。（然而，你面临的问题并不是精神病态者早早在你们相识之初就开始寻找你的弱点。他们是从另外某个完全不同的地方下手的。

这一点稍后再进一步谈。）

　　如果你对恭维话没有抵抗力，那是能看出来的。验证这句话的方法简单到不可思议。你只需要找个人对你无缘无故地赞美一番，然后看你的反应就行了。你可能会面泛红晕或者咯咯发笑。假如你发现自己就是这样，那么你就无异于一张行走中的邀请函，在朝着设局下套的五花八门的骗子们招手呢。

　　若是你认识的人里有人喜欢遇事走捷径，能够在"灰色地带"待得心安理得，那么他们尤其容易受到图谋不轨的精神病态者的伤害。世界上每分钟都有人因为自己强烈的想发横财的欲望而上了当，以为手段高超的诈骗犯真的能给他们摘星揽月。

　　不过，认识自我肯定也并不总是那么简单。你当然不会在我前面所举的任何一个例子中找到自己的影子。但是亲爱的读者，即便是你也会有弱点。没有谁是完美的。在《周围都是白痴》这本书里我曾详尽介绍了 DISA 性格测评系统，其中一些内容我稍后会再提到，并且更详细更深入地讲解。但是正如我早先指出的：从书本上了解性格分类是一回事，以正确的方式来消化吸收这些内容则完全是另外一回事。

　　约哈里之窗是用来描述不同沟通方式的心理学模型。该模型是由加利福尼亚大学的心理学家约瑟夫·勒夫特（Joseph Luft）和哈林顿·英厄姆（Harrington Ingham）于 20 世纪 50 年代提出的。（约哈里这个词是由两位学者的名字合写而成）。模型描绘出在人际交流中，当沟通双方都能做清晰表述并

约哈里之窗

清楚明白	我看到的和我理解的	完全不明白

```
              我看到的和我理解的
      ┌──────────────┬──────────────┐
      │              │              │
      │   公开自我    │   盲点自我    │
      │              │              │
      ├──────────────┤              │
      │              │              │
      │   隐匿自我    │   未知自我    │
      │              │              │
      └──────────────┴──────────────┘
```

别人看到的和
别人了解到的

完全不明白

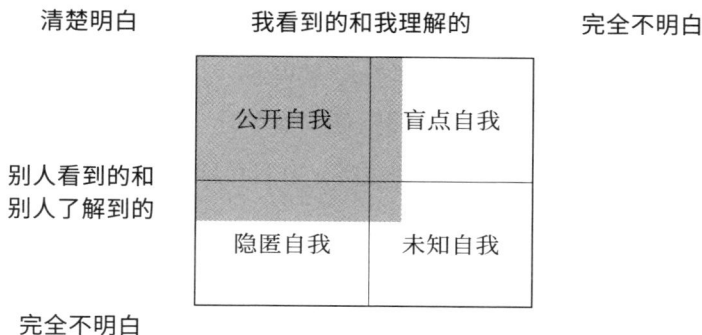

给予对方反馈时，公共区域面积增加，反之则减少。在所有合作关系中，互相给予反馈均是重要的一环。借助于灵敏的感知以及接收反馈的能力，我能够弄清他人对我个人和我的行为的看法。通过清晰的语言表达和勇敢地展露自己，我给他人打开了一扇了解我的窗口。

公开自我包括了我对自己和他人对我的共同认知。如果这一区域变大，意味着沟通的公开性增加。当我更多地展露自己，更清晰地表述，同时更敏锐地捕捉到他人的反馈，此时，公开自我区域就会变大。当我开始运用自己的长处，并勇于去了解自己的短处的时候，公开自我就会增长。

盲点自我是我对自己不了解但他人了解的部分。这有可能是我说的一些话让别人注意到了但我自己丝毫没有意识到。比如我用得太过频繁的口头禅。

隐匿自我是由我的自我认知中别人无从得知的部分组成。这可能是某些我决不愿意告之于人或示之于人的事情。但是如果一个人把太多的自我都向他人隐藏起来，隐私区就会变大。

未知自我是我和他人都未曾了解的那一部分自我。这一区域对每个人来说都裹着层层迷雾，并且可能只在极端情况下才会展露出来。

约哈里之窗能给我们带来什么启示

根据约哈里之窗的理论，公开区较大——也就是公开自我较大的人，最有可能与他人进行良好的沟通，因为其坦诚的作风有助于促进交流。自然而然地，这类人更不容易被旁人误会，其言行也更不容易被误读。当对反馈信息的敏感度和自我表达的清晰度都较高且同时达到同等高度时，人们之间的坦诚以及（带着坦诚的）沟通就达到了最优化。这时，沟通之窗就打开到了最大的程度。

诚然，在任何时候都大开公开区域让自己一览无余的做法并不可取。比如在面对不常见面的泛泛之交时，这么做就不是特别有意义了。让陌生人了解你内心深处的想法有什么意义呢？（然而有许多人恰恰就是这么干了。）

一千个人眼中就有一千个哈姆雷特。同事眼中的你未必与你眼中的自己一致。你有些方面对他人是隐形的，因为你选择了把它们隐藏起来。不过有时候你的同事们实际上能发现一些你自己都完全没注意到的东西。你可能要说这是因为自己彻底被误解了，然而在这样说之前我想告诉你，这不重要。沟通是取决于信息接收方的。信息会经过接收方的参照系、偏见和主观经历的层层过滤，剩下的部分就是接收方所理解的内容——不管你原本是想表达什么意思，也不管你是否对这一切心知肚明。

有关盲点自我的几个例子

借用 DISA 性格测试系统来讲，红色人群认为自己脑瓜聪明，做事有干劲，而他们身边的人则觉得他们有时候手段过于强势，待人也不太有礼貌。黄色人群喜欢显摆自己富有创造力和创新性的一面，然而他们的同事却要为了给他们那些有头没尾的项目善后而忙得团团转。绿色人群，愿意采取一切措施好让每个同事都能心满意足、一团和气，所以你会看到但凡有谁想喝咖啡，他们都会给端来。而在老板眼里这些人却总是因为害怕发生潜在的冲突而做出让步——哪怕他们的主张是正确的时候也是如此。最后，蓝色人群作为完美主义者，会把周围所有人都害得心烦意乱。想让这类人放过哪怕一件不是 100% 正确的事情？他们做不到啊。揪着鸡毛蒜皮不放的行为在别人看来：这是病，得治；在蓝色人群他们自己看来，这明明是高质量地工作。

谁的观点对？谁的观点错？一点也不重要。事实就是这样的，就是这么简单。倘若你要说你的自我认知已经达到了满格，那你就必须承认自己存在缺点。正如我在前面刚讲明的——心怀不轨的那些人鼻子可灵了，一下就能嗅出你的弱点在哪儿。除非你愿意接受自己并不完美这一事实，并做好了心理准备来改进自己不那么讨人喜欢的地方，否则你将无法让自己完全脱离任人摆布的危险。

我自己的缺点——我可只说一遍！

就个人来讲，我并不喜欢谈论自己的弱点。若是换成说点儿我的成功事迹，然后沉浸在亲人们的赞扬之中，可就美妙得多了。然而再怎么避而不谈，我的弱点也不会凭空消失。

我的弱点是行事冲动（红色行为），这意味着我会在完全未经周全考虑的情况下就擅做某些决定。类似的事情有：多年以来在股市上已经赔了相当不少的钱；几部二手旧车在买的时候据说保养得不错，买了之后却要花大价钱去修；以及针对自己其实很在意的人发表拙劣的评论，而实际上我只不过是在假装让自己显得很风趣而已。

说到假装风趣，在我的囧事史上可是经常能查到我把幽默彻头彻尾地用错地方（黄色行为）的记载。当然了，如今的我已经能很好地控制住这些冲动，但是我仍然轻轻松松就能给你报出一连串我干过的"好事"——都是因我不合时宜地幽默而把场面搅得一团糟。此外，纵然我心里相当清楚细节对结果有至关重要的影响，但有时候我还是会粗心大意。以上这些只占我所有缺点的一部分，其他问题都还没有谈到，比如我对完成一件事情所需的时间预估往往过于乐观，比如我总是因为觉得自己要说的话有趣得多而打断别人，再比如所有这些毛病我自己说说可以，但要是由别人来点破其中任何一个，我都会暴跳如雷。

此外，我毫无疑问还有着实打实的完美主义者的作风（蓝色行为）。例如，每次讲座前我总是像强迫症一样要把资料再多检查一遍、把图片再改好看些、把讲稿再润色一下，直到如今依然极难戒掉这个毛病。即使已经做了二十多年的讲座了，可我还是控制不住自己（我往花园的树篱缺口补种植物时也是这个样子。我做不到直接按老样子给种进去，而是必须在铲子都还没摸到之前先从一万种角度审视这项"伟大工程"。是的，大部分人看见我都会说，你在搞啥子）。还有，在与人交谈过程中，有时候我会因为太专注于细节而看起来一脸严肃，神情粗鲁——至少别人是这么跟我说的。唉，简直无法直视我自己了。

好了，都告诉你了。也不是很糟糕，对吧？现在你对我的了解稍稍充分了一些，不过我举的那些例子都不怎么特别讨人喜欢。我有缺点需要克服，我也经常希望现实不是这样。然而这让我这个人变得更差劲了吗？我不这么认为。人非圣贤，孰能无过？我和你一样，和许许多多我遇到的其他人一样。这大概也和年龄有关系。随着年龄的增长——写下这些话的我已经过了天命之年——承认自己并不完美也没有那么难了。在人类行为领域研究了二十多年，我当然学到了很多东西，包括对我自己的了解。但是我仍然要说，我对自己的认知还有盲点，是别人旁观者清，我当局者迷。

能得出什么结论

如果我能承认自己的弱点，那么你也一样可以。你可以把它看作是一个完善自我、提升自我的机会，以及——如果你比较看重人际关系的话——一个让周围人更易于接受你的机会，或者一个让你更快实现人生目标的机会。所以拿出一张纸，一支笔。接下来要做什么，你懂的。

写完之后，你当然可以选择把它吞下肚去免得它落入别有用心之人的手里。但是我真正地、真诚地、认真地，建议你鼓起勇气来面对自己的弱点。了解它们，努力克服它们。最重要的，要当心以它们为攻击目标的人。因为有人会专门寻找你的突破口。

学会识别精神病态行为

那么精神病态者和有精神病态特质的人之间有什么区别呢？是这样的，若想获得精神病态者的称号，你的行为得与黑尔精神病态测试中列出的精神病态行为有足够高的吻合度。

量表中列出的一些条目本身并不怎么特别吓人。比如"巧舌如簧，具有外在魅力"，很多人都是这样的，大多数黄色人群都符合这一条。再比如"易冲动"，这不是相当典型的红色行为吗？想到什么就做什么，后面的走一步看一步再说。"缺乏责任感"？好吧，分摊责任的时候绿色人群缩在后面的情况也不是一次两次了，主要是他们觉得责任太过艰巨，所以不想承担。从这些例子我们可以看出，《精神病态检核表》里的一些行为在各种人群里都能找得到。我自己都中了那么一两条，搞不好甚至是三四条。然而关键在于，若是你在同一个人身上发现了相当多的精神病态行为，那就有理由提高警惕了。

抱歉我不得不那样说，但是没有其他的表达方法。就好像狼饿起来并不会去想羊有多怕多痛，一个羽翼已成的精神病态者也不会对你有一丝一毫的在意。你只不过是猎物，再无其他。牧羊人必须掌握让狼远离羊群的办法，同样，你也必须学会识别精神病态者的方法。

纵使你依然认为精神病态者的问题很可能没那么严重，我也要指出：根据统计数据来看，你受精神病态者影响的概率毫无疑问要大于你：

- **心脏病发作的概率**

- **罹患癌症的概率**

- **钉钉子时大拇指被榔头砸到的概率**

- **发生严重车祸的概率**

- 星期五晚上在市区被抢劫的概率

- 染上酒瘾的概率

- 在股市里赔光你全部的养老金的概率

- 被解雇的概率

尽管如此，我们为了保护自己不受以上风险的伤害，会在生活中多加注意：吃富含营养的食物，不大量饮酒，系好安全带，周五晚上避免独自上街，认真工作以防止自己在下次裁员时被解聘，等等。但是，对于精神病态者的危险我们却没做任何保护措施。最要命的地方在于，这很可能是因为我们并不愿相信那类人对我们意味着威胁，更别提还有人甚至不愿意相信那类人的存在。

我们在这里谈论的不是食人魔汉尼拔·莱克特。请记住我在前言中写的——我们要面对的是很可能就坐在离你两桌远、每天早上向你微笑致意的那类人。

别幼稚了。在危险找上门之前就早早发现它。

想清楚你的自尊价值几何

这跟自尊有什么关系？答案是：关系可大了去了。如果你认为自己这辈子值得拥有最好的，就应当努力去为自己争取。我可不是说用精神病态者会用的手段。我指的是：在你看来，为了保持自己健康健全的自尊、良好的自我认知以及一个真实的自我，你愿意付出怎样的代价？

你觉得自己是个好人吗？你是否认为自己虽然有缺点和不足，但不论未来会如何，自己依然值得他人来爱，值得畅享人生？虽然本书并非是要给你的自信打鸡血，为你的心灵熬鸡汤，不过笔者认为诸位的确值得拥有良好的自信心和常规的心理培训。每个人都值得被爱。这是我的基本观点，仅此而已。

然而，我们中的许多人在这方面上有点问题。我们的自尊心太弱了，因为我们不喜欢自己。我们对自己不满意；我们希望自己能更年轻、更成熟、更苗条、更有魅力、更能赚钱、更擅长做这做那，希望伴侣是个更有趣，或者至少会讲法语的人。不管是什么愿望，我们太多的时候对自己这个人感到不满意。这样一来，在精神病态者或具有精神病态特质的人眼中，我们成了他们轻而易举就能得手的猎物。

从某种意义上说，精神病态者是胆小如鼠的懦夫。在他们终于设法进入羊圈围栏之后确实表现得和狼一样。他们极少攻击领头羊——那头围栏中最强壮的动物——因为他们没法确保自己能够成功。但是换做负伤的猎物呢？正艰难度日的呢？那就胜券在握了。他们会扑向羊群中最孱弱的那几只。它们跑得不快，看起来有点无精打采，还表现出了虚弱的迹象。换做人类，人群里最软弱的对象就是那些不喜欢自己的人。这些人总是太容易受到其他事物的影响，比如来自他人的恭维。由于我们认为自己太差劲了，不可能有人来爱我们，于是但凡有谁向我们表示了一丁点儿欣赏，我们就会敞开心门迎他／她进来。

你觉得这不可能发生在自己身上？也没关系，但是你心里要清楚这些危险之人的存在，也要知道你那傻白甜的密友有可能会陷入困境。或许这些知识能够给你机会去帮助和支持那些朋友。

对于你自己来说，你的任务就是接受真实的自己。务必要努力改正自己的不足之处，试着从各个层面提升自己。了解自己的思维行为模式，考虑清楚自身具备哪些优点。与之对应地，还可以思考一下你想把哪些缺点转化成优点。这么做才是积极向上的。这会给你带来正能量，让你成为一个更完善的个体。然而，不要仅仅是接受自己。

要喜欢自己。

要爱自己。

要意识到你并不需要因为别的什么人才改变自己。你提升自己是因为你自己乐意——不是因为某人对你挑三拣四。

我想用以下这段话来结束本章的话题：孤军奋战并不会让你越战越勇。狼会先让羊群里的某只羊落单，然后才会扑上去撕碎。所以你要确保自己不会被精神病态者盯上，别让他们把你与亲友隔离。这样的例子在本书的后续章节里会提到。万一你怀疑自己可能即将遇到麻烦，要向家人寻求帮助。

好了，需要留心的 3 件要事，现在我都告诉你了。

3

CHAPTER

THREE

谁有可能是

精神病态者

事实：全世界每 47 秒就有一个精神病态者出生。

——《读懂精神病态者：研究无良知者的学科》，

肯特·A.基尔[1] 著

　　人与人沟通时，有的人只是单纯为了交流，有的人却是为了通过交流对他人施加实实在在的影响；下方的插图就从其中一个重要的方面展示了这二者之间的差异。相关科学研究一致表明：我们人类所做的决定大部分是基于感性因素而非理性因素。大家只需扪心自问：我们做事情的时候到底有没有进行过深入的逻辑思考？事实上，很多时候仅仅是因为感觉上"好极了"，或者感觉上"糟透了"，我们就会松开理智的手，被感觉拉跑了。然而，事后我们并不总是能理解自己的所作所为，当时就是一时冲动昏了头。

---

1 肯特·A.基尔（Kent A. Kiehl），美国神经学家、心理学教授，擅长运用脑成像技术研究精神疾病，尤其关注神经科学与犯罪、法律的交叉领域。引文的原书名为 *The Psychopath Whisperer: The Science Of Those Without Conscience*，在国内已有中文译本出版，书名为《精神病态者的科学》。——译者注

信息	影响
我们有 20% 的决定建立在理性分析的基础上	我们有 80% 的决定建立在感性认知的基础上

　　回忆一下，你最近一次花大价钱买东西的时候，是出于理性且合理的缘由呢，还是说更多是出于你内心就是单纯地想买买买的欲望？一件首饰、一辆轿车，或是一栋房子？写下这些文字之前，笔者上网查了查在瑞典能买到的最便宜的全新轿车——查询结果是达西亚。笔者对轿车懂得不多，不过这款达西亚看起来就是一部简简单单、没有什么额外配置的基本款轿车。小引擎，低保费，大体来看用车成本低廉。举个例子，倘若你用车主要是在市区短途代步的话，我相信它将是一款令你非常满意的车子。这样的一部轿车或许是一个相当明智的选择。不过，对于每年要在高速公路上狂奔 6 万千米的人来说，这款车是否还是一个靠谱的选择我就不知道了。我只知道我真的从没遇见过一个开这种车的人。很多我认识的人开的是宝马、奔驰或者雷克萨斯之类的豪车。当我问他们为什么要在区区一辆车上花那么多钱时，他们通常会带有几分愠怒地声称：为了安

全。是，安全当然很重要。但一辆沃尔沃[1]可比一辆雷克萨斯要便宜得多，而且可以肯定的是，二者的安全性并没有什么太大的分别。

无足轻重的决定与举足轻重的决策之间有什么不同吗？

但是一栋房子又怎么说呢？我们现在要讨论的是正儿八经的巨款，所以你真的需要动用你的脑子来思考，否则什么事情都可能酿成大错。瑞典一栋普通的独立式住宅的价格接近300万瑞典克朗。这么大一笔钱，你可不能跟着感觉走。现今，面对房款这类大额支出，我们所做的错误决策将会带来可怕的后果。万一你在"住"这一项上花费了过多的钱导致自己陷入经济困难，那么接下来你的婚姻也有可能受到牵连，陷入危机。作为一名曾经的银行高级职员，笔者见过多个家庭因无力偿还账单而支离破碎。因此，买房的时候一定要保持头脑冷静。我想大多数人也是这么做的。

可是话又说回来，你跟着房地产经纪人去看过房吗？你是不是从车里走下来，看过屋前的碎石路，再看屋后的花园，然

---

1 沃尔沃在业界一向以其安全性著称，曾是著名瑞典汽车品牌，在本书作者所在的瑞典本土市场的售价低于进口的雷克萨斯。——译者注

后对你的伴侣说："这正是我梦想中的房子！"

　　许多和我聊过买房话题的人都否认自己买房时是这样冲动草率的。"要知道，"他们用友善的语气和我说着，而脸上的表情却暗示着他们认为我一无所知，"你不得不经常往银行跑，一遍一遍反复计算，算出利率和月供。实际上在做出买房决定的背后，逻辑性和信息量多得吓人。"

　　没错！

　　但是同时，假如你的实际生活开销和还款计划（以及利率）的真实情况没有你预计中的那么乐观，你会放弃买下那套梦想中的房子吗？我们难道不都是努力想说服一脸严肃的银行信贷员，承诺会卖掉家里的第二台车吗？至于家里的船，这年头谁还需要呢？卖了卖了。

　　为了节约彼此的时间，我们就承认了吧——大家都不是特别擅长做出百分之百理性的决策。人类是感性动物，是跟着自己的感觉走的。其实我认为这完全没问题。然而，也正是这种现实导致我们容易被某些人操纵利用。

　　相比起来，有的人的确更擅长影响别人。这一条是成就出色销售员的条件之一。这类人找到了操纵他人情感的钥匙。这未必说明他们是精明的操纵者（尽管事实很可能就是这样），但这确实意味着他们知道如何引导我们往他们想要的方向走。有时候这一切发生得甚是自然，比如我或许一开始并没有发觉某份商业建议书的潜在价值，现在正好遇到了一个人帮我摘掉了障目之叶，让我豁然开朗。然而不管这些人是出于什么目的来引导我们，对于大家来说，能明白自己是怎样被周围形形色色的人影响的，总有好处。

那些操纵者都是谁？
有嫌疑的人通常是……

那些有借口操纵和剥削你的人，他们是谁？很简单，就是那些容易让你伤心的人。这通常意味着那些了解你的人结果反而会出现在候选嫌疑人的名单上。家人和密友这两种人群存在的风险最高，即使你并不会真的开始怀疑他们，我也要给你挑明这一点。当然了，我并不是说你现在就应该以怀疑的目光审视身边的人，但也不是说你可以对现实视而不见。知识就是力量。对于你已经非常了解，并且也知道没有试图忽悠你做违心之事的那些人，很显然不需要你去担心。但是当有新的人走进你的生活，你应当先擦亮双眼来审视他们。不是说不信任他们，只不过你要花比平时稍长一点的时间来考察。要心明眼亮，但不要杯弓蛇影，就这么简单。

以下是能轻而易举伤害到你的人：

· **你的家人**

· **你的丈夫 / 妻子或同居的伴侣**

· **情侣或性伴侣**

- 你工作中的关系人：你的老板、同事或下属

- 朋友以及相识之人

- 专业领域的熟人：医生、律师、心理咨询师或者其他你可能会求助的对象

"哦，天哪！"你可能正在想，"这张清单几乎覆盖了我认识的所有人。"没错，这确实是个坏消息。精神病态者看起来和我们普通人一模一样，而且他们全都和其他人有关联。不过，重要的是你在一段关系中是否有得到什么：力量、友谊、快乐、关爱或者经济上的利益。如果你确有所得，那么这段关系肯定是积极的。但是倘若这段关系伤害了你，偷走了你内心的宁静、你的钱、你对未来或对生活本身的美好向往——那么是时候对它采取行动了。

你永远不会遇到的那一类精神病态者

当然了，我们所知道的那些典型操纵狂是你永远都不会真的遇到的。历史的长河中确实充斥着这些人的身影：专横的暴君曾让整个国家都为之颤抖；恐怖分子害得我们在机场过安检时不得不在陌生人面前宽衣解带；极端分子操纵涉世未深的少年们为了传说中的身后世界进行自杀炸弹袭击；金融市场里则满是技艺娴熟的操纵者，他们让你我乖乖打开自己的钱包，把钱投到自己甚至连皮毛都理解不了的项目上。我们身边发生的

一些事让我严重怀疑在各个领域到底有多少精神病态者身居高位。如果你看看我们身边发生的这些事，你也会不由自主得出某些结论的。

好在，这些人物离得远，我们不会接触得到。这世界在一定程度上是通过某些人的操纵，我们对此也无能为力，但是我们却能够保护自己的一亩三分地不受这些危害。

在本书中，笔者选择了两种主要的嫌疑人来深入探讨：你的伴侣和你工作上的同事。好吧，还有你的老板——说不好还尤其是他或者她呢。在我们更进一步之前，你需要牢牢记住以下这几件事。

万一你的伴侣是精神病态者

假如你的另一半是个精神病态者，那绝对是不幸的事了。哪怕这个人在婚礼上、在众人面前都曾发誓要和你"一生一世一双人"，然而真相是：他只不过是学会了拣好听的说而已。这种人在电影里看过类似的场景，学到了套路，加上他们本身就擅于演戏，所以要照着电影重现一番自然是信手拈来。这种人内心完全无法体会真实的情感，但他们很会从外表上装得煞有介事。他们的甜言蜜语都是特意学来的。婚礼上的誓言十有八九是他们从网上抄来的，而且专挑会让你热泪盈眶的句子。不幸的是，他们甜蜜蜜的话里没有一个字是真情实意，一切只不过是他们更大一盘棋中的一部分而已。

　　精神病态者可一丁点都没打算来兑现他们那些天花乱坠的承诺。相反，他们会因一路成功地把你骗到手却没有被识破而暗自窃喜。你怎么能这么傻、这么好骗？你嫁给了一只恶狼，只不过刚结婚时你并不知道。但是，在他们眼里你就像丰盛的自助餐一样在等人任意挑选享用，这话我可不是说着玩的。

　　因为精神病态者恰恰就是这么做的。他们和你结婚或同居并不是出于对你的爱和尊重。你可能会想：那他们干吗还要和我结婚 / 同居呢？答案是，占有你以及你所有的资产。精神病态者们会吸干你最后一滴血。整个过程可能会花上好几年，他们会在刚开始的一段时间内表现良好。这些人会赢得你亲友的喜爱，从各方各面营造出完美伴侣的假象。他们会帮忙干活，主动提出做家务——然而很可能最后还是你来做——接下来精神病态者们就要圈地盘了。为什么？因为一旦你开始抱怨，他们总能扯出张三李四、七姑八姨的原话，说他是个模范丈夫。可惜张三李四、七姑八姨们并不知道他阴暗的一面。

　　不过精神病态者们完美伴侣的假象维持不了多久。这些人很快就会厌倦了，那只是他们当初为了诱捕你而给自己设计的角色，现在演不下去了，因为在现实中根本不存在那样的角色。

　　接下来，精神病态者就要开始执行他们的大计划了——吃软饭，像寄生虫一样吸噬你，直到你撑不住倒下为止。什么一起慢慢变老，不存在的，他们会让你未老先衰。有些操纵狂甚至真的用夺去另一半的生命来践行"至死不渝"的婚礼誓言。然而当你的钱被花得一分不剩，当你资不抵债，当你把信用卡全部刷爆，当你已经再没什么剩余价值的时候他们就会弃你而去，去寻找下一个受害者。

精神病态者们有一个与生俱来的念头，那就是：你的全是我的，我的还是我的。他们自认为有权利让你供吃供穿，其堂而皇之的态度暴露无遗。你在他们眼里不过就是可移动的财产，再无其他。

好消息是，如果你能在早期就察觉出危险信号（可能就在看过本书之后），那么你就可以采取应对措施。你可以拒绝再吃他们那一套。你可以说你当场就看穿了他们的把戏。这么做的作用在于：如果你不是个"好"的受害者，那么精神病态者就会放弃你去寻找下一个目标。天涯何处无"蠢"草，何必在不好骗的这棵树上吊死呢？这样你就成功摆脱了精神病态者的魔爪，其实也是把自己从作茧自缚的坑里救出来！经历这些过后，你已经更强大，不再是那个活该受骗的弱者了。

万一你的同事是精神病态者

精神病态的同事通过四处凑热闹把所有人和事的焦点都集中到自己身上。你会在咖啡机旁边见到他们，那里是他们利用一切机会寻找新猎物的场所。这类人的惯用伎俩是运用他们迷人的个性来诱惑新的群众，使后者觉得他们棒极了。然而这只不过是一幕大戏，他们极少以真面目示人。这种人身边的同事有可能会表现得像是被下了迷魂药。他们眼中所见没有其他，只有一位仪表堂堂的人，并且此人总是能在恰当的时刻说出恰当的话。

这个人很快就让你觉得他 / 她是你最好的朋友，是一位忠诚可靠的同事；大家待他 / 她简直如同众星捧月一般。我描述的这一切太完美了，不像是现实中可能发生的，对吧？没错，这一切的确就是精神病态者演的戏。问题在于，整个办公区的人都已经对此人着了魔。举例来说，他们看不到这个精神病态者并没有做好本职工作。工作业绩出色的人群里极少能找到精神病态者的身影，因为他们只要能找到别人来替他们干活，就决不会自己动手。但是他们倒是十分乐意把他人的功劳抢到自己头上。这种人完全可能会去老板面前夸夸其谈一番，实际上谈的全都是你的工作成果，但他们会声称自己才是这些成果的幕后英雄。有时候，当流言蜚语终于飘进你的耳朵里时，再想纠正已经来不及了。

倘若认为对你不利能让他们自己获得好处，你精神病态的同事就可能会对你点名批评甚至毫不犹豫地捏造出什么工作中大的纰漏，然后诬陷到你的头上。万一这些人发现了你的弱点，那么他们将眼皮都不带眨一下地把你击沉。他们才不在乎这么做会不会影响你在公司里的地位，会不会害得你丢了工作无以为生。

如果你丢了工作，那自然太可惜了，但这是你自己的问题。尽管精神病态者们表面上已经与你很熟了，既见过你的家人，也和你的孩子们玩闹过，但他们还是能够狠心给你们所有人都捅上一刀。

精神病态者能够没有一丝愧疚地朝你的方向扔过去一颗手雷，任其爆炸，然后潇洒地倚在一旁，面露自鸣得意的奸笑，欣赏你和你的事业慢慢支离破碎、灰飞烟灭。至于这一飞来横祸会给你的家人带来怎样的伤痛，他们完全不觉得与自己有关。

我知道你听了这些之后的感觉，但是我真的希望你能意识到精神病态者的问题有多严重。

把话说得再明白点吧：你精神病态的同事一丁点儿也不在乎你。

至于幸灾乐祸的奸笑，精神病态者笑得并没有人们以为的那么频繁。实际上他们极少会笑。笑是一种自发反应，当你看到什么意料之外又很好笑的东西就会纵声大笑。幽默则和同理心的作用原理有点类似。要想感受到幽默，你需要对周围的世界有一定的了解，最好还有切身的体验。但是精神病态者不懂什么才是好笑。会让我们哈哈大笑的事情，在他们看来一点也笑不出来，而假若刻意地装笑，听起来会怪怪的。这些人很清楚这一点，所以不会假装笑。他们决不愿意成为周围人眼里的小丑。

如果你办公室里有这样一个小丑式的人物，那你并不必担心。这样的人虽然有时候有点烦人，但他们是精神病态者的可能性最小。

　　许多精神病态者更像是沉思稳重型。他们通过刻意学来的暖心行为来骗取人们的信任，而非采取哗众取宠的套路。

　　现在请你想象一下，万一你精神病态的同事根本不是你的同事，而是……而是你的老板。

　　你意识到他们能带来怎样的灾难了吗？

他们藏在哪里

　　英国心理学家凯文·达顿在其研究基础之上发现精神病态者在某些专业领域更常见。这些领域的共同点是都能给予精神病态者权力、金钱和刺激，而且这些领域里的人有很大可能能控制其他人并主宰他们的生活。

- CEO（可视为一个公司或一项团体行动的一把手，不论其性质合法与否）
- 律师
- 媒体工作者（电视台 / 广播台）
- 销售员
- 外科医生
- 新闻记者

- **警察**
- **宗教领袖**
- **大厨 / 厨师**
- **政府公务员**

　　增加对自己的了解能让你更好地保护自己。这就是我们现在应该做的，我们需要用 DISA 性格测试系统来检测一下你的性格里有哪几种颜色。

CHAPTER
FOUR
4

进入正题前，先来了解下

DISA 性格测评系统

你要是不掌控自己的思想，它就会被别人掌控。

——约翰·奥尔斯顿

现在我们要仔细了解一下我在前文简要介绍过的 DISA 性格测评系统是如何将不同类型的个性用不同颜色来代表的。

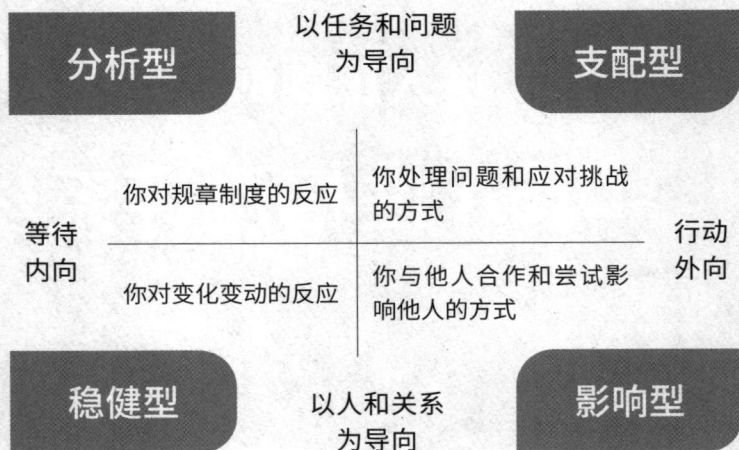

分析型	以任务和问题 为导向	支配型

	你对规章制度的反应	你处理问题和应对挑战 的方式	
等待 内向	---	---	行动 外向
	你对变化变动的反应	你与他人合作和尝试影 响他人的方式	

稳健型	以人和关系 为导向	影响型

红色、支配型行为见于性格外向、以任务为导向、做什么事都雷厉风行的人身上。这些人是干劲满满、高瞻远瞩的问题消灭者，行事必果、使命必达是他们的信条。他们喜欢参与行动，但要是事情长时间没有推进，他们很快就会厌烦。

黄色、影响型行为的人整天乐呵呵的，富有创造力，性格外向，擅于与人交往，跟谁都能进行轻松又顺畅的沟通。他们也喜欢快速高效地做事，不过他们的注意力更多侧重于自己身边的人。过多的细节很容易让他们感到厌烦。

绿色、稳健型行为指的是更为内敛、性格内向的行为。他们的关注点主要是让身边人都能舒舒服服、开开心心的，同时避免出现任何冲突。他们喜欢合作，并且是非常好的倾听者。

蓝色、分析型行为是最后一种。具有这种行为的人性格内敛，以任务为导向，凡事喜欢井井有条，倾向于有条不紊、有组织有计划地开展工作。他们看重质量，极少或者从来不会漏掉任何细节。

好了，就是这些！现在你是专家了吗？不，我并没有期待你这么快就出师。我们还需要再稍稍深入地了解一下不同的性格类型。

红色性格 - 支配型行为

他们是带头大哥，是人生赢家

要想识别一个红色性格人，最简单的方法是直视他们的眼睛。这么做的原因是，他们的反应会和其他人的反应截然不同——他们会目不斜视地迎着你炯炯的眼神盯回去。如果你仔细想一想就会发现，大多数人和你对视不会超过几秒钟，他们很快会转移视线，过一会儿，才会再次把目光放到眼前的你身上。红色性格人则喜欢看得略久一些，因为他们想弄清楚你的底细。他们不过是在揣度潜在的敌对情况，只不过是采取了——从某种意义上讲——非常咄咄逼人的姿态。他们可能仅用眼神就能打败你。

好了，确认过眼神之后，下一步是握手。红色性格人握手时坚定有力，甚至有点过于有力了。支配型，错不了。此时你面对的是一个绝对不会任你践踏蹂躏的人。许多年前我见过一个握手很怪异的顾问。他握住对方的手，并会稍微扭一下，让自己的手背朝上，接着竟然还要往下压一点，以显示他才是最强的一方。这是一种支配性极强的握手方式，因为它发出了此人希望你顺服的信号。至于这位顾问有没有意识到这一点，我并不知道，但是他的这一做法给握手的另一方造成了巨大的困惑。

我第一次和他握手的时候十分愕然，以至于没来得及做出反应。第二次我有心理准备了，所以在手上和他暗自较劲。他吃了一惊，于是把我的手握得更紧了，而我则报之以更有力的抵抗。我盯着他的眼睛，问他到底在干什么。终于，他放弃了尝试，但并没有给我一个合理的解释。后来我们之间的关系一直不怎么样。

红色性格人的其他肢体语言也提供了很多线索。他们通常身子挺得笔直，走起路来足下生风。这类人目不斜视，径直前行，在他们的期望中都是别人给他们让道。当然了，也有例外，特例总是会有的。不过，这也意味着你基本不可能遇见百无聊赖、无所事事的红色性格人。他们从来就不是这种人。

如何识别出一个真正的带头大哥

红色性格人说话常常比较快且富有激情。必要时，他们并不会介意提高自己的嗓门。更准确地说：当他们认为情况有必要时，也就是，当有人和他们观点不一致时。这时他们会重复相同的论点，只不过会换上更大的声音。这种人属于争强好胜型，凡事喜欢辩出个真假虚实。红色性格人会坚持自己的观点，哪怕他们在开局没多久就发现自己错了，但是由于他们讨厌做输家，所以依然会开足马力，坚持辩论到底。

你可能会想，这可不太招人喜欢。但红色性格人不在乎这个。他们本来就不是八面玲珑的人，任你怎么想，在他们看来都是浮云。这一点或许也可以说是红色性格人最大的长处之一——他们不会过于被他人的情感和观点所左右。不过，这并不表示他们就麻木不仁，事实绝非如此，他们只是能分得清，对事不对人。

几年前我和一家机构合作，在那里遇到过一个例子。那是一个部门领导，他不仅仅是个红色性格人，还带了点黄色特质，但是他的红色特质很浓烈，足够让他捋清楚以下这个情况：

当时，有一个小组工作进度极慢，纪律涣散，积极性低下。员工想来就来，想走就走，吃个午饭耗时很久，工作时间不干正事上网冲浪，组内的人几乎个个只守着自己职责内的一亩三分地，其他一概不管。这个组的组长也曾多次尝试建立一些秩序，但是从没真正取得任何特别的成效。该组的进度已经严重滞后于工作计划，并且滞后的情况已经持续了相当长的一段时间。当时总共有 8 个类似的工作小组，但连比都不用比，这个组直接垫底。

如果你是部门领导，你会怎么做？毫无疑问，你会开展工作谈话。事实也确实是朝这个方向发展的。那个部门领导在上午 11 点左右把问题小组的组长叫了过去，就其领导团队的表现表达了看法。评价以负面的居多，当时那种情况要表扬才怪。

因为那次冲突后来是由我出面解决的，所以我碰巧得知部门领导的评价一开始其实还挺褒贬兼顾的。作为部门老大，他谈了自己对团队表现欠佳的看法，并要求拿出整改建议来。但是小组长大部分时间都在说不是他的错，组员的不良表现于他没有任何责任。因此，部门老大很快就被气得火冒三丈。

结果，事情最后是这样收场的：部门老大把小组长结结实实批了一通，并对其能否胜任本职工作表示了强烈质疑。整个谈话在办公室外的走廊上都能听到。他确实把小组长狠狠痛骂了一番，但这是由于后者拒绝听取客观评价才造成的。该工作组的问题大家有目共睹，但小组长就是置之不理。

小组长的反应不难预料。他就像个泄了气的皮球，从椅子上起身，一步步走向办公室的门，心里想着事情如果不出现转机的话自己肯定要被迫离职了。出了门他就要面对办公区所有同事们投来的冷眼。就在手刚搭上门把手时，他突然听到上一秒还暴跳如雷的领导说："对了，你吃饭了没？"

这种红色行为是许多人无法理解的。但这正是因为红色性格人能很好地把事情和人区别对待。是，领导确实对拒绝听取客观评价的小组长发火了，所以狠狠地批了他一顿。但是，他并不憎恨小组长这个人，而且很可能连反感都没有。他不过是不满意此人的行为，所以训斥了他。随后他意识到已经是吃午饭的时间了，于是想：能有个伴儿一起吃就太好了。

加大油门啊！你怎么这么磨蹭！

　　事情在红色性格人手里分分钟搞定。他们做事迅速。有时候，他们会遗漏掉一些细节，但是他们做每件事都保持着速度与激情。而且，他们会同时肩负许多任务。保持紧迫感也是一个典型的红色特质。甚至当事情其实根本不急的时候，他们照样会急。他们享受充实而忙碌的生活，一闲下来就浑身不自在。

　　我有一个同事，是我很好的朋友，他就是一个绝佳的例子。工作日，他分秒必争：等出租车时，他会趁机查收电子邮件；如果遇到堵车，他会打几个工作电话；收到邮件时，他多半立刻就回复，因为那样当场就能把事情搞定了。如果要回头再去查哪一封邮件自己读了而没回复就要花太多的时间，所以他都是看了就回复。在机场候机的时候，他也是这样。至于酒店房间，对他来说就好像是专为办公设计的，总能挤出时间写个短小的邮件啊，整理一份会议记录的清稿啊，或者准备一场项目汇报啊——反正早晚都要准备的嘛。

　　除了红色性格人之外，固然也有其他人会出于追求效率的考虑做同样的事，但是他们通常是为了腾出些自由的时间才这么做的。他们的行为有点像是在打发碍事的工作，你懂的。他们能在一个普通的工作周内累计腾出几个小时的时间，于是在周五的中午就能回家了。和他们不同的是，红色性格人不会这么干。他们不会因为工作做完了就欢欢喜喜把家还。相反，他们会利用多出来的时间干一些新的工作。

我最喜欢的例子莫过于一次我的那位同事一边写邮件，一边和人开网络电话会议，一边还要听我做展览陈述，三头同时进行。甚至当网络电话那边的讨论热烈起来时——用的不是母语——他不仅对我陈述的内容一个字都没有落下，还给予了精辟的分析。而这，是红色性格人具有的另一个本事：多线程操作。他们可以同时做许多事情，并能在极短时间内处理海量信息。秘诀在于他们不会深入去看所有的细节，而是专注于要点。他们拥有高效的全局视角，并能很快在大量的信息中找出规律来。

有人喜欢细节，而红色性格人关注的是全局。因为他们一点也不喜欢细节，看到就烦。

红色性格人似乎很刚愎自用，
他们能为工作团队带来什么贡献

红色性格人会确保团队速度够快、活儿干得够多。他们喜欢不断进取，其他人也会被带动起来。当然了，除非这个红色性格人是彻头彻尾的一头独狼——这种情况也会有。红色性格人还擅长提供新的想法，对他人的想法做出评价，并确保能拿出落地方案来。当许多人觉得难以着手、开会研究的时候，红色性格人却在会议中拍案而起："好，那我们就这么干！"然后扭头就去开工了。他们有可能会针对如何完成任务自创出某种体系。尽管蓝色性格人才是事无巨细一概进行精确规定的主要担当，但是红色性格人也喜欢有个大体框架来统筹各部分工作的开展。

稍后我会讲一讲红色性格人的主要缺点有哪些，以及心怀不轨的人为了伤害他们会怎么做。因为不管看起来有多强悍，他们仍然存在不足。而找到了这些不足的人完全能利用它们来实现操纵他人的目的。

与红色性格人打交道时，
这几件事你真的需要注意

我自己一向认为：红色性格人无疑是 4 种颜色性格里最容易相处的一类人。然而，我在工作中遇到的许多人用切身经历告诉我，和红色性格人打交道着实是个挑战。实际上，要解决这个问题很简单，秘诀就是当他们用有点粗鲁和得罪人的方式来对待你时，你别往心里去。如果你能明白这只不过是他们的一贯风格，并不是针对你个人的，那么你就能好受多了。

在职场与红色性格人相处的简单方法是，要时刻做好准

备。要确保该有的文件资料、项目进展你都尽在掌握，确保你
清楚自己想让会谈达到什么样的效果，确保那些可能冷不丁冒
出来的问题你心中都有答案。他们可能会问问题，也可能不会。
你把自己表达得越清楚，他们问的问题就越少。如果红色性格
人从你身上嗅出了不确定的意味，问题就会随之而来。他们发
起问来可是毫不留情的。红色性格人若是察觉到你在某些事情
上含糊其词，会立刻对你施压。所以要确保你说的事情自己心
里都有数。

　　举个例子，如果你将做一场十分重要的自我陈述，那么稍
稍排练一下台词是个不错的主意。不论你是要去谈薪酬待遇，
面试新工作，还是要给潜在客户推销业务，向领导汇报负责的
项目——都应该事先练习一下你要说的重点内容。红色性格人
喜欢发出挑战。如果你已经说了替代方案 B 是首选（只有在你
真的这么认为的时候才能这样说哦），那当他们就此提出质问的
时候，你要坚持自己的看法。他们完全有可能只是在测试你是
不是真的对自己说过的话有把握。而你若是回答"当然了，替
代方案 C 或许也行得通"，那就满盘皆输了。犹豫不决、优柔
寡断，是一点好处都没有的。

　　想象一下，假设你身体非常不适，去看心脏病专家。专家说
你有 3 条冠状动脉需要做搭桥手术。你反驳道："难道普通的两
条冠脉搭桥手术不够吗？"医生回答："好吧，或许能行。咱们
试它一试。"听了这样的答复，你还会让他在你身上动刀子吗？

不，我认为你不会。所以红色性格人也不会啊。他们想要确定你是否真的对自己说的话有把握。

与红色性格人开会很重要的一点是，不要涉及回顾性话题，要尽可能做前瞻性论述。最好讨论讨论你能取得哪些成果。比如，简明扼要地陈述一下你认为替代方案 B 能带来什么收益；或者借助那个解决方案，你能达成哪些目标。如果被问到你怎么能保证自己的观点是对的，这时你才可以把背景情况简略地回顾一遍。这个过程其实很有意思。红色性格人并不是每次都会因为不顾眼前只看将来而做出完全鲁莽的决定，他们只是确实喜欢谈论目标和结果。围绕这些聊，别跑题。

看在上帝的份上，别这么干！

和红色性格人相处，你千万要小心的一件事，是别耽误他们宝贵的时间。因为，准备功课做得一塌糊涂，你实际上是浪费了他们的时间，这样会给他们留下缺乏条理、松散随意的印象。所以，务必确保你电脑里有该有的资料，可别到时候还得让他们干坐着等你临时搜需要的信息。如果你浪费了他们宝贵生命中 12 秒的时间，那你就已经全盘皆输了。红色性格人会不耐烦地在桌面上飞快地敲击手指节，你连暗说一句"完蛋了，没戏了"都来不及。万一你真的不走运，还可能遇上他们把手机掏出来的情况，到那时他们可就彻底对你失去兴趣了。

如果会谈正在引向其他议题，而你需要从别处找来更多的相关资料，那就去找；若是可能的话，悄无声息地进行，别说任何废话。红色性格人可不会想听你咕咕哝哝地表达歉意或者胡扯一通什么情有可原的废话。只要你能稳住场面，他们就能静静等待。给他们看看你的高效，找到需要的信息，做出答复。

一般说来，与红色性格人进行任何无关紧要的闲聊都不是个好主意，即使你和他们很熟。如果你和一位红色性格的好友在后花园里烧烤，这时你唠唠叨叨地说些什么下次度假可能去或者不去哪些地方，是没问题的。但是，如果你坐在自己的办公室里，那么即使是平时为人极其随和的朋友也不乐意听一大堆你碰巧从一个客户那儿听来的不相干的事情或者流言蜚语。他想听的是你手里这个项目由什么组成，你能不能从里头赚到什么钱；他还会想知道他将如何从该项目中获利。不要张嘴就喋喋不休地说与正事无关的话题。另外，谈事情要利索。要做到这一点，需要的并不是更快的语速，而是更精炼的措辞。

接下来是与职场中的红色性格人建立私人关系的问题。当然了，我也参加过某个培训课程，学到了如何与客户建立关系。但是假如你的客户是红色性格人的话，你就需要深思熟虑一下了。他们和你见面可不是去当你的新晋酒友的——他们是去谈生意的，这一点你最好牢记在心。不管他太太是在哪儿学的心理学，或者儿子上的是哪所足球学校，这些都与你没有任何关系。

"可是"，你或许在想，"我明明记得好多次我都和几乎不认识的红色性格人有过很私人的交流。我跟他们讲我去越南度假的经历，而他们也聊了自己在巴厘岛的旅行啊。"

当然，红色性格人很可能会不耐烦，但是他们又不傻。他们明白自己必须逢场作戏一下。他们中的大部分人都能清楚地认识到这一现实：他们不能简单粗暴地跟所有人说"滚开，别烦我"——大多数人还是喜欢和看重寒暄闲聊的。但是请记下这一点：他们宁愿避开闲聊。无论你要跟这些人谈什么，如果你能略过所有无关紧要的废话直奔主题帮他们节省时间，那么你将能跟他们做成更好的生意。你会得到他们的信任，并且被他们视为一位踌躇满志、做事高效的商人、同行、同事或老板。

最后，我想提醒你，对红色性格人直来直去的做法别往心里去。他们怎么想就怎么说，不过他们这么做的时候极少抱有任何恶毒的意图。他们能三句话就推翻你呕心沥血准备的商业建议书，我知道这滋味不好受，但那并不是针对你的。他们的关注点不在你身上，至少这种时候不在。同理，反之亦然——如果他们很高兴并赞同你的提案，也并不意味着你现在突然就成了他们最好的伙伴。这只不过说明他们喜欢你的提案。他们对具体事物的评价永远都是坦诚的。

说到评价……如果问他们你新买的艳粉色衬衫如何，那就是你自找的了。

黄色性格 - 影响型行为

他们是喜剧演员，是话匣子

他们脸上带着标志性的微笑。没有谁比黄色性格人笑得还多了。对他们来说总有值得一笑的事情。何乐而不为呢？生活其实很精彩，你不觉得吗？此外，你也能根据一个人坦诚的言行和通常较快的语速辨认出他／她是个黄色性格人。他们对任何事情都畅所欲言。而且他们话真的很多。如果你想快速识别出黄色性格人，那就看看谁正站在人群中央说个没完吧。还有，从他们那里你会听到很多"我如何如何""我怎样怎样"的句子。

他们诚恳、热情。没两下他们就会让你感觉良好，找到存在感。这一类人握手坚定有力，但又不会太过用力。他们内心没有红色性格人那种主宰他人的想法，不过他们完全有可能把空着的另一只手搭在你的胳膊上，以实实在在地表示见到你真是太好了。而这样做也很奏效。对方往往会觉得和黄色性格人在一起真的很舒服。

　　然而过一段时间你会发现，尽管黄色性格人一直在问你问题，但是他们似乎并没有真的在听你回答。这是因为他们不是一个好的倾听者。黄色性格人主要是倾诉者，给人创造出舒适惬意的氛围，以至于我们私下里都开始好奇，没有我们在身边时他们会不会就不觉得这么舒适惬意了。

　　大概我们猜的没错。黄色性格人显然是种社会性动物。他们想要被人环绕。如果他们被迫坐到一个几乎没人踏足的办公室里，很可能会因为缺乏社交的滋润而枯萎死去的。这样不行，他们总会出现在有人聚集的地方。这类人的社交生活丰富多彩，认识的人一堆又一堆，他们手机通讯录的长度远超你的想象。没聊一会儿，他们就会开口要求加你的微博微信。然后你们就是朋友了！耶！

除了笑声和恶作剧，
黄色性格人还会带来什么

　　黄色性格人总是比其他人更具创造力。当然这并不是说只有他们才能想出新点子，不过他们确实有一种罕见的天赋，能在这样那样的事情上颠覆你的想象，让你不禁好奇他们是怎么想出来的。对此，他们轻描淡写地耸耸肩，咧开嘴笑了。没错，又是笑。

如果你认为他们提出的创意值得考虑，应该深入地进行调研，那你最好把它写下来，因为黄色性格人八成不会这么干。文书工作可不是他们的强项。他们基本上就是在便利贴上草草写几笔，心想：我们可以稍后再补充细节嘛。嗯，通常就没有然后了。

就在不久前，我认识了一位 IT 企业家，那真真是创意点子层出不穷。她滔滔不绝地讲着打算做的事、发现的商机以及自己正忙着启动中的商业计划。当然了，她手头有好多事情都在启动中。这一点是毫无疑问的。然而如果她能把自己说的雄伟计划实现哪怕一半，恐怕她早就统治全世界了。相反，她的生意一直在原地踏步，裹足不前。在我看来，造成这种现状的原因是她把自己放在了一群和自己极为相像的人中。她手下有 20 个人，这些员工个个都和她一样笑容可掬，活泼开朗，对未来充满信心和希望，愿意一声令下就正儿八经地投身到工作中去。但是实际上他们没有丝毫章法。他们像玩杂耍似的在手中同时抛接着许多事务，这一点显而易见。然而有太多事情没被接住掉了下来，就好似被大风吹落的果子，砸到了别人的头上。

你不仅仅能从这些人的工作方式中看到这样的情况——他们的办公区本身就是个不折不扣的灾区。整个办公室塞满了你可能想到的各种东西，会议室看上去则跟交战区差不了多少。员工们却并不觉得这有什么不妥，因为在他们看来这是一个富有创造力的环境。他们觉得，一切都挺好的啊。然而，乱七八糟、杂乱无章和创造力可不是一回事。事实上，类似的原因会让黄色性格人所做的事情陷入停顿。他们很难持续关注细小的事，这往往让他们因小失大。办公室明明设在高大上的写字楼里，一进门却让人感觉进了脏乱差的储藏间，这给客户留下的印象可不怎么样。说得好听些，这样的第一印象不提也罢。

这位 IT 女孩手里虎头蛇尾的项目清单长得看不到头。这确实是黄色性格的重要体现。他们极为擅长创造华丽炫目的开场，但并不真正具备落实到底的能力。要想豹头加凤尾，你需要其他类型的人。

整个世界都是他们的听众

正如我已经提过的，黄色性格人极为坦诚。如果对方是黄色性格人，那么我打包票，你肯定会了解到他们家人的情况，能看到他们的孩子、宠物以及他们认为跟自己最要好的朋友的照片。在一个黄色性格人的办公区里你会满眼都是透露个人信息的私人物品，比如他们是哪个球队的球迷，是喜欢打高尔夫还是热爱帆船运动，都能找到线索。

大约十年前我工作过的一个公司有一项我们称之为"净桌政策"的规定。这个概念是我们红黄两色性格兼备的 CEO 开创的。严格地讲，它的宗旨是当你离开办公桌的时候，有义务把你留下的任何痕迹都清理掉——因为当时公司里的桌子不够每位顾问人手一张。但在实际执行中，这条政策只对愿意遵守它的人才有效，用私人物品占住了桌子的人反而可以若无其事。如果办公区太拥挤了，没桌子的人去找 CEO 抱怨，CEO 只不过来一句："眼下你们遇到了点麻烦，但不是你们以为的那种麻烦。一个个不出去见客户，都在这儿杵着干吗呢？"（顾问外出拜访客户往往比坐在自己办公室里能带来更多的收益。）

对于我来说，这没什么可担心的。虽然我性格中也有一部分黄色特质，但是我的办公桌上从来没有太多物品。另外，我喜欢整洁有序，物品各归其位，这也就意味着我会定期进行清理。或许这是因为我亦具备不少的蓝色特质吧，而且我内心还对审美有要求。也就是说，当身边的物品摆放到位、干净整洁时我会感觉更舒适。

但是具有黄色特质的顾问们认为 CEO 在他那"净桌政策"上犯了个大错。他们无法理解把自己用完的桌子清理干净的意义何在。反正很快桌面就又会变得各种脏乱的啊。还有，规定不许在桌上摆放私人物品？凭啥不能摆？不然那么多自己的娃还有豪华跑车的照片，不放桌子上那还能放哪儿？除非是那些很明显的情况，否则黄色性格人根本看不出桌面是从什么时候开始变得乱七八糟的。他们不觉得物品必须摆在固定的位置。所以，当时可是费了好大劲才把"净桌政策"启动并运作起来的，这一点我能跟你保证。

可是话说回来，很少有人能和黄色特质的顾问们一样优质又足量地完成业绩。他们总是跑来跑去，电话从不离手。如果有什么人能敲开客户的门，说服对方接受最不切实际的解决方案，那必定是黄色性格人无疑了。他们能说会道的天赋经常三下五除二就把客户公司的决策层征服了。他们是顶级的沟通能手，会说话、说对话在他们看来是小菜一碟。不管黄色性格人说什么，听起来都是那么带劲。他们能把最终合作成果描绘得天花乱坠，你听了只会想大声地喊出："太好了！我要定了！"

只要有适当的支持，什么都阻止不了黄色性格人前行的步伐。他们只用站在椅子上出口成章地发表一番即兴的动员演说，就能带动一大群人建功立业，而且演说全程就跟你给妈妈写条短信一样轻松。羡慕嫉妒恨吧？我猜肯定是的。大体说来，被迫在大庭广众之下发言其实是人们最怵的事情之一。然而这句话对黄色性格人来说一点儿也不适用。他们会欢天喜地地走上讲台，长篇大论犹如滔滔江水绵延不绝。这对黄色性格人来说不算难；相反，难的是怎么才能让他们从讲台上下来。

既然黄色性格人这般以自我为中心，他们能为工作团队带来什么贡献

黄色特质的人通常能够给身边的同事们带来激励和鼓舞。这是借助他们的鼓励和赞扬来实现的。他们很乐于称赞别人——大多数人都爱听好听的嘛。尽管他们是出色的演说家，但是他们也经常让对方畅所欲言。他们会征询意见和想法，并

借此在团队中营造出一种积极的氛围。还有，别忘了他们的基本态度就是积极向上的。当所有事情都乱得一塌糊涂，有人已经开始收拾东西准备走人的时候，黄色性格人翩然到来，为团队注入新的勇气。他们那股鼓舞人心的态度会影响每件事、感染每个人。

　　然而，这类人的确也有弱点，我们后面会谈到。和红色性格人一样，黄色性格人也容易被控制、被利用——只要找到方法。稍后我会举个例子来说明这样的情况可能会如何发生。如果你自己是个黄色性格人，那么你应该多加仔细地阅读，以保护自己不被人操纵摆布。

如果你想和黄色性格人打好交道，
那有些事情建议你按顺序来……
笑一笑，并遵从以下建议！

　　黄色性格人经常收到的评价是"他们人真的很好。多棒的家伙啊！"没错。这类人既亲切友好，又风趣幽默，外加温润随和。但这也意味着他们会希望你也是个有趣又富有感染力的人。他们也想反过来得到你的鼓舞和启发，想让身边围绕的都是和自己一模一样的人。简而言之，就是健谈、爱笑。实际上，你要是问我与黄色性格人会面有什么建议，我第一条要说的就是：保持微笑！

如果我说，相比怒目圆睁的表情而言大部分人更喜欢看到眼带笑意的脸，想必你并不会觉得这是什么奇谈怪论。但是和黄色性格人相处的时候，这一点对你们将来的关系尤为关键。如果你展露笑颜，就体现出了你心情愉快、天性积极乐观，而这恰恰就是黄色性格人愿意交往的类型。

但是如果你有点阴郁孤僻、闷闷不乐，他们则会感到不自在。他们当然知道这世上也是有坏消息的，然而他们不想听。这类人差不多每时每刻都跟孩子一样想要冰淇淋和气球，你能做的最多就是投其所好罢了。哪怕你正跟他们说着猫从房顶上摔下来了或者哪个大项目的投标彻底砸了，也要保持愉快和微笑。至于残局，你可以晚些再收拾。

其次，要跟他们建立私人间的关系。要敢于表露真实的自己，介绍一些自己的情况。你可以大胆跟他们分享你对跑步、汽车或者晚上舒服地宅在家里的看法。这样做，黄色性格人会更喜欢你，觉得你不是个公事公办的冷冰冰的人。他们自己也对个人和生活的话题很（几乎是过于）坦诚。如果你回赠一些个人信息，很快就会成为他们最好的伙伴的。

社交性质的闲聊同样适用。红色性格人对此并不感冒，但黄色性格人对此却满怀期待。他们想聊聊天气，聊聊兹拉坦[1]最

1 即兹拉坦·伊布拉西莫维奇，瑞典职业足球运动员，球技精湛，曾效力于瑞典国家足球队和巴塞罗那等众多著名足球俱乐部。——译者注

近签下的合约，聊聊缅甸是否真的会成为潮流达人们带热的下一个旅行目的地。不过务必要记住，美国总统大选可不是一个合适的话题，因为里面包含了太多负能量的消息。黄色性格人希望聊天内容是积极向上、轻松愉快的。类似"自由世界领袖[1]是继希特勒之后最招人讨厌的对象"这种话他们一个字都不想听到。

你要是想给自己结个一辈子的仇家，这里有几个窍门

这个问题我们必须谈一谈。黄色性格人对有些事情非常敏感。他们不喜欢那些在自己看来冷漠无情的表现。脸上没挂着微笑就是其中一种。如果你真的是不苟言笑的人——蓝色性格人在别人眼里就经常是这样——那么麻烦也离你不远了。你到时候会被黄色性格人看成是只会愁眉苦脸、怨天尤人的家伙，他们可不喜欢这种人。如果该你哈哈大笑的时候你没能准确捕捉到他们提供的笑点，这类人会感到浑身不自在，并开始觉得你俩处不来。

---

1 "自由世界"一词起源于美苏冷战时期，用于指代以美国为首的、反对共产主义的民主国家。后来该词亦衍生出讽刺意味，为反美国霸权主义人士所使用。"自由世界领袖"现常指拥有发动战争和推翻立法等绝对权力的美国总统。——译者注

假如我们强迫一个黄色性格人去参加一场数字、细节满天飘的纯理论性研讨会，结果可能会和上面一样糟糕。对于这些人来说，实事求是未必是个问题，但要说到细节，那可真让他们头痛不已。在黄色性格人看来，一个零件是往外偏了 9.65 度还是 10 度，到底能有什么要紧？他们也并不在意到底迟到了 15 分钟还是 18 分钟。有什么大惊小怪的？他们这不是来了吗！

有时候，他们的这个特点会以非常搞笑的方式体现出来。举个例子，一个黄色性格人过来，拍着胸脯说你一定得试试城南的时尚街区里新开的那家餐厅，那儿的菜实在是太赞了！而当你（当然了，微笑着）向他们询问餐厅的具体地址时，他们却记不得了。至于餐厅的名字，也蒙着神秘的面纱，不知道到底叫什么。假如你问他们究竟吃了什么好吃的，恐怕他们连这个都未必记得起来。但他们确实知道的是，你应该去，而且要点一模一样的菜，因为那是一场舌尖上的狂欢。至于路线怎么走，什么值得吃这类问题，你就自力更生吧。

另外，你还应该注意确保在沟通中给你黄色特质的同事、好友或伴侣留有足够的发言机会。诚然，这些人抢起话筒来也不会跟你客气，但是如果碰巧你的性格稍稍强势了点（比如：红色特质），那么你说不定会因为对他们的长篇大论不耐烦而做出当面大手一挥让他们闭嘴的举动来。这种做法我可不提倡。不然，你将收到他们愤愤不平的目光，你说的话他们也绝对不会听。事实上，没人喜欢说话时被这样打断，然而很多你们红色性格人想打断别人的时候还是会我行我素。

万一你想把矛头对准黄色性格人，提出某些批评，那你要谨慎选择时机。如果你是老板，手下某个黄色特质的员工把你的一些事情办砸了，那么请记住你在管理课上学的，并坚持照做，即不要在公共场合给予负面评价。这一点尤其在涉及黄色性格人时极为重要。这些人的自尊心相当强，负面的评价会直接伤害到他们的内心。那样的话，你可能已经给自己树立了一个真正的敌人。

绿色性格 - 稳健型行为

他们是后勤部长，是体贴入微的好人

想知道自己是不是在和绿色性格人打交道，最简单的一个标志就是看他们的存在感是不是很低。他们怨言很少，言行十分谨慎周到。这些人不想成为任何事情的焦点，宁愿由其他人来做决定。他们会非常和蔼可亲地把裁定权全盘移交给你或者身边的任何人。和绿色性格人在一起时，你会经常听到"但是我当然不会介意……"这样的话。他们难得会在讨论中真正地质疑任何人的观点。这些人可能并不总是同意别人的看法，但是他们不会公开表明态度。然而，当他们和自己最好的朋友在一起时，却能就其考虑不周的新提议发表真实的看法。你对绿色性格人可能产生的最大误解是错以为他们没有任何主见。谁说没有，他们只是不表露出来而已。

由于这些人力求稳定，偏向于避免任何形式的改变，所以你离开时他们是什么样，通常之后也是什么样。"这样就可以了，挺好的，真的"，或者"改了说不定还不如不改"，是典型的来自绿色性格人的评价。归根结底，事实也确实是这样。为什么要单单为了改变而改变？大多数变化，尤其是急剧变化，事后都会受到广泛的质疑。不过，有趣的是，不喜欢改变这一点绿色性格人自己却经常不承认。"我当然喜欢改变了。"他们说。然而当你提议尝试某个新事物的时候他们却说："啊，这个嘛……"

具有绿色特质的同事通常是最体贴不过的了。他们会把咖啡机加满，会额外替大家往收发室多跑一趟，会问你感觉怎么样了、背部是不是还不舒服——你好久以前犯过的腰痛，久到你自己都几乎没印象了，他们都还记得。

这些人在团队中的时候工作状态最佳。尽管绿色性格人相当内向，但是单枪匹马地干活对他们来说可不是最理想的。不过他们并不会时时刻刻都感到有交流的需要。对这些人来说，通常和同事们共处一室就完全足够了。而在家时，他们的社交活动可能仅仅是和家人坐在一起看电视。

到处都有这样的人，不信你往这儿看

然而，和绿色性格人共事是非常顺畅的。因为他们会让你继续按自己想做的去做，你不需要与他们进行任何的磨合。这些人从不真正地为自己提出任何要求，这自然就让周围的人觉得与他们相处很简单。但是，这一点也很容易被某些人滥用，我们稍后再细讲。

我记得尤为清楚的一个例子来自于一家保险公司，我曾在那里做过一个项目。公司整个团队由 50 个人组成，老板兼具黄色、蓝色特质。他本人很有想法，经常受到启发而想出各种点子；他的团队成员则想表示自己的忠诚，所以一直配合着。尽管他们并不喜欢改变，但是他们很钦佩老板，愿意听从老板的安排。然而，老板自身还带了不少蓝色特质，所以有时候这就意味着急刹车。当黄色性格的他宣布现在真的要开始做出某些改变的时候，蓝色性格的他却说必须对这一想法再进行深入全面的分析。

这一来，效果就有点奇特了。事实上，很多员工都认为一切运转得非常令人满意，但由于他们并不想和老板作对，所以嘴上都说支持变革。他们也努力给自己做心理建设，告诉自己要为即将到来的变化感到兴奋。然而就在大家做好了心理准备迎接翻天覆地新变化的时候，老板又回来说，他的想法尽管很有开创性，但很可能还是行不通。结果可想而知，大家陷入了一种茫然无措的状态。我们是要，还是不要，对工作流程、办公家具、午餐时段乃至整个公司进行改革？没人知道答案。而这对谁都没好处。如果你手下有一群绿色性格人，那就尤为不幸了，因为这类人想知道答案，需要有人告诉他们下一步要发生的事情。太多的含糊不清只会给他们造成压力。

这种情况能年复一年地发生，很大一部分原因是绿色性格人大体上都极为忠诚。他们想对老板忠心耿耿，愿意为公司竭尽所能。哪怕这意味着有时候会让自己陷入困境，他们也真心想让每个人都开开心心的。于是"但是我当然不会介意……"这种话说得就更多了，就是这么简单。

　　忠诚对绿色性格人来说非常重要。他们忠于自己最亲密的人——他们的家人，他们的街坊，和他们开同一品牌汽车的人，还有他们喜欢的足球俱乐部或者保龄球俱乐部。在工作中，则是他们直属的工作团队。他们对自己最了解的人最为忠诚。这可能会意味着麻烦。如果公司很大，他们的忠诚就未必是向着公司的最高管理层或者公司的经营目标的。这些人更多的是关注办公室里那些发生在自己身边的事。如果绿色性格人的同事对某些事的现状表达了不满，那么他们也会生出同样的看法。

　　这是一种相当复杂的心理，不过基本规律是：绿色性格人会赞同自己信任的人的观点。所以如果你知道这些人信任的是谁，那么你就能猜到他们会有什么想法。

全世界最棒的伙伴

　　我已经提到过绿色性格人亲切友善。可以说，这些人就是亲切友善的化身。他们会帮走在后面的你扶住门；他们会在没到规定日子且离开饭只有 30 分钟时允许孩子们吃冰激凌；进超市前你会放心地请他们这样的人帮忙看几分钟你的狗；如果捡到你装满了钱的钱包，他们很可能会把钱包还给你并让你点一点钱少了没少。我并没有蠢到要放言绿色性格人不会去偷东西，因为现实没有这么简单。但是这些人基本上都是诚实的，不愿意伤害任何人。那是他们很重要的一个驱动力。他们希望能够信赖别人，也希望别人能够信赖自己。

绿色性格人身上具有的那种镇静感是他们另一个为人所欣赏的特征。他们并不是那种浑身紧张、充满焦虑的人。这并不是说遇到麻烦时他们能泰然自若——那要取决于都有哪几种其他颜色性格的人在配合。不过，他们骨子里带有一种稳健感，当事情开始变得棘手时，这种品质能派得上很大用场。如果你有一帮黄色性格的员工，整天斗志高昂、跑来跑去却没多少工作落地——那就往团队里派几个绿色性格人吧。再混乱的场面他们也能压得住，并确保秩序得以恢复。

此外，在一个工作团队中，你总能知道这些人的工作状态和动向——你上次见他们时是什么样，现在还是什么样。对于管理层来说，绿色人群是相当大的安定因素，因为他们不会冒出什么疯狂的想法。即使有了什么非比寻常的点子，在论证无误、确保安全之前，他们也不会贸然付诸实践。（老实说吧，就算这个想法已经由老板核准，他们也不一定会有什么大的动作。）

黄色性格人和红色性格人，他们从"想"到"做"需要的时间比别人短得多。红色性格人从椅子里站起身的时候，甚至连自己都还不知道要做什么,而黄色性格人则会开始招募尽可能多的追随者,组成庞大的体系并大张旗鼓地干起来,以显示他们自己的能力。

绿色性格人可不这么做。如果这些人觉得上级给的指示不明确,或者管理层的热情不够高,那么他们不会采取任何行动。或许这并不是什么坏事,好处显而易见。管理层可以放心,不会出现令人不快的意外。绿色性格人组成的团队会不断朝着既定的目标努力奋斗。不需要给他们下新的命令,后续跟进也并非至关重要。反正这些人会坚持走最初的路线,心无旁骛地继续干手里的活。

绿色性格人一定会给整个团队带来明显增益!

由于绿色性格人拥有镇静的头脑,所以他们常常能提供新的见解。他们擅长就自己的想法向他人征求意见,同时又会认真听取对方的回答,并记在心里——这样一来就给团队注入了很强的活力。人人都有发言权,更多的创意、想法也得以不断涌现。极少有人会感觉受到绿色性格人的威胁。

那么,绿色性格人的弱点在哪里呢?会找到的,我已经在前文提到过一点。总的来看,绿色性格人有点太容易被别人剥削利用,因为他们是如此的随和友善、乐于助人。稍后我们将一起来看看这样的事情往往是怎样发生的。

既然你绿色性格的朋友略微有点内向，那么要是你把以下内容记下来会很不错的，尤其是这一点：

别着急，慢慢来。这是我能给你的最好的忠告。当你觉得自己想到了一个人人都会喜欢的绝妙主意时，你要提醒自己：绿色性格人在你想出这个点子之前就已经对秩序井然的现状挺满意的了。要想获得他们的赞成，你需要走这样的路数：坐下，来杯咖啡，表现出自己时间充裕，然后开始跟你绿色性格的伙伴寒暄。就他近来的现状问几个稍微私人一点的问题，表露出你愿意听听他的宝贝闺女在日托班适应得如何了，再聊一聊即将到来的暑假。然后你才可以小心地引入你真正想谈的话题。

我知道，你不可能每次谈话都先花上 5 分钟来预热气氛，但是如果你有个较大的问题要和绿色性格人谈，那最好别让他们心不在焉。要解决这个问题，你需要用他们感兴趣的事情来吸引他们的注意力。正如我说的，要慢慢来。别期待得到任何的鲜花掌声。这些人的反应很可能……平淡无奇。

还有，一定要征求绿色性格人自己的看法。看法他们是有的，只不过不会轻易告知于人。奇怪吗？放在这些人身上，一点也不怪。他们想先知道你是怎么想的，然后据此修改出适合给你的回答。这里存在的问题显而易见——虽然你是真心想知道他们的真实观点，但是这些人想取悦于你，未必会如实回答。因此，你必须试试其他法子。提出大量问题；向他们征求建议；

问问他们认为这个或者那个想法对整个团队来说将意味着什么——不是就他们本人而言，而是对整个集体，整个团队，整个公司。记住，集体高于个人。

有件重要的事需要你心里有数，那就是你并不会得到任何直截了当的回答。绿色性格人极少会老老实实给出干脆的答复。相反，他们会小心翼翼地兜一会儿圈子。有时候这种做法会让你很恼怒，然而如果你掌握了窍门，那么这就不是问题了。

很简单，你只需拿出十二分的耐心来。你必须运用循序渐进法。不复杂，把你要表达的信息一点一点地传递出去，化整为零。尤其是当你怀疑自己要说的内容可能在别人眼里颇有争议时，应把它分成几次不同的会议进行。比如说，有个项目需要委派负责人，你或许得在周一、周三、周五分别开展一点讨论。

这么做的好处在于，让绿色性格人有时间独立消化和处理你给出的信息。他们有可能会提出自己的问题，而这会让你更容易地得到你所需要的支持。当这些人把所有可能发生的不测都预设过了，就会吞饵上钩。这样一来，他们将对新项目或任何你想处理的事情尽心尽力。

若是有读者读到这里时想："说得轻松，你真的以为我有时间搞那一套吗？"这种话倒并没有出乎我的意料。然而不管你们怎么想，事实就是如此。要想和绿色性格人沟通，就得这么来。

记住这一条：别着急，慢慢来。

要是你不想惹绿色性格人焦虑不安的话，就看这里

什么样的行为会让绿色性格人烦躁不安？前面我说了那么多，答案已经呼之欲出了。向绿色性格人施加压力显然会带来非常糟糕的后果。要求他们给出快速的答复、做出迅速的决定、说出明确的想法，会让他们焦头烂额，所有事都将搅成一团乱麻，而你也不会得到想要的结果。由于天性使然，红色性格人生来就和绿色性格人最合不来。红色性格意味着以目标为导向，行动迅速，而绿色性格则代表着以人际关系为导向，犹疑不决。红色性格人经常会犯这种错——目不转睛地看着绿色性格人，告诉他们："我说了，这事儿就这么定了！"而且，听语气一定还是大写加粗的一句。然而支配型行为在这儿一点儿用都不管。试想，你在跟一个永远以集体为先的人沟通，而你沟通的方式却表露出你是以自己为先。你们俩都不是同一个世界的人好嘛。

和绿色性格人沟通绝对有必要小心谨慎慢慢进行。如果你一步跨入正题，张口就开始谈工作，你那绿色特质的同事会觉得你脸皮实在太厚了。他们若是想摆脱你，就会笑着对你交待的事情点头说好，然而在你走之后，你给的文件将被他们束之高阁。这不是他们没能听懂的问题，这些人完全理解你让他们做的事需要优先办理。但是由于你表现得粗鲁无礼，所以他们要用完全不作为来惩罚你。

涉及任务委任的时候还有一件事要牢记在心。绿色性格人不

具备普通人那种好胜心（不过我又要说了，也有例外，特例总是会有的嘛）。这导致的结果就是，哪怕你的销售目标或销售预算定得过高，也不会给他们的行为造成任何直接的影响。当红色性格人做好准备累死累活也要完成业绩目标的时候，绿色性格人却不过是端着自己的咖啡往沙发里一坐，内心深信：目标过于不切实际，乃至不值一搏。这些人的内心并没有被获取巨大成就的欲望所驱使。他们更像是自告奋勇在医院多值一个夜班的护士，但这么做不是为了别的，只是因为同事身体不适而病人又太多，护理不过来。那其实也算个不小的成就了，但他们却是在悄无声息中完成的。

最后还有重要的一点——如果你能避免争论，那就太好了。绿色性格人害怕冲突。他们一点也不喜欢激烈的场面。也许你只是在反驳绿色性格人时单纯地把声音稍稍换了个不太对的语调，就可能被他们解读为一场潜在的冲突，接下来很有可能他们就再也不跟你沟通了。也许，仅仅是因为你把话说得直白了点，以明确表示你们中午不会去吃某家餐厅的肥香肠[1]，就足以让绿色性格人大生闷气。你有必要说得这么难听吗？我这么问你，并不是说你必须逼自己吃下那些肥香肠——我只是说你发表对肥香肠的意见的时候，应该嘴下留点儿情。

---

1 原文为 isterband，是瑞典常见的一种香肠，由猪肉、大麦和土豆粗磨后稍经烟熏制成。——译者注

蓝色性格 - 分析型行为

他们是核查员，是善于分析的家伙

蓝色性格人不是那种一上来就能让你十分有好感的人。你首先看到的将会是一张完全面无表情的脸。注意：是面无表情，不是冷若冰霜。这些人把自己的面部肌肉控制得很好，不会轻易露出笑容。比如说吧，假设我们在街上遇到拍真人秀的，都会冲着镜头摆出灿烂笑容，而蓝色性格人就不会跟你一样傻乐。他们只在真的有什么值得一笑的时候才会展露微笑。仅此而已。他们的肢体语言整体来说稳重而不浮夸，这些人从来不是那种说起话来手舞足蹈的人。甚至连握手也是中规中矩的，很难给出什么评价。没有特殊原因，他们决不会特意握紧对方的手，而且对他们来说，也很少有这类情况。

他们说起话来从容不迫，且通常都表达明确。许多蓝色性格人讲话的时候声音都太平淡了，以至于让听者很容易走神。

这是因为蓝色性格人往往以为事实就是事实，讲出来的内容才是关键，至于如何呈现，并不重要。

单从表面来看的话，你还可以通过明显表露出来的平静感识别出蓝色性格人。这些人不会让自己为任何过去的事情伤心难过。假如你在他们附近引爆了一颗炸弹，他们会过来看看炸毁的废墟，好奇它之前是怎么建起来的。再比如他们回家后发现有一个惊喜派对，整个毕业班的同学都秘密聚集到场。在灯光亮起的时候，他们很可能会露出微笑（不过那也不一定）。但是接下来他们会报之以类似"有心了"这样干巴巴的一句话。他们就是那副样子——做什么都中规中矩。唉，真的。而且他们心里还在想：我得去给数字电视设定一下录播程序，不然每周六都要看的一个节目就会因为派对给耽误了。

一些需要注意的常规要点

我曾经收到过一位经理提的问题，当时他正在参加一个培训项目，其中包括学习使用 DISA 性格分析工具。他想知道对于"什么都不做"的人要如何分析。我问他具体什么意思，他告诉我说，他有个同事几乎一点都不动弹。严格地讲，那人一整天都坐在电脑边的办公椅里，纹丝不动。办公室里总有的那种日常聊天，他不参与，不必要的时候他也绝对不会微笑。他的脸就好像是石头雕成的。那位经理便怀疑他是不是哪里不对劲。

　　我问他此人是不是极度注重细节，他说是。总的说来，在 Excel 和数字方面，这位同事无疑就是个现实版的雨人。当涉及到处理各种类型的数据时，从来没有人能在他手里挑出任何错误。他能大段大段地流利背出好几种说明书和手册里的内容。还有，他只在一种特定情况下才会中断手里的工作——那就是当原已协商一致的某项例行流程被人打断时。

　　"其实，"我说，"这里面当然有非常多的东西可以分析。"那位经理听后答道："是啊，但是他就坐在那儿不动！"我问："坐在那儿干活？"话说到这儿，你应该猜到了吧？那位同事是蓝到骨子里了，所以才一动不动坐在办公桌前做他该做的事，而不是像大多数人那样在办公室里四处闲逛，掺和到各种与自己职责无关的事情里去。

　　这就是蓝色性格人的长处之一。尽管这些人可能吸引不来热烈的掌声，讲不了笑话，也不太能给周围的人带来激励和启发，但是他们忠于职守。他们首先会弄明白任务的具体内容，继而制定工作计划，最后实施完成。很简单，不是吗？要想完成工作，真的就需要这么干。蓝色性格人是极度以完成任务为导向的，同时又异常的内向。这大概是最沉默寡言的一种性格了。他们通常只在有话要说的时候才开金口。

　　除非你自己主动问，否则别指望这些人会给你任何反馈。如果你的同事、伴侣或者朋友是蓝色性格人，那么当他们目睹了你取得的成果后，是不会不由自主地停下脚步对你说："哇，结果真的很不错！"倘若你主动问这些人有什么看法，他们怕是会直言不讳地答复你，甚至还会给出一些很煞风景的建议，说你本可以如何如何把一切做得好一些、做得好得多。

因为蓝色性格人的眼光极为挑剔。他们只需轻轻一瞥就能把所有缺点尽收眼底。他们中有相当多的人只能看到哪些地方不尽完美。这些人看不到全局，而是陷在诸多细节中无法自拔。哪怕你用了整整一个月的时间把厨房彻底整修了一遍，你蓝色性格的邻居却只会指出有一面橱柜门有点歪了。和红色性格人一样，蓝色性格人怎么想就怎么说，不会用委婉的说辞来包裹修饰一番。你只能接受这个事实。

哪怕是节前最后一天，
他们仍有条不紊地干着手里的活

我已经讲过了，蓝色性格人以任务为导向，也就是说，他们行事作风实事求是。这些人往往会紧扣工作目标，不会越过既定工作计划以外的范围，并且一次只做一件事。他们所做的一切似乎都不需要大惊小怪。这意味着他们有时候谦逊低调到了一种超然的境界。蓝色性格人极少在电子邮件里对自己最新的成就发表高谈阔论。相反，他们会向 CEO 提交一份销售报告，里面到第 12 行才简洁地提到了那笔今年以来最大的生意。

当 CEO 冲到销售部，兴奋不已地谈起这场绝妙的商场胜仗时，蓝色性格人只会看着老板，脸上依然挂着那副宠辱不惊的表情，说自己只是做了分内的事而已。我并不是说蓝色性格人不需要批评或表扬，而是这类人真的不是很看重那些。我自己也曾对蓝色性格的销售员大加赞赏，他们做出的贡献有时令人难以置信，然而我收到的反馈仅仅是一句简单的"谢谢"。受到公众注意的时候，蓝色性格人并不会觉得不快——在任何情况下都不想有存在感的人是绿色性格人——但是他们不会主动去吸引大家的注意。这类人能够坦然走上台去接受来自别人的鲜花和敬意，不过接着他们就又从光鲜亮丽的台上下来，回到自己普普通通的办公桌前继续埋头工作，因为在他们看来，现在毕竟没到 5 点整，还不是下班时间呢。

说到这儿，我们还要来看看另一个方面。蓝色性格人通常很守时。是啦，也有例外，我认识几个貌似连表都不会看的蓝色性格人。但是大体说来，只要你和蓝色性格人约定好了见面的时间，就无需再提醒了。不然他们会说："你一月份的时候就说过了啊，为什么还要唠唠叨叨提个没完？"

蓝色性格人在工作上的时间观念也很强，同事们有目共睹。在上班时间大多非常灵活的今天，这些人的刻板程度或许没有那么严重了，然而我依然相对频繁地在各种不同的工作场所听到类似这样的话："看乔治，在那儿，看好了，他会在刚好 5 点整的时候起身，然后二话不说下班走人。"没错，事实确实如此，不管他手里的工作进行到哪儿了，乔治总在 5 点整的时候下班回家。为什么呢？唔，既然你总要在什么时候停下工作，那选在大家都认可的 5 点整这个时间停下有何不可呢？他每天都会精确地在同一时间下班，这一点我们完全可以确定。至于为什么，嗯……为什么不呢？

还谈什么蓝色性格人能为团队带来哪些贡献，他们喜欢独自工作！

实际上这是一个很有意思的问题。出于本性，蓝色性格人遇到问题时会刨根问底地研究一番，以摸清问题的各个方面，明确可能的解决方案。正因为如此，有他们在的团队总能透过表象真正地找到问题的根源。蓝色性格人问的问题永远比其他所有人加起来的都多，这意味着他们不会漏掉重要的细节。当最终做决定的时候，方方面面都已经检查过了，这样一来就势必提升了达成最佳工作质量的可能性。

知道自己有某个人可以依靠的感觉简直太好了，不是吗？

我在本书的后续章节里会讲解当蓝色性格人遭遇操纵性和欺骗性行为时，是怎样让自己陷入困境的。不过我现在就可以给你一个提示。要想愚弄一个蓝色性格人相当不容易。他们会去核实你说过的话。如果你虚张声势骗了他们，他们会发现的。这个稍后再进一步谈。

仔细阅读指导手册，
你就能避免与蓝色性格人之间的关系质量欠佳

统计数据证明，与蓝色性格人相处时，正确的做法是……

那么我们该拿这个寡言少语、波澜不惊的家伙怎么办？与蓝色性格人相处，最简单的方式恐怕是紧扣工作目标。正如红色性格人一样，他们来办公室是工作的。所以务必要让他们遂愿，这样你就能让他们得到最好的发挥。我这样说或许听起来有点自以为是。你可能在想：我的薪水又不是大风刮来的，我在办公室的时候也干活的啊。不用说，你当然也干活。但你心里也清楚，你有一部分时间花在了其他事情上，比如上网、办私事、在茶水间闲聊天。其实我们或多或少都干过类似的事。

但蓝色性格的员工不会这样。他们就坐在办公桌前埋头干活。如果你想获得他们的信任，那就务必要给自己赢来一个忠于职守的名声。与这些人共事，你要确保自己是真的真的做好了充分的准备。去参加会谈前，要好好熟悉相关资料，精心准备展示内容。倘若你做事稀里糊涂，蓝色性格人马上就会对你有看法。当你手忙脚乱找不到要用的文件时，这些人也许不会像红色性格人那样把心里想的大声说出来，但是他们绝对会注意到。

同理，你应该核实要用到的所有论据。举例说吧，你要给一位蓝色性格的客户展示某个东西，比如投标方案啦，商业建议书啦，新项目啦，诸如此类，你需要把背景情况查清楚。当你站在蓝色性格人面前挥舞手臂慷慨陈词的时候，他们的脑子里飘过的问题将是：你说的这些有什么依据？你需要做的，就是明明确确地解释为什么你认为这份建议书才是最棒的。纵然你认为在之前的会谈中已经细细地梳理过来龙去脉，但你还是应该回过头去再提它一提，以确保客户和你掌握的信息同步对等。说不定在此期间他们自己都已经做了一些调查。如果你不弄清楚他们所掌握的信息，就无法打动他们。

不过，可别期望这些人给你撒花喝彩。哪怕你的展览陈述精彩非凡、绝无二话，完全符合蓝色性格人的心理预期，你也要明白，他们一点都不会觉得需要给你什么评价。你所说的他们要么接受，要么不接受——总之你会注意到的。走运的话，他们会（依然顶着一副能让你压力山大的万年面瘫脸）表示你讲的"听起来还不错"。最多就是这样了。

你想让谈话顺利地进行下去吗？那就讲讲细节，说说事实，谈谈实施时你将怎样对那些更精细的要点给予特殊关注。围绕着规划、安排以及如何保持一切井然有序的话题去聊。你会做得很出色。

不受蓝色性格人待见的偏常（错误）做法是……

正如绿色性格人那样，蓝色性格人也不喜欢被人施加压力。他们想按自己的节奏来。然而，这两种人之间存在一个重要的不同：绿色性格人会因为要做决策这件事本身而感到压力，他们宁愿不必做决策；而蓝色性格人是对做决策的整个过程感兴趣。倘若你试图逼他们加快速度，反而会有损你的领导地位。在这种情况下，你必须彻底放手，让事情顺其自然地进行。要是你催得太紧，收到的无非是短短的一句"不行，谢谢"。或者他们干脆就不再接听你的来电了。我就受到过好几次这样的对待。

与蓝色性格人共事，任何粗心大意都应该避免。忘了关门？说不定就算一条。不过，要记住这一点：你自身要是一点蓝色特质都没有，便会误以为一切尽在掌握。然而，在蓝色性格人眼里可能就未必如此了。比如，你写了一份报告或者标书，这些人可是会逐字逐句读的。他们也会注意到你的每一个小小的拼写错误，哪些列没有对齐，以及 Excel 电子表格里的字体是否保持一致。可是话又说回来，这些人是否会对此发表意见，就不得而知了。但是他们确实会观察到，并且把结果纳入对你的观察记录中。毫无疑问，那势必会加深他们对你本人的认识以及对你这个人是否可靠的判断。

当蓝色性格人就事实性的信息向你直截了当地提问时，你可以说自己并不知道，想回去查清再答复。但是，因急于脱身而瞎编乱造是不会行得通的。

　　曾经有一次，一年前左右吧，我参与了一个销售项目的投标，当时大约有一百八十家竞争对手参与。竞标内容是为期几天的一次课程培训，涉及大量的参考资料、在线学习以及其他配套的内容。由于我很清楚招标方的决策人是妥妥的蓝色性格（并带有一点红色特质），所以我做的展览陈述非常详细。会谈中的大部分时间我们都在与数字打交道，然而有个地方我漏掉了：我没有事先算好每个学员的报价。确切地说那并不算是严重的过失，但是当问题突然冒出来的时候，我犯了个错误——试图当场心算出答案来。招标方决策人听了我的回答后默默地点了点头，把价格记下来，然后会谈继续进行。可是当时我忘了把会议场地固定费用的一部分算进去，也就意味着我给对方的报价实际上是错的。客户在第二次面谈中毫不迟疑地指出了这一点。他肯定是回去之后复核了我给出的报价。我认为他不是出于不信任才复核报价的——发现我出错之后是不是仍然信任就另说了——而是，作为一个蓝色性格的人，就是会反复地检查。这是他们天生的习惯，但是却给我带来了一些麻烦。那笔生意倒没有无果而终，如今我还在跟这个客户合作。然而，如果当时我说回去算出正确报价后再回复他，会好得多。

　　质量就意味着一切，我的朋友，绝对是一切。

以下是针对 DISA 性格测评系统应该注意的几件事：

- 不是所有个体行为都能用 DISA 性格测评理论来解释。

- 心理学上还有其他模型可以用来解读行为，但是由于 DISA 性格测评系统讲解起来简单易懂，因此我选其作为基础。

- 除了"性格色彩"之外还需更多拼图碎片才能描绘多种多样的行为模式。

- DISA 模型建立在深入研究的基础上，在世界各地广为使用，并被译成 35 种不同的语言。

- 在历史上，不同的文化中有相似的模型，例如大约两千五百年以前生活在古希腊的希波克拉底创建的四液学说，或者叫体液学说。

- 所有人中，大概有 80% 的人，行为兼受两种颜色的性格特质主导；另有约 5% 的人，行为只受一种颜色的性格特质主导；其余的人由 3 种颜色主导。

- 最常见的是纯绿色性格或者绿色加另一种颜色的混合性格。最罕见的是纯红色性格或者红色加另一种颜色的混合性格。

- 不同性别之间可能存在行为差异，但是本书中笔者不会从性别视角进行讨论。

- DISA 性格测评模型不适用于分析患有小儿多动症、亚斯伯格综合征、边缘性人格障碍或其他精神疾病的患者。

- 笔者在本书中发表的观点和看法并不绝对，总会存在特例。人类是复杂的——即使是红色性格人也会表现出谦逊；黄色性格人也能当专注的听众；有的绿色性格人能够处理冲突，因为他们学会了方法；而许多蓝色性格人也明白什么时候该收手，不要再在看文件的时候眼里容不得沙子。

· 以上论及的每一项都与自我认知有关。如果对自我的认知不够明确，就会出现问题。

· 我自己的性格色彩是红色加蓝色再加一点黄色。毫无绿色可言。抱歉。

CHAPTER
5 FIVE

我们为什么要

彼此操纵？

人们通常无法相信自己会这么容易受人摆布、操纵。

这恰恰是他们如此容易受人摆布、操纵的原因。

——威尔逊·布莱恩·基 [1]

什么是操纵？它一定是负面的吗？

现在，是时候拿出严肃认真的态度来了。标题里第二个问题的答案是：不一定。所有的人际关系里都包含着某种影响或者说服的行为。那是很自然的，不是吗？男人们会为了能去参

---

1 威尔逊·布莱恩·基（Wilson Bryan Key，1925—2008），美国人，传播学博士，研究涉及潜意识信息及阈下知觉广告（或：潜意识广告）并著有相关书籍。潜意识广告是 20 世纪美苏冷战时期逐渐形成的概念，即借助正常媒介，如新闻、图片、视频等，插入目标产品信息，但表现形式极其隐晦或持续时间极短（仅几帧画面），以至受众意识不到自己看到了产品信息，但其实会受其影响而产生购买行为。不过到目前为止，科学界尚未就潜意识广告是否真的能对人类行为产生影响的结论达成一致。——译者注

加一次钓鱼之旅而与妻子软磨硬泡。女人们也会假装头疼，这样就可以不用陪丈夫去他兄弟搞的烧烤聚会。这些都是没有任何恶意的行为，虽然能把人气得火冒三丈，但是我们心里明白：这种事情无处不在。它是社交游戏的一部分，而且我们每天都会碰到。

同时，我们在生活中有许许多多的地方都要与"积极影响"打交道。做医生的，会出于对我们健康的关心而尽力劝我们改变饮食习惯。做老师的，会想方设法说服我们的孩子要认真对待学业。我们这些做家长的，也会以承诺发红包的手段来激励孩子乖乖做作业，考试拿高分。其实，养育孩子也不过就是年复一年地对孩子施加影响而已。但是，这些行为的出发点至少都是好的。并且在实施这些影响行为的背后，是我们对尝试影响的对象所怀有的良好尊重。我们的动机是善意的。我们是为他们好。

我们若是打开 Word 办公软件的同义词库搜索"操纵"一词，会发现有以下替换用词建议：操作、处理、管理、使用以及指导。操纵的意思是有意识地（尝试）对事物进行改变以使其适合自己。这个词本身或许并不带有任何实际的感情色彩，但是在谈到心理操纵的时候，大多数人会把它当作贬义词来使用。（试一试这样介绍你的未婚妻：莉萨实在是个可人儿。她长得很漂亮，和她在一起我很开心。而且她还特别擅长操纵别人。）不行，这个词不能这么用。

这个词意味着操纵者通过运用欺诈手段对别人施加影响，比如说吧，在不暴露自己真实意图的情况下使他人改变对某个问题的看法。而其真实的意图嘛，通常都是为了让他们自己获得某种好处。

假如我要说服某人借钱给我，实际上却打定主意只借不还，那么这种行为就是"负面的操纵"。我得到的好处是显而易见的：既拿到钱，又不用还。损了人，利了己。

而我安慰、鼓励、赞扬某人，则可以视为心理学家们所说的"正面的操纵"，它是一种为了让他人心情好转而对其施加影响的行为。当然了，我也有可能从中得到显而易见的好处：当我太太的心情多云转晴之后，说不定她最后还是会把晚饭做了，这样我就不用被迫下厨了呀。然而不管怎么说，我更愿意称这种现象为"影响"而非"操纵"，因为我的动机是善意的。

当孩子们想跟父母提出什么申请但眼看又不太可能得到批准的时候，会先拍拍父母的马屁，或者先主动做点家务，然后再开口。当女人们想让丈夫陪着一起去参加周末的家庭聚餐时，会施展一场美人计来诱其点头。当男人们想让妻子同意自己和哥们儿出去玩时，则会以承诺修完露台地板作为交换条件。

让我们实话实说吧，咱们中的大多数人都曾在过去某个时候被人利用过。我们都遇见过那种一定要通过"损人"来"利己"的狠角色。这其中涉及的也许只是很小的事情。可能某个同事总是在他按期完不成任务的时候请我们相助，却从来不在我们需要人帮把手的时候挺身而出。也可能某个邻居总是有办法让我借这借那给他，却从来都是有借无还。当然了，他们心里清楚，我为人太温和了，不会跟他们小题大做。或许你和我一样，有许多次都是因为别人让你觉得自己有义务给钱，而乖乖打开了自己的钱包。有的时候，息事宁人确实是最省心的做法。

你也利用过别人，你就承认了吧！

现在，既然我们要实话实说——我们，所有人，恐怕都利用过别人，只不过从你自己的角度来看不太像是那么回事。比如派人帮我跑腿办事，其实我完全可以自己去办，但是懒得跑，所以就说没时间去。再比如，和家人在国外的时候，我拿出用酒精缓解胃部不适的借口来解释自己一大早就已经一杯酒下肚的行为[1]，然而实际上我只是……单纯想喝一杯而已。以上描述的所有情景都是对别人施加影响的例子。毫无疑问，我们彼此互相影响。我写下这些文字，让你惊呼："没错，就是这样的！"

---

[1] 本书作者所在的瑞典是一个半禁酒的国家，酒品的销售受到严格的限制，消费者必须持有购酒许可证方可到官方指定的售卖地点购买，而餐馆、酒店等场所也只能在晚餐时间为持有购酒许可证的客人出售少量的酒。此外，持有购酒许可证的人还需定期缴纳高额税款。因此，对于身处国外的瑞典人而言，便利的酒精消费是很具有诱惑力的。——译者注

归根结底也是影响的一种形式——我想让你同意我的观点。

不过，我们大体上可以说，日常的影响动机相对单纯，是无伤大雅的。我们大多数人不会去做任何后果严重的事情，比如设法说服某个银行官员透露出银行保险库的密码。

与此相反，心理操纵却会造成社会性的影响，其目的是通过采取隐秘性或欺诈性的手段，或者更干脆地通过精神上或身体上的侵犯，来改变他人的行为。由于心理操纵所用的这些手段于操纵者有利且总是对他人有害，所以它被视为一种对权利的滥用。它利用了人们的善意，是虚伪不忠，是瞒骗欺诈。就拿精神病态者来说吧，他们精于运用经典的心理操控术，且不着痕迹，以至于我们都没有意识到这一点。他们必须动用一切可能的手段来隐藏自己的行为，因为——万一我们察觉到被人操纵了，是不会坐以待毙的，对吗？

一个不易被察觉的操纵案例

有位女士想给家里的房屋翻新装修。她丈夫起初发牢骚，嘟囔着房屋整修要牵涉好多活儿，不过最终还是同意了，前提是从买材料到施工的全部活他都要自己做。妻子问丈夫大概要花多少钱，丈夫稍稍算了两下答复：5 万瑞典克朗。妻子从自己的银行账户里取出了这笔钱交给丈夫，因为他遇事向来都是建议由她来出钱。做丈夫的从没有给妻子的账户里存过一分钱，然而他并不为此感到内心不安。女方也并不很在意此事，因为对方是自己的丈夫，又不是什么外人。她当然相信自己嫁的人了。而且不管怎么说，要翻修的是他们共同居住的房子嘛。

　　装修材料陆陆续续到了，这位丈夫也投入到了翻修工作中去。但是很快他就说钱用光了，需要更多的钱来完成翻修。他拿出来的理由可能是预算本来就不够换壁纸的，或是因为她想要那些花里胡哨的细节，所以木建部分比预计花得多。她想：我的确喜欢一切都看着美美的，不是吗？而且我当然希望他是认真对待此事的。毕竟，这都是为了我啊。所以，她给他转了更多的钱，房屋翻新也继续进行。

　　你可能在想：等一下，这真的是心理操纵吗？这个例子听起来更像是……一个普普通通的房屋翻新工程。

　　从表面上看，或许是吧，可是如果我们透过那些显而易见的表象往更深一层看，就会发现一些奇怪的事情。首先，丈夫手里没有他采购的装修材料的任何单据。他一张收据都拿不出来。再者，在翻新工程完成一个月之后，妻子开始陆续收到建筑商寄给自己的账单。发票内容是地板、天花板、壁纸以及其他杂七杂八的建筑材料。这下可让妻子丈二和尚摸不着头脑了。毕竟，她已经给了他很多钱呀，怎么可能自己现在又不停地收到账单？然而做丈夫的向妻子保证，到最后翻修只不过比预计的多花了一点点钱而已，还说这也不能怪他，当时她确实——正如他喜欢一再强调的——想要装修出最好的效果。除此之外，他又补充说建筑商似乎弄错了，并承诺马上去解决这个问题。当然了，他并没有去。

于是这位女士只好再一次为装修付钱。到现在她已经给房屋翻新付了两遍的钱了，或者可能是四遍——谁知道整个工程实际上应该花多少钱。

案例中的这位丈夫，一个精神病态者，丝毫不在乎真相是什么。他想把在网上打扑克输的"那点小钱"藏在翻修房屋的账里。他完全有可能已经把一半甚至全部的钱都拿去挥霍了。他之所以成功骗到了钱，是因为他对妻子非常了解。他知道她对细节一点也不感兴趣，不会去问螺丝花了多少钱。她对这种程度的房屋翻新应该花多少钱真的没有概念。万一她表示质疑，他就会提高嗓门，以显示自己被妻子的种种指控冒犯到了："你怎么可以怀疑我呢？"

这就是发生在日常生活中的心理操纵。没有人在身体上受到什么伤害。没有人性命受损。但不管怎么说，那个精神病态者从他妻子那里骗了一大笔钱，然后随心所欲地花掉了。很遗憾，这个例子是现实中发生过的真事，最后发现那笔钱实际上被男方用在和其他女人私会上了。

时刻存在的影响

我们无时无刻不在设法对彼此施加影响。我们争执、讨论，权衡利弊，希望自己的提议胜出。然而只要我们出发点是好的，没有心怀不轨，这些就只是影响，不是别的。但我若是想借助于撒谎、欺骗来改变一个人的观点，那便是操纵了。倘若我试图让一个人去做他 / 她不愿意做的事，那也是操纵。

二者之间有时候很难清晰地界定。但是，只要有邪恶的意图、隐藏的动机或者秘密的目的——那就是操纵。我在这里谈的就是那种情况。

我们中的大多数人并不会彼此操纵。我们都有良心这杆秤呢。如果我工作上出了错却哄骗某个同事替我承受指责，那我以后就没有胆量直视他的眼睛。哪怕只是和他共处一室，对我来说都将是种煎熬。但是，假如我内心就没有良心这个东西，假如我从不知懊悔自责为何物，假如我真的一丁点儿也不在乎他这个人，不在乎他的感受，那么，我这位可怜的同事就任我宰割了。

我们究竟为什么要彼此操纵

答案非常简单，因为我们想从对方那里得到的某个东西，用操纵以外的其他任何方法都得不到，或者至少是用某些比操纵更简单的办法得不到，再或者是没有比操纵更快的方式能得到。理由多得是，有时候就看此人有多大的驱动力了。也可以称为动机因素，看你喜欢。驱动力有很多很多种，比如爱情、性、权利、金钱，如此等等。在职场上，主要有 6 种驱动力：

- **理论驱动力**

- **实用 - 经济驱动力**

- **审美驱动力**

- **社交驱动力**

- **个人主义驱动力**

- **传统驱动力**

让我们来简要看看每一种驱动力。务必想一想，哪一（几）种驱动力对你最有吸引力。

理论驱动力

这一因素背后的首要驱动力是学习和获取更多知识的欲望。在努力求知的过程中，拥有这种驱动力的个体通常具备爱思考的特性。他们一般不会从外表好坏或者是否有用来判断事物，而是努力去理解背后蕴含的信息，尽力得出自己的结论。理论驱动力很强的人有可能被视为凭理智而非感情办事的人，因为他们往往审慎而理性，把自己的观点建立在经验的基础之上。这些人的一大兴趣可能是对知识进行整理和系统化。

实用 - 经济驱动力

对金钱和可能带来实际用处的事物有极大兴趣，是实用 - 经济驱动力的表现。对于这些人而言，经济资源所能带来的安全感和自由度很重要——对他们自己和他们的家庭（如果他们成家了的话）很重要。实用-经济驱动力很强的人通常对商业领域的各方各面都有所了解。这些人一般都属于把物质资源和地位这类东西看得较重的那种人群。

审美驱动力

审美驱动力强的人通常对设计感与和谐性有很大的兴趣。一般说来，他们是从美学质量和美学形式的角度去欣赏某件物品、某次经历和某个事件。事物中被其他人所忽视的独特特征往往能够被审美驱动力强的人察觉出来并加以珍视。有强烈的审美驱动力并不意味着一定能展现出什么艺术天赋，但是这类人确实对事物的美学、美感、均衡性和和谐性有鉴赏力。

社交驱动力

一般说来，社交驱动力强烈的人对人有一种纯粹的兴趣。这些人欣赏他人，经常被贴上友好和善、富有同情心、大公无私的标签。反过来，在他们遇到理论驱动力、实用—经济驱动力和审美驱动力较强的人时，可能会觉得这些人有点冷酷无情、铁石心肠。明显具有社交驱动力的人往往天性里就带着自我牺牲精神。

个人主义驱动力

这一驱动力背后的首要兴趣是某种权力，不过未必一定是政治权力。研究表明，大多数领域的领头人都具有相对而言比较强烈的个人主义驱动力。许多哲学家认为，权力是最普遍、最基础的驱动力，因为在生活的各个领域里都存在不同程度的竞争和斗争。在有些人身上，这一特质尤其占主导地位。这些人通常会谋求个人权力、影响力以及成就。

传统驱动力

这种驱动力的背后一般是我们称之为和谐与统一、秩序与制度（或许叫传统）的那些东西。传统驱动力强的人通常会期待有某种体制给他们遵守——某种他们深信不疑的东西，能引导他们的生活。这或许涉及到对许多不同领域中某种事物的信念——不一定就是一种宗教信仰。举个例子，这种体制可能由一种宗教、一个政党或类似的什么组成，为一个人应该如何生活提供了明确的规范和原则。

结论是什么

很可能你身上有几种驱动力，但不太可能6种都有。通常，一个人的性格由两种驱动力主导，但也有其他情况存在。然而最重要的一点是，我们在这里所讨论的，恐怕只是几种非常明显的驱动力。有些研究人员坚持认为，要说到人类最基本的驱动力的话，只有两种：权力与性。（或者，就像有人说过的：一切事情都与性有关——除了性本身。因为它关乎权利。好好想想这两句话吧！）

举一个真实生活中简单的例子

好吧，不管怎样，真正不断驱动我们向前的是我们将尽己所能去努力争取的东西，而有时候我们需要打破常规来获得自己的心头所愿。你可以拿你自己作为例子。当一件事有两种或以上的备选方案时，你做出的选择就以某种方式显露出了你的真实自我和你所看重的东西。假如你站在那儿，左手边是一张健身会所的年卡，右手边是够吃一年的巧克力和糖果：你会选择哪个？假设二者价值都在 3000 到 5000 瑞典克朗之间，所以怎么选与钱无关。

你或许会说："健身会所的年卡。"撇开这本身就是更好的答案来说，我们还可以合理地猜测：你选了健身卡是因为你喜欢让自己保持良好的健康状态，并且你认为如果自己少吃甜食多运动能更长寿，因为这样肯定会让肥胖相关疾病的发生风险显著降低。但是与此同时，我们也知道事情并没有那么简单。人大脑中的感受器往往掌控着这种简单的决策。我能多快得到回报？选巧克力的话，只需一分钟；选健身年卡的话，可能要花上半年的时间才能真正见到效果。所以在这个例子中，驱动力或许是由愉悦感和意志力共同组成的，因为任何一个人应该都有足够的洞察力去想明白哪一个才是明智的决定。

如果事情没有那么简单

可要是你正在考虑换个新工作又怎么样呢？也许你已经拿到了自己梦寐以求的录用通知书，但是薪水也就是勉强还行而已。与此同时，你有机会获得另一份工作，它看起来还不错，而且你的薪水将有惊人程度的提升。你会怎么选？梦寐以求的工作，还是梦寐以求的薪水？要回答并不难：梦寐以求的工作。然而你我都知道，现实生活看起来并不总是那样。不是每个人都会被钱所诱惑，但有人会。这无关对错，只不过我们现在是真正地在与驱动力打交道。我应该这样做或者那样做的原因是什么呢？

驱动力决定了我在生活中做出的许多选择。当我们找到机会把自己最重要的驱动力发泄出去的时候，感觉就好多了。笔者之所以在"操纵"主题里讨论与其相关的驱动力，原因在于：了解驱动力的局外人可能会利用这些知识——如果他们心怀不轨的话。

那些花心思操纵别人的人利用驱动力的原因通常有两个：赚得钱财，或者获取权力。就是那么简单。你我的驱动力若是与以上二者完全不同，既不为财也不为利——例如希望能够帮助他人或者想创造一个更美好的世界——我们就会被有心操纵之人所利用。

CHAPTER
SIX

6

当不同性格的人

操纵你时

......

"我为什么要让你来安慰我？"他的视线越过她的头顶，"因为我已经让你孤立无援，如今你的身边只有我了。"

　　　　　　　　　——《洛泰尔》，克莱斯丽·科尔[1]著

　　正如我在上一章阐明的，如果有人尝试对你施加影响，那并不一定总是会给你带来坏处。不过话又说回来，我们无时无刻不在设法影响别人。有些人说，我们就好像是销售员，都在向彼此兜售自己的思想、主意、经历、看法、观点。这样的事在酒馆和酒吧里分分秒秒都在发生——至少我听说的是这样。女人们和男人们都在想方设法让刚认识的陌生人相信自己会成为一位完美的伴侣。如果有人在这种事情上越过影响的范畴，实施了纯粹的操纵行为，我可不会感到意外。

---

1 克莱斯丽·科尔（Kresley Cole），美国畅销书作家，作品多面向青年人，以超自然爱情小说为主。——译者注

在下面我举了一些例子。列出来的这些行为全部都既能够用来做好事，也可以用于欺骗他人——视具体情况而定。

高度支配型行为 / 红色性格	高度影响型行为 / 黄色性格	高度稳健型行为 / 绿色性格	高度分析型行为 / 蓝色性格
性格强势	擅长鼓舞人心	行事稳重	善于分析
积极主动	性格外向	有耐心	喜欢考据、调查
富有野心	有说服力	为人可靠	小心谨慎
意志坚强	口才好	体贴周到	办事有条理
目标明确	坦率诚恳	冷静克制	精细准确
擅长解决问题	积极向上	讨人喜欢	考虑周全
精力充沛	善解人意	百折不挠	逻辑性强
争强好胜	乐观	善于倾听	行为、观念传统
有魄力	富有创造力	友善	人际关系疏远
喜欢追根问底	率性而为	小心谨慎	客观
直来直去	敏感	乐于助人	完美主义者

假设不同颜色性格的人试图说服你做某项投资，或者劝你跳槽，或者鼓动你随他们一起去旅行——尽管你内心深处对要不要去十分拿不定主意。再或者更简单的：他们在轮到自己做晚饭时想方设法劝说你来做——这种时候，他们会如何行事呢？你尤其容易受到哪些行为的影响呢？如果有人开门见山地表明真实意图，你会表示反对吗？你会不会更愿意他们采用迂回战术，先把你迷个神魂颠倒，让你乐得花枝乱颤？还是说，你更倾向于沉默霸道总裁型，不谈自己，只冲着你问问题？再

或许，别的套路你都不太感冒，唯独就是喜欢那种说话真正有条理有水平的人。

我要说的是，先不管哪种方法对你最奏效，你心里必须要清楚真正能影响自己的是哪些行为。当别人在违背你本意的情况下用手段使你改变想法的时候，你需要能看明白是怎么一回事。还有最重要的，你得学会分辨对方用了哪几种方法。然后你尽可以选择不买他们的账。最最重要的是，你是遵从自己内心做出的选择，与那个企图让你做违心之事的人无关。我的观点很简单：任何人都不应该在违背自己意愿的情况下接受或服从任何事情。你需要对自己周围的形势保持清醒的头脑。

这里有几个通过耍手段来对他人施加影响的例子，个别还涉及操纵的情况。按习惯，我们分别从红色、黄色、绿色、蓝色性格入手，逐一进行分析。

红色性格人影响你的方法

当红色性格人试着对你施加影响的时候，你是绝对不会毫无察觉的。因为这些人会单刀直入地说出自己的立场：他们的想法比你刚提出的想法更好。他们觉得，好处明明就摆在那，要是你看不出来，那就是你反应迟钝。这就是红色性格人简单到家的方法。通常情况下，他们才懒得在暗中搞什么狡猾的操纵，也不会拐弯抹角、旁敲侧击。这些人就是特别简单明了地告诉你，他们的提议有哪些优势，然后期待你的赞同。

当然了，即使是红色性格的人，言行里有时也会稍微带点操纵的意味，但是大体上他们没时间这么干。

红色性格的销售员

举个例子：罗伯特是一家制药公司的销售代表。他去拜访一位从没在自己这里下过任何订单的医生。由于小罗的雇主医药公司最近正威胁他要是再不采取行动提高销售额，就要炒他的鱿鱼，因此小罗决定把销售模型啊、精美的 PPT 啊什么的全都抛到一边。相反，他打算直言不讳地告诉医生：现在你必须做出明智的决定了。小罗深信这次会谈将取得成功。带着这样的心态，他踏进了医生的办公室，为那款新出的超级产品做了展示，并告诉医生应该立刻就改用此款产品，因为它就是比别的产品更好。患者将更快痊愈，那可真是好事一桩！可不是嘛！产品的疗效毋庸置疑，所有的临床研究都表明了这一点。如果医生还没有理解，那么很遗憾，小罗将不得不更加强势。不然呢？难道指望医生自己会乖乖地理性思考一番再做决定吗？难道指望他能不偏不倚，坚决不让自己与另一个制药公司的销售代表的良好私人关系影响此时的判断？

　　医生很可能会因为小罗的这一做法而购买他的产品。小罗是红色性格，向医生表露出了他的无所畏惧。他越过了传统的销售话术，成功说服了医生，这绝不是不可能的。有许多人喜欢那种愿意挑战客户的销售员。

　　我就属于这一类型的买家。我乐于见到对方大胆一点，坚持自己的立场。让我看到他们不是不尊重我，只不过是有公务在身。因为我也是一样。

当红色性格人试图说服你时，
你的应对方法

　　假如你是顾客，当你面前站着一位热切的红色性格销售员，但是他卖的产品一点儿也不打动你时，那就开口说不。也许还要把嗓音稍微提高一下。你可能得用相当大、相当清晰的声音说不。但是别怕，你若不想买，其实没人能强迫你。只要那个红色性格的销售员不傻，就会明白你的意思。不过，万一他们正处于月底冲业绩的时候，需要再额外增加几单生意以达成销售目标，那么他们会再试一次。然后再试一次。坦白地讲，我觉得他们为了让你点头，会非常强势地向你推销。

　　这时你要挺住。如果你不想买他们的东西，那就说："不用，谢了。"然后离开。这就对了。不论是卖场、会议室，或是哪里，转身离开。和红色性格的销售员打交道的时候，你不必为了表示礼貌而坐在那儿配合他们。相反，你必须明确指出，现在一切都结束了。这样，红色性格的销售员就会放弃你——权当你这人没有眼光呗——然后转去见下一个客户。这里我并不是在说你应该做一个漠视他人感受的混蛋，不过我觉得你应该能理解我的意思。转身离开就好。

万一上面的方法不管用，又该怎么办

　　如果事情与个人关系甚至亲密关系有关，想脱身就困难些了。假设你红色性格的妻子目不转睛地看着你，摆出霸气的架势说："今年秋天我们就是要去加勒比海度假。"那你面临的问题可就大得多了。有时候，你只能被迫放弃任何反对意见，同意去旅行，或是同意去看望丈母娘，再或是同意去某家专做鱼的餐厅就餐，或是同意买下一组新的真皮沙发。婚姻中那些琐碎的妥协让步没什么奇怪的。它是磨合的一种方式，并且我们都有责任以宽容对待彼此。在理想状况下，你与共同生活的伴侣有大部分的兴趣都相同，也就不会存在很多不同意见。但是，万一你面对的是自己真的不喜欢的情况——那你就需要做点什么。

比如可能是这种情况：你妻子这次想去加勒比海度假是为了玩浮潜，而你有两个充分的理由不想去。一个理由是，就你个人来讲一点也不喜欢浮潜。你完全支持在阳光灿烂、热辣似火的地方度假，只是浮潜有点吓人。你以前尝试过，但玩得并不开心——皮肤被晒伤了不说，还遭到了海里某种生物的攻击。所以，你真的这辈子都不想再浮潜了。

另一个理由可能是你认为太贵了。全家人去加勒比海度一次假将花光你所有的积蓄。你那红色性格的妻子有时候目光相当短浅，认为弱者才未雨绸缪。在她看来，钱而已，还可以再挣的嘛。然而你心里清楚，家里有辆车快报废了，冰箱也在发出不祥的噪音，所有这些开支让人忧心忡忡。

　　"销售"一方为度假旅行而打出家庭牌时，是比较难对付的一种情况，因为没人愿意被扣上扫人兴致、畏畏缩缩、叽叽歪歪之类的帽子——这些可都是舌战正酣时红色性格人所能想到的词儿。不过你要记住，为了达到自己的目的，许多红色性格人习惯于把动静闹得稍微大一点。他们可丝毫不害怕冲突，所以你也不应该怕。如果你认为有客观理由阻止妻子预订去加勒比海度假的行程，那就试试下面这几条吧：

- 在纸上写下所有的事实论据。行程的设计和安排、高额的花销以及围绕二者受到影响的一系列事情。把早前的决定拿出来做对比——例如攒钱买房。总之是你们俩之前共同协商好的事情。这个做法将显著放慢你红色性格妻子的节奏，不过她在看到你一如既往地关注细枝末节后很可能会生气。她想得到某个东西，就志在必得，并且她很清楚你想阻止她的那点心思。所以你要奋起抵抗。

- 要求她给你拿出具体细节来，红色性格的人最怕这个了。权衡一下利弊。你的妻子将把她能想到的所有好处都罗列出来，而你则需要提供不利之处。有时你会发现她竟然是对的，利大于弊。那就太好了，因为这样你就确确实实能够享受一趟加勒比之旅了。但有时候天平会明显地向不利的一方倾斜。此时的你如果可以对妻子的不良情绪——有时可能还要加上对你极不礼貌的说话方式——忍耐片刻，就真的能让她慢慢接受事实。

- 拒绝听她发火。要不厌其烦地一遍又一遍地指出确凿的事实，坚持下去。要一直重复你的观点，直到她明白你不会让步为止。

- 红色性格人讨厌输给别人。提供一个折衷方案吧。有些地方顺着她的意思来，好让她觉得这一仗归根结底还是自己赢了。一趟希腊之行怎么样？家庭开支预算还能应付得了，更何况，地中海里也可以浮潜嘛。

- 送束花给她。

为了向你推销你并不感兴趣的产品，黄色性格人会用什么招数

　　为了节省你的时间，我现在就要提醒你，在四种颜色的行为中，黄色行为最经常被人认为具有操纵性质。为什么会这样呢？呃，首先，黄色性格的人天生就能说会道。一句话，他们说什么都好听。这些人沟通技巧高超，擅长赢得他人的好感。怎么可能没有好感呢？黄色性格的男生女生都天性乐观，爽朗爱笑，还少不了嬉笑打闹。他们所到之处都萦绕着愉快的气氛。这有什么好讨厌的？

　　若是黄色性格人想让你认同某个提议，但你自己还没拿定主意，他们将有几种招数应对。恭维你只是其中之一。黄色性格人喜欢表达对他人的赞赏。请注意，这些赞赏或许是百分百由衷的赞赏。这些人很可能是真心喜欢你的新夹克，或者真心认为你擅长在众人面前发表演说。不过他们心里也清楚赞扬你对他们自己有好处，哪怕被你看出来他们另有所求。因此，他

们会把你一路吹捧到天上去。

黄色性格的说客

莉赛特是位房地产经纪人。她在这一行取得了惊人的成功。当她想卖给你一套要价过高的公寓时，会通过运用所谓的"相似效应"来达到自己的目标。如果看到你提着 LV 包，她就会说自己也在考虑买一款这样的手包。如果得知你养了只猫，她绝对会变身成为爱猫狂人（或者把猫换成狗、天竺鼠、观赏鱼，或任何你叫得上名字的宠物）。而且她的脸上无时无刻不挂着微笑。

当你发现自己真的喜欢上了小莉的时候，她会开始给你描绘从公寓能看到的美丽风景，又说公寓的外观如何漂亮，公寓的名字听起来多么地高大上。她甚至还会问你乔迁派对打算邀请谁，问你是否能想象出这样一幅场景：你站在阳台上，望着落日的余晖洒向万家屋檐，手中是一杯爽口的香槟，耳边是朋友们热烈的祝贺——恭祝你买下这套棒极了的公寓。

你确实能想象出这幅画面。是的，小莉描绘的画面听起来太美好了。要不了多久，你就连乔迁派对上自己要穿哪条美美的裙子都想好了。你仿佛能看到亲友们欢聚在公寓里；还有，亲眼看看你那吝啬鬼公公的脸上强忍着嫉妒之色，岂不太爽了。可惜，你必须知道，小莉这个人就是擅于在客户的脑海中营造画面。她的话总让人遐想无限，她本人看起来也对这套公寓十分上心，以至于你都要开始好奇她自己怎么还没有出价来买下它。

这是操纵呢，还是只算普通的销售手段？嗯……细心一点的话，你就能看出差别来了。房地产经纪人就是靠这个吃饭的。可以说，这是你和她之间社会契约的一部分。你们双方都知道将要发生什么。你心里清楚，她会不惜一切代价让你在买房合同上签字。而她也清楚，你完全知道她内心的打算。我们都清楚，她只不过是在做她的本职工作而已。

以上我所描绘的，是黄色性格人会用来说服你的方法。如果你觉得好——买买买！如果你觉得哪里不太对劲——那就不买。很简单，不是吗？

如何对付黄色性格的销售员

你可能已经意识到了，许多黄色性格的人都在从事与销售有关的工作，这不是没有原因的。这些人天生能说会道，善于敲开陌生人的心门。他们非常有胆量，跟谁都敢搭话。他们在你身边时，看起来自然而不做作；与此同时，他们往往也会让你感觉很棒。那么，面对这样的人，你要如何坚守自己的防线呢？

就和遇到红色性格销售员的情况一样，你可以直截了当地说自己不感兴趣。不过据我猜测，既然你都已经读到这儿了，看来过于强势的销售员还真是让你有点苦恼，而你又不想引起冲突，对吧？

黄色性格的销售员与其他颜色性格的同行相比，不太喜欢揪着细节和事实不放。那一类的东西让他们觉得很厌烦，所以通常很容易逮到黄色性格的销售犯错误。有个方法很简单，去核实他们到底在说什么。比如，在房地产经纪人的例子里就有很多方法让他们摊牌。

假设你不想听人强行向你推荐这套公寓，或者你只是想自己安安静静地四处看看，那就尽量无视掉这套优雅的公寓给你带来的主观上的好感。相反，提一些具体的问题。总建筑面积是多少？证明文件在哪里？这套公寓上次易主时的成交价是多少？住房协会是否设立了维修基金，总额有多少？晚上 10 点你叔叔要来城里，届时可否让你们再单独来看一下房？

大概就是这个意思。继续提问，直到房产经纪人决定拿一份房屋信息表让你自己看，或者干脆放弃你这边为止。也许她会转向下一个看起来不那么挑剔的潜在买家。因为你那一串连珠炮似的提问在她看来就是对公寓的批判，对住房协会的批判，对整个街区的批判，还有，谁知道呢——或许是对她这个房产经纪人的批判？嘀！目标达成！现在你可以一个人安安静静地思考了，她不会再围着你转，也不会再往你脑子里灌注她那套花言巧语了。

万一我的另一半是个超级话痨，那该怎么办

当涉及到恋爱关系时，事情就要棘手得多了。如果你的伴侣是红色性格，你可以直接大声地说你不同意。接着，你若是能在风暴中心忍耐一会儿，那么通常问题就解决了。然而，如果你的伴侣是黄色性格……好家伙，那说服人的本事，那充沛的精力，再加上那轰轰烈烈的情感生活……

你那黄色性格的丈夫想开展一项新工程——建个车库！你无语地扶住额头，看向窗外，瞥到了丈夫早先的其他工程：苹果树，说要挖出来，没挖完；篱笆，说要重新刷漆，没刷完；游廊，说要给铺上木板，现在还缺 3 块板，栏杆也全不见了；草坪，没修剪也就算了，中间还有个巨大的洞——你甚至都想不起来那个洞本来是要挖来干吗用的。

最简单的应对是直接回答："好啊，撸起袖子开工吧。"可是你很清楚你的丈夫，他是一个天性乐观、积极向上、富有同情心的人，可他做起事来一向是有始无终（参考第四章有关黄色性格人弱点的部分）。所以你还不能直接回一句"开工吧"——只要想到又要添一项未完成的工程，哪怕它甚至还没开工呢，你就已经头痛欲裂。经验告诉你，建个车库需要的钱太多了，也不可能建完，冬天又马上到了，你也根本不想要个车库，其他地方还需要用到这笔钱。我不是在这儿讨论家里建个车库是好还是不好，而是要描述这样一种情况：你的内心主意已定，

不想被别人强行劝服。

　　我建议你冒个险。坐下来，让呼吸平缓下来，然后表现出你对他的提议很上心。你可以说，要是有个车库就太好了！冬天的时候可以把车停在里面，这样你就不必再去刮挡风玻璃上结的冰了，多棒啊！（虽然你已经预见到建的车库不是要给你停车用的，而是要用于其他什么还没启动的工程。）重点是，你得表现出对丈夫想法的热情，否则他是不会听你讲下去的。如果你上来就说"去你的吧，又要来这套"，只会让他跟你犟起来。相反，你要请他给你讲讲对新车库的设想，让他看出你对车库的样子很感兴趣。再问问他打算在哪儿建，要粉刷成什么颜色。他会放飞想象力，给你讲出好多好多的细节。

　　那么你要做什么呢？微笑，点头。

　　然后带上你的丈夫，去房前屋后还有花园里转上一圈。告诉他，多个车库就太棒了，能把杂物都井井有条地收起来。他会点头表示同意，并对此抱有更大的热情。你们站在新车库的选址上，他给你描述着车库的样子。也许，你们俩甚至还可以给彼此一个拥抱，以庆祝这项美妙的工程。

　　现在，带你丈夫去房子另一边的游廊那里，让他看看没铺完的木板，还有栏杆。接着走到草坪上那个不知道要用来干什么的大坑跟前——去年春天它还害得你家3岁的娃跌进去受了伤。这时，告诉你的丈夫，你觉得建个新车库的想法棒极了，当栏杆、游廊地板、草坪上的巨坑以及家中里里外外所有烂尾工程完工的时候，你会很乐意帮他修个车库的。真说到这里时，你还可以拍着胸脯保证每一颗螺丝钉都完全由你来负责安装到位。

我想你已经明白了这里面的微妙心理，但是要说清楚你具体用了哪种方法的话，那就是：对于建车库的提议，你自始至终都没说过一个"不"字。虽然你们并没有达成不建车库的共识，但是你也没有在自己不喜欢的任何一点上做出让步。实际上，你的表现相当于是对丈夫想要建一个新车库的提议报以了热烈的掌声。你只不过想让他先把其他工程做完。不过那在短期内是不可能实现的，这一点你我都心知肚明。

谁知道呢——万一他真的成功搞定了其他所有的事情，你可能还真的想要一个车库。

与黄色性格伴侣相处的难点在于，这些人太容易动怒了。批评他们的观点总是要冒风险的。他们会觉得我们消极、苛刻。所以，尽管谈话可能并不愉快，你也应该全程保持微笑。微笑，点头，同时把你的观点向对方讲明。

因为通常更重要的是你表达的方式，而不是你实际所表达的内容。

为了引你善心大发，
绿色性格人会怎么做

那些性格特别"绿"的人有时会让我感到有些心酸。他们是那么的小心谨慎、周到体贴，以至于我们很难相信这些人中还能有谁会违背我们的意愿把某个认知、某种目标或者某个观点强加给我们。这些人具有优秀的团队精神。在他们看来，集体总是高于个人的。至少大部分时间里是这样。

然而很显然，即使是绿色性格人也自有办法让你顺着他们的意思来，只不过这些办法看起来极为与众不同。绿色性格人走的路子是，永远不把自己想要什么直截了当地说出来。相反，他们会进行暗示。这些人不论想要什么，会先埋下小小的伏笔，然后寄希望于你自己能领会出来。由于绿色性格人最不愿的就是与人正面交锋，因此他们会采取另一种策略。这种策略别的不说，最能打动的就是你的感情。

请在脑海里勾勒出一个一无所缺的 10 岁孩子的形象。身上穿着干净得体的衣服，面前摆着美味可口的食物。只要他开口，每次都能吃到自己最喜爱的饭菜。他喜欢宅在屋里，以玩电脑游戏、看电视或者读书为乐。每当父母看烦了孩子的这副样子——通常是在暑假期间——想限制他玩电游或者看电视时，就会斥责他，要求他到室外活动一会儿。结果呢？孩子在脸上摆出一副好似世界末日到了一般的表情，以示抗议。像往常一样，这个孩子并没有直接与父母对抗。他心里清楚得很，自己确实一周都没迈出过家门了。然而他看上去却极为委屈，让人以为他遭受到了多么不公正的待遇，似乎全世界都对他失去了吸引力。他耷拉着脑袋，几乎不答父母的话。饭也吃不下去，世界末日眼看就要到来。他做出这一切是想让父母为自己的糟糕心情感到内疚。这就是心理学家们所说的被动攻击。反正不管怎样，他通过扮出一副受害者的样子成功说服了父母，后者甚至还给他买了更多的电脑器材、更多的电脑游戏。

你可能在想：啥事儿的受害者啊？咳，就是有个电脑游戏他想要了好久却迟迟没有得到，而且别的小朋友都有——就这种事情的受害者呗。如果你也有孩子，你会懂的。有时候你就是因为心太软才做出让步。你见不得自家娃受委屈。

现在，把刚才的孩子换成成年人。那种方法既然都能让一个 10 岁孩子得偿所愿，成年人何必还要另寻他法呢？黄色性格人魅力四射、笑容灿烂，红色性格人坚定强势、握手有力；和他们比起来，绿色性格的销售员看起来似乎总是生活有些坎坷。

红色性格人和黄色性格人天生的那种驱动力和饱满精力，绿色
性格的人并不具备，所以他们转而求诸于你内心的感情。

绿色性格的汽车推销员

　　绿色性格的汽车推销员约兰想让我买辆新的旅行车。价格
相当高，带有各种高端配置。（后来才发现他非要给我推销旅行
车的原因是只有旅行车才能直接交付，不过那恐怕是另一个故
事了。）我并不想买旅行车。我想要的是一辆双排座轿车。约兰
采取的第一步行动是摇头，以表示我大错特错了。然后一连串
地发问：全家一起度假的时候怎么办？难道你没有意识到，家里
每个人都有权带上自己所有的装备，在旅途中畅享属于自己的乐
趣吗？孩子们想带上自行车（孩子，总是拿孩子说事；如果你想
让谁良心大大地不安，打出亲子牌准没错），你的妻子则想多带
箱衣服，万一旅途中有什么场合需要打扮一下也好应对。而且，
你们不是还有只狗吗？没有也没关系——你应该养一只。孩子们
都喜欢狗。

　　我心里清楚为什么这些套路对我都不起作用，后面我会讲
的。但是当时，推销员看以上套路都不凑效，就开始问我有什
么兴趣爱好：你打高尔夫吗？玩帆板吗？爱骑车吗？我一概回
答不喜欢，于是他又问我闲暇时间到底都干些什么。写书，我
答道。而且我的电脑包几乎不占什么空间。

　　约兰暗示我是个极品的利己主义者，明摆着我只为自己考虑。我解释道自己最近刚离婚，孩子们也差不多都成年了。于是他接下来试着用自己看来挺合理的论据说了一通，但是在我看来他把我俩的智力都拉回到了 3 岁小孩的水平。他的大意是：<u>别人都买了这款车呢。</u>

　　这套说辞徒劳无功，因为我永远都不可能仅仅因为别人都买了什么东西就自己也跟风买的。只要在这个社会上仍然有可能做独一无二的自己，那我就至少要试它一试。我把这个想法解释给他听，可能言语间还有些急躁，因为我认为他根本就没对我买车的真实需求做过分析。

　　接下来他就像泄了气的皮球一样，神情沮丧，耷拉着脑袋，咕哝出一句抱歉，然后开始责怪自己："我怎么会这么蠢呢？怨不得我凡事都不太顺利，现在连客户都看出来了。"我只能假定这也是他的销售策略，不过对我并没有实际效果。他应该采取的方法是，先把我吹捧一番，让我自我膨胀，然后说双排座轿车对我来说不够高端大气，相比起来，同一车系的旅行车更时髦，能让驾驭它的我看起来帅气体面得多。

如何避免为此人感到过度内疚

　　你有多在乎这位绿色性格人的感受？若是能回答这个问题，那你已经知道该怎么办了。跟对红色和黄色性格的销售员一样，真的非常简单，就说：“不了，谢谢，我不感兴趣。”

　　绿色性格的人推销时，并不会和红色或者黄色性格的销售员一样为了成单而给顾客施加那么大的压力。他们的表现要被动得多。这些人寄希望于顾客不等他们拼命争取就买下车子。（我曾经遇到过一位绿色性格的销售员，他说自己从来不主动要求客户签下订单。我问他为什么，他说万一被顾客拒绝就太难受了。）被动地等客户自己下单要简单得多。所以，实际上你可以要求他们给你点时间考虑一下，然后走开就好。因为他们不会挥舞着订货簿满展销厅地追着你跑。

　　所以……你有多在乎那些绿色性格人的感受？因为心软而买下别人的东西在我看来从来都不是一个令人信服的理由。不过人跟人不一样。这种事在汽车推销员身上简单得出奇，因为这些人极少会对我们构成什么麻烦。除非你实打实地把一沓沓的钞票垒在桌子上，要求买辆车，否则通常什么都不会发生。我知道这番话或许会惹恼整个汽车销售行业的人，也知道肯定有个别绿色性格的销售员干得很出色。但问题就在这——只有个别人啊。如果你自己就是个汽车推销员，你会很清楚我的意思。有时候，你对于被他人拒绝的恐惧会盖过你想得到他人同意的欲望。

　　可是话又说回来……你有多在乎那些绿色性格人的感受？我们假设这个绿色性格的人是你的伴侣，是你的丈夫或妻子，那样的话事态可能会跟那位黄色性格的丈夫类似，但要糟糕得多。绿色性格的伴侣不管怎样都能把你说的一些话当耳旁风，只要他们乐意。可是和之前的例子一样，我们并不想制造冲突，只不过是想（友好地、坚决地）确保不会出现被人拖入困境这种我们不愿意看到的局面。还有就是要表现出我们并没有被某些人糊弄住，哪怕他们的套路玩得多么巧妙。

绿色性格的人经常通过保持原地不动、不采取任何行动的方式来设法操纵或影响别人。你自己要好好想想，只要坚定立场、拒绝买账，就有可能阻止大多数的决定。想象一下，有条限速 110 千米 / 小时的双车道高速公路，然而路上堵得水泄不通，塞住的车前后绵延好几公里。只要一辆车原地不动，就能够造成全盘的混乱。

你家的倔脾气老公

以上介绍的方法放在绿色性格的伴侣身上同样适用。做丈夫的不想陪妻子去参加家庭聚餐时，自有办法让妻子取消行程（绿色性格人试图说服伴侣往往都是因为这种情况——有什么事儿他们不愿意干）。

他不会告诉你他不想去。他不会表达自己的真实想法——宁愿待在家里看电视上的球赛（就如已经过去的 333 个周里的每个周六一样）。相反，他会说自己感觉不太舒服。当你问他哪里不舒服，他将给出十分含糊的回答。肚子疼啦，头疼啦，或者只是感觉——呃——有点奇怪而已。

现在你面临的实际情况是，如果你没有事先料到这一出，那你就有麻烦了。因为你丈夫已经决定要蓄意阻挠，拒不配合。不管他为逃避这次活动想出了什么理由，他希望听到的是你主动说：好吧，那咱们就待在家里哪儿也不去了。可是，这次你真的想要去吃这顿阖家团圆饭。有几个亲戚家的兄弟姐妹要来，你们已经十年没见过面了。还有，说不好这将是你爷爷最后一次头脑清醒地参加家庭聚会；他年事已高，说不好哪天就不认得人了。总之，这次活动就是对你很重要，而且你想让丈夫陪你去。

你有 3 个选择：

1. 顺着他的意思，待在家里。求得一时风平浪静，换来数月后悔不已。

2. 自己去参加家庭聚餐，因为你丈夫若是勉强去了，就会气鼓鼓得跟灶上的烧水壶一样，觉得生活对他太不公了，竟然让他遭受这种煎熬。而且，无论如何他都会想早早退场回家的。

3. 或者，你可以二话不说带上他走，完全不用在意他怎么想。你可以一直争论不休，直到他让步为止。至于具体怎么做，我认为通过前几章的内容，你已经心知肚明了。

把上面说的都忘掉吧。解决方案完全不是那么回事。你若是了解自己的丈夫，能看出他是用什么套路来操纵你，好让他自己得偿所愿的，那么在你告诉他要有这次家庭聚会的时候，你就已经能料到一个半月之后会发生的事了。这时你要做好面对强烈反对意见的准备。做好预案，就这么简单。因为纵使他在你第一次提到聚餐的时候表示同意，你也清楚其中存在着风险。他的一贯做法是：不管什么事，一开始总是先答应，事后又反悔。（尽管他答应得并不直接，听起来更像是"那应该不是什么大问题"，或者"呃，你说的值得考虑"，再或者你可能只得到一声"嗯"作为答复。）

现在，距离团圆饭还有一个半月。在接下来的这段时间里，逐步建立起让你丈夫陪你去的愿望。把所有积极因素都提示给他：你弟弟也会去，他跟你丈夫一直挺合得来；你会顾及到他想看的球赛（如今一张小小的硬盘能存下好几小时的电视节目）。只要稍微努一把力，他就会转变态度，由消极到积极，一声不吭地把自己最好的衬衫穿上去参加聚餐。

不过，如果你能在他不愿意出门的问题上与他来一场正面交锋，就更是锦上添花了。提醒他这次团聚对你来说有多重要的意义。迫使他认同你需要去参加聚餐且想让他陪着你的事实。回顾一下他曾经直截了当地拒绝过的类似情形。心平气和、有条不紊地讨论讨论那些时候都发生了什么。他起初答应的时候是什么态度，到活动的前一天为什么又拿出另一套说辞，说什么恐怕自己的意思一直都是不同意的呀。问问他当时说的肚子疼只是装出来的，还是精神紧张造成的。若是后者，倒也完全合情合理；我们面对大型社交场合的时候肯定都会觉得紧张。

但是要谈谈真正的问题！

告诉他你已经看穿了他的固执，还有，尽管你爱他，但是你并不想受他这样摆布。让他保证家庭聚餐那天不会耍任何把戏。这一条你要多提醒他几次，直到聚餐之日到来。

我几乎都能听到此刻你脑子里在想什么：我应该把一个成年人当个孩子一样对待吗？！

这一点你尽可以放心：正如前面那个爱玩电游、看电视的10岁小孩一样，你那绿色性格的丈夫会采取他认为有效的方法。这仍然是被动攻击，只不过是成年人版本而已。除非你积极表明自己已经对丈夫的这一处事方法免疫了，否则他将本性难移。你需要引导他就自己存在的问题进行沟通，而不是放任他固执地坐在沙发上喝着啤酒、看着足球、嘟囔着兹拉坦在场上的表现。

真要说起来，这完全取决于你。

蓝色性格人
是如何用事实论据让人心悦诚服的？

最近几年，我在各种不同形式的拓展项目中遇到过许多销售，他们来自你所能想象到的各行各业。斗胆说一句，我自认为已经阅尽天下各种性格类型的销售。（从统计数据来看）销售团队中最常见的是黄色性格，这种人里有许多都是非常出色的销售。然而我见过一些真正的明星销售，超额成就者，那些年复一年"丧心病狂"地超额完成销售任务的大佬们，他们身上几乎个个都带有相当明显的蓝色特质。其原因有两点：一方面，他们在工作中极为有条理、有章法、会筹划、会安排。另一方面，他们坚持用事实说话。

我们不得不承认，蓝色性格销售员的个人魅力和待客热情恐怕不怎么能打动人心。（还是那句老话，特例也是有的。）但是他们的工作方式却能让人受到触动。

蓝色性格的女商人

　　萨拉做整体厨房销售已经好多年了，在业界以注重细节和沉着冷静而闻名。当你和丈夫走进店里的时候，萨拉会注意到你们身上的所有细节——你的衣着如何；你的婚戒在哪个价格区间；你若是穿着香奈儿的衣服，她也会认出来。不过，与黄色性格的销售员大为不同的是，她并不会对此过多地评论，不会说自己也喜爱香奈儿这个牌子。相反，观察力细致入微的萨拉把一切都看在眼里，记在心上。

　　萨拉在你们落座后就开始提各种问题，你和丈夫两个人她都照顾到了。你们来店里是想今天就定下吗？打算要哪种风格？有什么最喜欢的面板材料吗？有没有什么基本的要求或者忌讳？你们现在的厨房有哪些设计是用着很好的？还缺什么？萨拉要问的问题长长一串，很可能会让你觉得无聊，昏昏欲睡。你心里可是盼着去进行更有趣的部分呢，例如摸摸装修材料的质感，选选橱柜的门什么的。可萨拉这么做是在分析你的需求。她一直是这样做销售的，而且实体店外停着的那辆宝马（她可是全款买的哦）是对她这种工作方式的最有力的证明。

　　直到萨拉认为自己掌握了你们的情况，清楚了你们的预算和工期缓急程度之后，才会带领你们来到展示区选铺装材料和其他所有的东西。或许你对她这种就事论事的沉着冷静并不感冒，但是你所有的问题都能得到她的解答。因为萨拉业务精通。

她几乎对所有产品细节都烂熟于心，实体店里大多数炉灶款型的技术参数她都能娓娓道来。

不过你们并不打算第一次去店里就定下来。毕竟给一套普通大小的房子或公寓装个全新的整体厨房少说也要花 7.5 万瑞典克朗，多的话，十倍也是有的。这笔钱可不是个小数目。因此你想把几个装修方案带回家好好讨论一下。萨拉知道你的心思，所以她不会试图说服你当场就下单，而是交给你一大堆她帮你设计好的装修方案的资料让你带走。不过有件事你可以肯定：那时的她已经记下了你的手机号码和邮箱地址了。

因为萨拉第二天会给你打电话，问你对整体厨房的设计感觉如何，问你是否对方案满意，还说有什么地方想要修改。如果你说希望再多考虑一下，她会第二天再给你打电话。第三天继续打。这么说吧，她会在你到店体验之后一直跟进，直到你最终确定购买意向或者决定不买为止。这就是蓝色性格销售员最重要的长处——他们从不轻易放手。

当然了，这并不是操纵，只是做生意的一种极为有效的方式而已。不过你应该也意识到了，这有点像是在和一只紧咬猎物不放的野兽打交道。他们把对方死死咬住，决不松口。要想摆脱掉他们可不容易。

如何确保自己不会被这种钟情于条理的
极端分子彻底击溃

其实这并不是什么大不了的事情。蓝色性格的销售员没有红色性格销售员那样咄咄逼人的架势，不像黄色性格销售员那样滔滔不绝，也恐怕不会如绿色性格销售员那样利用你的良心。就如我前面写到的，蓝色性格人总是想要尽可能非常理性地去做事情。他们从细处着手处理问题的要点，努力拿出解决方案，正像卖整体厨房的萨拉一样。你要跟她怎么说才能不必非得从她这儿订购新厨房呢？如果是因为你不喜欢萨拉这个人；或者是因为她设计的方案比你和丈夫的心理预期价格贵了太多；再要么是你压根儿对她的设计不满意；或者另一家供应商给你的方案更物美价廉——那么你跟她直说就好。

"这套整体厨房我不想买。谢谢你费心了。我要是改主意了会再联系你的。"

很简单，对吧？蓝色性格的销售员和红色性格销售员一样，错过一笔生意的时候会感到失落，但是并不会觉得内心受伤或者被冒犯到。她心里清楚，胜败乃"商"家常事。大多数推销都会以被对方拒绝而告终。（事实上，在任何销售行为中，你得到的"no"都要比"yes"多。如果你的情况正好相反，说明你这个销售做得太不主动了。）

蓝色性格的销售总的来看还是守规矩的。你若是说不想让他们再联系你，很有可能他们真的会照做。但要是他们说下周会给你打电话，你也表示同意，那么下周你肯定会收到他们的来电。这些人就是这样的。如果你是个不太会拒绝别人的人，就更是要尽早说出口。这样大家都不必再浪费时间。

换作有见识的妻子又是怎么样的

让我们回到私人关系上。假设你妻子的性格是纯粹的蓝色，现在她有个想法你一点都不喜欢——她想辞职，回炉深造。（蓝色性格人往往对读书有很大的热情，喜欢汲取各种知识。）她跟你说的时候已经有了具体的计划——自然了，这是她的一贯作风嘛——她已经精确地算好了自己需要多少学分，这些学分需要多久能全部修完，并且已经很清楚拿到那些新的资格证书之后实际能找到什么样的工作。搞不好她甚至已经制定出了一份财务计划，因为她考虑到在接下来两年的时间里，你们俩的总收入将会急剧减少。

这是个棘手的情况，可能导致激烈的辩论。纯粹理智地看时，你知道自己的妻子是对的：如果她继续深造，就能找到一份更让她满意的新工作，要比现在这份工作好得多。她的薪水也将有 25% 的提高。然而前提是——要等两年，并且还得假设她到时候能找到新的工作。这同时也意味着在那之前你们要过相当拮据的日子。你可能真的会为钱的事情而发愁，说不定还要举债。坦白地说，你就是感觉妻子的计划不合适。

当然了，也可能有其他一些不那么理性的原因使你不愿意支持妻子的深造。或许是因为你想保住自己作为全家唯一的大学文凭持有者的身份。或许是因为你不乐意更多地承担自己本就不爱做的家务。或许你甚至要多加一句，说当妈的若是晚上出门，孩子们会不开心的。或许那些夜校课程还会减少你去体育馆看比赛的机会。再或许，你本来就是个不折不扣的混蛋。在我看来，这些动机里没有一个是特别高尚的，但是我们先暂且假设你认为自己有充分的理由来阻止妻子的整个计划。

你妻子的行为既理性又合乎逻辑。要我说，她根本没有在试图操纵你，操纵行为与蓝色行为相差甚远。不过很显然她希望能够说动你。她将会摆出无懈可击的逻辑和数据。

你的反击武器是强烈的情感。勃然大怒一番，放声大哭一场，表现得越不理智越好。这很可能给她来个措手不及。与大多数人相比，蓝色性格的人想得更多。她会对你进行分析，弄清楚你只是在演戏呢，还是真心有顾虑——如果经断定是后者，她将认真考虑你的意见并拿出解决方案来。

然而，更好的办法是协商。假如你同意她的计划，她能答应你的哪些条件作为交换？既然她每周要有这么多的时间都不在家，能给你什么作为回报？我绝不是在说你这样做是光明磊落的。若是你对此也不认可，大可不必这么做。还有，一旦你们俩的总收入上升了，能用它来做什么？你一直想去巴哈马群岛旅行——她能否考虑一下，等找到了新工作后带全家来一趟豪华之旅作为庆祝？或者，你们能不能把钱存起来，作为孩子长大之后的教育经费？

蓝色性格人的长处在于，他们一般都能记住和你的约定。大多数情况下这些人的脑子都极为井井有条，他们心里清楚哪些话要算数。蓝色性格的人当然也会对这样那样的事情有主观的感受，但是实际上他们相当理智。然而同样也带来了这样的后果：如果你经过协商成功说服妻子推迟一年再辞职深造，那么一年之后她会带着同样的心愿卷土重来。到那时你最好拿出新的、足够好的说辞，或者——但愿——你已经改变了主意。

现实生活中的

精神病态

对于疯狂的想法，正常人只是想想而已，但变态们会付诸实践。

——马蒂·鲁宾

OK，现在我们已经了解了常规影响、摆布操纵以及一般的日常推销这三种行为是如何在我们身上起作用的。不过到目前为止我主要谈到的是常规影响，它不含有任何不轨的企图，也丝毫没有不可告人的邪恶动机。说到动机……动机当然有不同的类型了，我们来仔细看一下都有哪些吧。

双方已心照不宣的公开动机

在你惊呼"那个汽车推销员肯定有他自己的动机——那家伙当然是想把车卖给我了！"之前，我想提醒你，我们已经事先知晓推销员或房地产经纪人干的就是销售产品或者促成交易的工作。如我之前所说：它是完全公开的，这些人扮演的角色对任何人都没有丝毫的隐瞒。不过，如果某个房地产经纪人向你表

示他 / 她想为你全家找到最合适的公寓，那情况则不同了。要是他 / 她马上推荐一套客户刚委托给她出售的房子或者她自己个人的寓所，我们就得好好想想她的立场是不是真的完全中立了。近几年瑞典的房地产市场，或者至少是瑞典大城市房地产市场的情况确实让人不禁怀疑地产中介是站在哪一边的？买方还是卖方？话虽如此，但我们并不能质疑他们的角色——负责确保房子和公寓能成功易手。

双方实际上已达成共识的隐秘动机

银行做生意的方式更不光彩一些。他们与推销员、房产中介不同，在自己的真实角色上没有说实话。笔者暂且仗着十四年的银行工作经验，斗胆在这个问题上表达一下自己的看法。从来没有人真正地把银行推销员称作推销员。他们的名头是顾问、个人业务客户经理、信贷员、投资策略分析师、投资代理人……如此等等，什么都有，就是没有推销员。然而本质上那才是他们真正干的活——推销。我们每次都会掉进银行的陷阱，因为这些人只会向我们推荐他们自己的金融产品。多年来人们一直在批判这种做法，有理有据，但似乎无论怎样都无法撼动整个体系。在这件事上，银行职员自己也几乎没什么发言权，所以去当地银行大声抗议是没有意义的，那只不过是在朝错误的对象发泄怒火罢了。不过也别忘了，那些人本质上都是推销员，不是你理解的那种投资顾问。

我们这一方未曾意识到的隐秘动机

　　但是，以上所说的情况都不算意图不轨的心理操纵，接下来要讲的才算。我们现在要看的这一类人个个心怀鬼胎，真实动机与其声称的动机完全不同。正常人，也就是你、我，还有我们这辈子能遇到的大多数人，很难想象有人能做出我们自己做不出的恶行。当然了，我们并不幼稚。希特勒、斯大林[1]、伊迪·阿明以及许许多多精神病态的独裁者的斑斑劣迹我们全都十分清楚。我们读过相关新闻报道，深知最恐怖的连环杀手是什么样子。通常在我们的想象中，这些人的日常行为会把他们凶残的病态人格展露无遗。但这么想是错误的，也很危险，事实绝不是这样。最心狠手辣的恶魔早已学会了表现得像你我一样正常。他们中甚至还有人能让自己看起来正常得不能再正常，以至于我们自己看起来反倒不像正常人类了。事情难就难在这里。

　　我们现在要讨论的这一类人是无法按 DISA 性格测试系统分类的那部分人。他们没有固定的性格色彩；他们的行为里红黄绿蓝四色俱备；他们是第五种颜色；他们是你我邪恶的镜像；他们，就是精神病态者。

---

1 受冷战思维长期影响，在对华约阵营丑化污蔑数十年后，西方人对斯大林形成了各种误读和偏见，将其理解为一个冷血的强权独裁者。——译者注

精神病态者以红色性格人居多吗？

说实话，上面的小标题是我在各种机构里做讲座的时候经常听见的一句话。由于纯红色性格的人很少见（总人口中仅有0.5%的人性格里只有红色），因此有相当多的人无法理解他们。上一秒还在和你争吵，下一秒就邀请你共进午餐——这看起来诡异透顶，不是吗？

经常有人找我时，会先谨慎地四下看看，再告诉我他/她严重怀疑自己的老板可能是个精神病态者。倘若每遇到这种情况我都能得到一欧元的话，嘿嘿，那我可就有钱每周都去高档餐厅撮一顿了。听了这些人的猜疑之后，我会问几个问题，请他们描述一下自己的老板。我得到的答复是：易怒，强势，一意孤行，闭耳塞听，提出不合理的要求，要求别人全身心投入工作，还有从来不表示赞赏。

确实，有可靠研究表明你在一个组织中的地位越高，可能遇到的精神病态者就越多。但是同样地，你遇到的红色行为也会越来越多。

想一想吧。高处不胜"难"，位子越高越难做，竞争也越激烈，生存也越不易。由于红色性格人与其他颜色性格的人相比能更好地应对惨痛的打击，所以他们经常借助于自己的强硬作风脱颖而出，最终走上高位。正如俗话所说，高手总是寂寞的。

或许有人在想：太好了，那就让他们寂寞去吧。

精神病态者与红色性格人的共同之处在于，他们都能够忍受那种艰苦的条件。前者是因为他们不在乎别人，而后者是因为他们以任务和问题为导向，冲突并不会给他们带来特别的困扰。红色性格人很现实，他们能清楚地意识到不是所有人都会认同自己。当然了，他们也和所有人一样希望得到别人的喜爱，但他们心里明白那是遥不可及的理想国。所以他们义无反顾，勇往直前。

我该如何分辨精神病态者与红色性格的老板

有意思的问题。红色性格的老板会像台压路机一样在公司里横行霸道，这是毫无疑问的。这样的老板会把人得罪光，会为了实现什么活动目标、盈利能力、工作效率等而做出一些特别不受员工待见的决策。

但是这种人始终如一，他们总是比普通人更能吃苦耐劳一些，而他们自己也会非常努力地工作，这是很重要的一条线索。红色性格的老板们可能是上班来得最早、下班走得最晚的人。精神病态者却决不会这么干。他们的职业道德完全是另一套东西。在遇到任何跟工作沾边的事情时，这种人巴不得溜之大吉呢。

此外，红色性格的老板根本不会浪费时间去取悦员工，这也是很重要的一条线索。红色性格人大体上都不是以人际关系为导向的。在他们看来，要是自己因为提出了各种无理要求而背上"讨厌鬼"的骂名，倒也不是什么不能忍的事儿。这并不意味着他们不在乎别人的眼光，但这绝对说明了在这类人眼中，工作和任务至上。先非常非常努力地工作，然后再下馆子庆祝。先确保结果就在眼前，再开始放慢节奏去吃午餐，放松一下。这些人极少停下来休息，你绝不会看到他们端着咖啡杯坐着闲聊。他们知道人们喜欢茶歇时间，也知道聊东家长西家短对他们没有任何用处，索性省掉了茶歇。也就是说，你几乎不会在咖啡机旁边看到他们的身影。

精神病态者则相反，他们积极参加社交活动，因为从中能够发现每个参与者的弱点；日后一旦有机会，精神病态者就能利用这些弱点来对付他们。事实上，这类人会去取悦遇到的每一个人，至少一开始是这样。而红色性格的人呢，大家或许对他们有各种不同的看法，但是绝不会有人说红色性格的人曾试图赢得周围人的喜爱。

这两者之间没有相同点，对吗？

打住！红色性格人和精神病态者之间绝对存在相似之处。他们双方看起来都特别麻木不仁，因为他们二话不说就会因某件愚蠢的琐事大声训斥你一番。在公众场合批评下属是红色性格老板和精神病态老板都会做的事情。

红色性格老板训斥人时，被批评的人很可能是罪有应得，老板只不过是说出了大实话。（也就是，他怎么想就怎么说）。这种性格特质当然令人极不愉快，但是它仍与精神病态有显著的差异。红色性格的人心里清楚自己强势的行为有时候会惹人厌烦。不过，这些人要的是推进工作的进度，所以纵使这并非他们的本意，他们也能接受这样的后果。经常是到了事后有人因他们的训斥久久不能释怀的时候，这些人才意识到自己又招人烦了。然而红色性格的老板可能耸耸肩就不再去想它了。他们觉得，自己又不是故意去冒犯谁的，对方要是这么玻璃心，那就是他／她自己的问题！

精神病态者训斥别人则通常是因为他们觉得看别人难受是一件很有乐趣的事，这让他们的精神格外振奋，甚至能引得他们幸灾乐祸地哈哈大笑。几乎什么事情都能被精神病态者拿来当作咆哮的由头，一切只取决于他们当时的心情。目的只有一个——让受害者崩溃。

精神病态者的企图是伤害和摧毁那些看起来对他们的恶行无力抵抗的特定个体。这些家伙就喜欢看人一点一点崩溃。

能得出什么结论

你能看出来差别吗？我们需要做的是"读出"一个行为背后的目的。倘使我们理解了外在行为背后的真实想法，或许就能在面对粗暴的红色性格老板时有更多的耐心；在条件适宜的时候，我们还可以鼓起勇气向他们提出自己的见解，比如在公共场合下训斥员工是不合适的。

与此同时，我们还应该对带有精神病态特质的人保持极高的警惕。无论你说什么，他们都不会改变自己的想法。如果精神病态的老板得知你被其恶劣的行径冒犯到了，反而会变本加厉。因此，若是你以为自己的老板是红色性格，或许能接受直言不讳的谏言和与众不同的观点，便向老板讲明他们的所作所为让你感觉很难过，你可能就摊上大事儿了。万一你老板不是红色性格人，而是个精神病态者呢？这样一来，你可就给他们提供了一件有效的武器来对付你自己。从现在起，他们要伤害你就容易得多了。

最后一条线索

之前我提到过职业道德。红色性格的人不论是做老板的还是普通员工，大体来说都兢兢业业。除非是这些人对公司或单位已经完全失去了信念，或者是宁愿把精力投入到自己觉得更有回报的事情中，否则他们工作起来确实很卖力，搞不好还是最卖力的。红色性格人亦偏向于大多数事情都亲力亲为，因为他们认为这些事情自己做得最好。在委派任务这件事上这些人简直无可救药。他们不信任别的同事，导致原本要分配下去的工作最后是自己一个人加班加点完成的。

　　而精神病态者呢，却根本不打算让自己承担一丁点儿工作。这些人更喜欢开小差，什么事情都要交给别人去干，什么人都可以拿来顶包；万一没能遂愿，他们就会高声抱怨。这些人吃个午餐久去不归，上个班则迟到早退。等终于意识到离任务完成期限仅剩两天的时候，他们才突击性地给下属安排一堆堆的工作去做。由于精神病态者考虑后果的能力非常有限，因此他们经常会临时抱佛脚。到那时，每个人都会被要求加班加点通宵达旦地干，直到任务完成为止。当奋战成果随后呈递到最高管理层手里时，这个作为部门老大的精神病态者将会把全部功劳据为己有。这些人会毫不迟疑地表示：多亏了自己，一切才取得了如今的良好局面；当下属都在尸位素餐、磨洋工的时候，是自己及时地介入，挽救了大局。尽管，事实与他们所说的完全相反。

给所有带头大哥们的善意忠告

　　如果你是红色性格，那么不管你是老板还是别的什么职位，要意识到：如果你总是像个行为艺术家一样我行我素的话，别人会用异样的眼光看待你的。你要提醒自己，大多数人并不能真正理解你的思维模式。把你的实际意图更清楚地表达出来，或许是个不错的做法，这样就不会有人背地里喊你变态了。

　　有时候真的有人这么喊的，我向你保证。

黄色性格的操纵家是精神病态者？

我要冒着被大群愤怒的黄色性格人当成过街老鼠满世界追的风险，直截了当地说出来：黄色性格与精神病态特质之间存在明显的相似之处。根据罗伯特·黑尔的《精神病态检核表》，巧舌如簧、具有外在魅力以及能言善辩是典型的精神病态特质。然而这些特质也可能在太多太多的黄色性格人身上出现，以至于我们无法对此视而不见，并且由此对他们产生信任危机。此外，第三者眼中的黄色性格人往往擅长操纵他人。最要命的是，他们还经常炫耀自己的重要性——这可恰恰是地道的精神病态者爱干的事啊。还有，当事态开始出现不良苗头的时候，黄色性格人往往会把责任推到别人身上，这也正好与精神病态者的做法相符……我知道，把一个人描述成这样可不怎么好听。但是，何不清醒地看看现实呢？黄色性格人必然也有不好的方面。在某些情况下，他们身边的人会对这些不好的特质做出强烈的反应。可惜黄色性格人常常察觉不到，因为他们并不关注周围的人。整个现场就只有他们一个人兴高采烈、滔滔不绝，却没发现大家一片死气沉沉，对他们的表演不过感到厌烦而已。

黄色性格人往往喜欢给他们的故事添油加醋。在我的上一本书《周围都是白痴》里讲过一个老伙计扬尼，他喜欢给自己的经历添枝加叶。扬尼这么做一部分是出于想让故事听起来更加妙趣横生，一部分则是由于想把自己的形象烘托得愈发魅力四射。有一次，他绘声绘色地讲述了自己死里逃生的经历——他和妻子在狂风暴雨中乘船前往西班牙海岸附近的一个小岛。由于事先已经从他妻子那里得知他们根本没有坐船，而是搭飞机去的，所以当时我就知道那故事是信口胡诌的。虽说故事本身听起来很有趣——这一点无可置疑——但它是捏造的啊。当我戳破真相和扬尼对质时，他气鼓鼓地再也不说话，活脱脱一只闭了嘴的蚌壳。

这说明扬尼是精神病态者吗？不，绝不。他只是喜欢逗大家开心。他满腔热情，想要带动大家开怀大笑或者感动落泪，为此他有时会把一些上不了台面的轶事拿出来说。是，他喜欢成为众人瞩目的焦点。"灯光师，把光往爷身上打。"这句话都可以当扬尼的座右铭了。很多人对他的这种作风表现出了明显的不满。然而基本上，扬尼这样的人是人畜无害的。

还有一条重要的线索：他并不总是在编故事；但是状态良好的时候，一定会。这时你就需要对他所说的内容加以甄别，才能获得可靠的信息。

怎样才能分辨他们讲的是逗人的故事还是骗人的谎言

黄色性格 VS 精神病态。有意思的反思。这里有两个要素可以帮助我们分辨：意图以及频率。

我说的"意图"是指某个特定行为背后的目的。扬尼为什么要给自己的经历添油加醋？他这么做的原因是什么？是因为他想夸大自己在大家心目中的英勇形象，好让我们对他高看一眼？

不是这样的。扬尼之所以会讲出在有些人看来是谎言的故事，主要原因比上面猜测的要简单得多：他只是想获得我们的好感，希望逗我们开心。别忘了，黄色性格人把我们所有人当成了他们的观众。没错，那个差点连人带船都喂了鱼的故事很动听。在他描述当时的情景时，我们笑过，也差点哭了。所以是的，它是个好故事，除了一个恼人的事实——本故事纯属虚构。

而精神病态者对谎言则是另一番态度了。这种人撒谎仅仅是因为喜欢撒谎。他们想试试看自己能瞒多久。实际上，他们还觉得这很神奇，很好笑——这帮人竟然真的相信了。倘若我揭发谎言，与其对质，他们会马上攻击我，指着我说我才是骗子，我才是信口雌黄的人。

我曾见过精神病态者在众目睽睽之下眼皮都不眨地撒谎。当在场的所有人，包括精神病态者自己，发现吹得有点太过了的时候，他们也不会就此打住。这些人继续满嘴跑火车，直到搅得现场所有人晕头转向，到最后谁也不知道该相信什么了。这种场景要不是在现实中如此令人厌恶的话，当成戏看还是挺妙趣横生的。

所以说二者之间令人不安的相似之处非常多喽？

与精神病态者打交道，困难在于你没法知道他们什么时候是在说谎。黄色性格的人在谎言被戳穿之后会情绪波动，变得焦虑不安。他们提高嗓门，愈发卖力，喜怒哀乐都写在脸上。在这一刻，往往能说会道的黄色性格人也变得舌头打结，不知所云。然而，精神病态者在相同情况下却能不为所动。他们会给出更多互相矛盾的说法，直到我们被绕得找不着北。全程下来他们没有表现出任何撒谎的典型迹象，脸不红心不跳，也未曾用手去摸脸或者脖子。他们就这么稳稳地站在那儿，看起来就好像是整个星球上最可信的人。

这种人怎么可以如此泰然自若？他们为什么不会紧张？

因为他们什么都感受不到；既没有因撒谎而感到愧疚，也没有对受骗者抱以同情——什么都没有。

黄色性格人和精神病态者都想要成为众人瞩目的焦点这一共同之处的背后也同样存在细微的差别。黄色性格人是因为单纯享受站在聚光灯下的感觉。他们乐在其中，想要让他们从舞台上下来可并不容易。而精神病态者则是因为自视甚高，认为自己在进化论意义上比我们所有人都要高等。他们把自己置于中心地位的目的是挤开其他所有的人，好使自己看起来是天上地下无所不知的唯一。

我刚才提到，频率是另一个重要的标志。黄色性格人在心情好的时候会给人留下非常友善又富有魅力的印象。但在不那么走运的时候则可能会让人觉得他们性情乖戾，脾气暴躁。例如，在压力之下的黄色性格人可能让周围人觉得难以忍受，更别提什么讨人喜爱了。这些人可能会蠢话连篇，哀声抱怨，指着你的鼻子奚落你，一口咬定任何问题都不是他们造成的。

精神病态者在压力之下的表现又如何呢？这倒有点意思。似乎精神病态者并不像我们那样能感受到压力。原因在于，压力与——比如说吧——担心不能成功有关，然而精神病态者没有任何此类的担忧。再比如，当一个人太忧虑别人对自己的看法时也会导致压力，但精神病态者同样从不为此感到任何困扰。这种人从一开始就认为自己什么事都能做成。也就是说，当正常人崩溃的时候他们却仍旧保持着沉着冷静的头脑。在战场上，精神病态者会接下最危险的任务，因为他们享受在险境中获得的肾上腺素飙升的快感。

请想一想一般有哪些情况会让你感到压力。比如，你一整周都在十分辛苦地工作，任务完成了97%，终于到周五晚上了，你可以回家了。坐在返家的汽车或者火车上，你回想着过去的几天。这一周真是够可以的！哦，我的天啊，压力太大了！不过，你所经历到的压力并不是来自于已经完成的那97%的任务，而是来自于你没来得及做的那 3%。这是最常见的反应；引起压力的不是你已经做完的事情，而是你还没有做的事情。因为你迟早还是得做啊。

精神病态者的脑回路可不是这样的。他们并不在乎还有什么工作没完成。这一点都不会让他们困扰：万一出了问题，总能找别人来背黑锅的嘛。

结果就是，当黄色性格人表现出明显的压力症状，并因为顾不得保全面子而对周围人大动肝火时，精神病态者却从来不会乱了方寸，自始至终都是一副尽在掌握的样子。在其他同事快要被繁重的工作压得喘不过气的时候，精神病态者不会受到任何影响，不为所动地继续靠魅力在职场给自己开出一条路来。相比于其他员工来说，精神病态者更能一眼看出哪些工作是最关键的，是必须完成的，也就因此占有了先机，成功搞定这些工作的可能性更大。这通常意味着他们在管理层眼里会显得专业得多。尽管承受着非人的压力，此人却并没有倒下。他依然脸上带着笑意，举重若轻。

所以，事情很有可能会是这样，管理层看着他，心想：有种！或许我们应该把这家伙拉到我们的管理团队里来！

但也要注意这一点！

除了上面说的散发魅力的频率，说谎的频率也是区别两种人的明显标志。黄色性格的人是时不时地夸大事实（也许还会说谎）。而精神病态者却时时刻刻都在说谎，并且在什么事情上都能说谎，即使没有任何理由也要说。他们就是要说。

如果谎言被人揭穿，黄色性格人心里不会好受。他们极为在意别人对自己的批评，会为此难过很长一段时间。若是换成精神病态者，简直不能再淡然了，他们还会以更多的谎言来回应质疑。假如真的有人提出了一针见血的批评，而且大家都觉得说的在理，精神病态者也一样有办法应对。无论这个批评或者质疑是和风细雨还是狂风暴雨，他们就是不加理会。这种人很可能会装作被冒犯到了、被击垮了，不过这只是做样子给人看。其实他们一点也没受到影响。

虽然你们黄色性格人并没开口，
但我还是要塞给你们一点建议

你们当然和精神病态者之间有重要的区别，但倘若你自己是黄色性格占主导地位，又正在读这本书，那么你要把这一点牢记在心：有时候别人会觉得你特别讨人嫌——尽管那并非你的本意。你只不过是好意，我懂。问题在于，不是每个人都能看出差别。你需要知道，你的夸夸其谈和你对坏消息明显无动于衷的态度会让你身边的人怀疑你是不是哪里不太对劲。你的喋喋不休真的让与你打交道的大部分红色性格人和相当多的蓝色性格人抓狂。其他黄色性格人可能并不会被你惹到，然而这只不过是因为他们跟你一样不善于倾听罢了。

消极被动的绿色性格人
有可能是精神病态者吗？

绿色性格人还能有本事做出什么出格行为，让别人觉得他们是精神病态者？本书作者终于还是疯掉了吗？

别急，待我给你慢慢道来。

不久前，我和一个经理人小组聊了聊。他们刚刚学到了和员工沟通的时候不能太过直白，要多方考虑。那么，能不能从马斯顿的 DISC 性格测评系统着手呢？这 25 位经理决定要试它一试，因此邀请我参与进来，帮他们理清相关概念。

每当讲到弱点这个话题的时候，通常我会安排一个小活动，邀请性格相反的人描述彼此的弱点。也就是说，红色性格的人要点评绿色性格的人，反之亦然；黄色性格的人则要点评蓝色性格的人，反之亦然。这 25 位经理中有好几位（虽然并不是全部）的性格里都含有红色特质，这本身就是意料之中的事，但它却带来了一些意想不到的效果。

他们点评绿色性格的时候，提出了诸如"拒不改变""倔强固执"这样的特质。可是，"害怕冲突""不诚实"也被列入了清单，这就有意思了。我们都知道，绿色行为人不喜欢冲突，红色性格人尤其会注意到这一点。有时候你只不过是唐突地盯着绿色性格人看了一阵，他们就会瑟瑟发抖地去找工会代表告状[1]。

我跟在场的经理们谈了谈这种现象背后的原因及其所带来的后果。红色性格人的观点是，既然绿色性格人真的这么害怕冲突，就应该尽一切努力去避免它。然而他们的做法不过是把冲突掩盖起来，眼不见为净；可从长远来看，这只会让事态升级。如果置之不理，冲突会越变越严重，最终有可能会让绿色性格人反受其害。

我向他们解释，绿色性格的人喜欢把眼前不愉快的事情推到以后再解决，他们在遇到冲突的时候也会这样，先躲开再说。但是那群经理中有一位不依不饶："他们明知是坑也径直往里跳！这些人真变态啊！"

嗯……容我想想。

确实，精神病态者经常会干一些明知道行不通的事，并且善

---

1 欧美国家的工会组织常常承担着接受投诉、与资方谈判、组织罢工的职责，且其势力强大，普通工人通过交会费即可加入工会，寻求庇护。一方面工会组织确实会为工人争取权益，但另一方面他们的诉求常常过于激进，一言不合就组织罢工，以至于让资方也头痛不已。——译者注

于随机应变。不得不承认，我之前从没从这个角度考虑过绿色行为。接着，另一个经理提到了不诚实的问题，于是讨论继续进行。

"我问了同事一个简单的问题：'你来不来参加部门聚餐？'他说来。甚至在我为了确保他说的是真心话而再次和他确认的时候，他也说的是来。每次问他都回答说要来。然而最后事实证明其实他的意思一直都是不来。"

我还没来得及做出回应，另一个红色性格的经理突然大声说："他就在你眼皮底下撒谎！"

我们怎么做才能分辨绿色性格人和精神病态者

许多绿色性格人都具备谦逊友好的态度，有这一条在，要分辨二者应该不是什么太难的事。不过，为了回答这个问题，我们还是仔细看一下。就如我之前所说（以后也还会再提）：世上的确有精神病态者存在，也的确有人带有若干精神病态特质——操纵这一特质当然位列其中。

黄色性格人尝试操纵他人的方式相当公开透明（"你这件上衣真好看！哦，对了，你能帮我写这份报告吗？"），绿色性格个体的行为则完全不同。据我所知，极少会有人说他们擅长利用他人，然而实际上有很多人经常被他们操纵。玄机就在于，没有哪个人——包括我们和绿色性格人自己——次次都能发觉他们的行为其实就是在操纵。

　　请想象这样一个场景：有一群人为了恢复往昔联系、重拾旧日友情，策划了一次集体旅行。也许这是一个班的老同学们多年来头一次聚首，欢声笑语人人开怀，于是大家决定以后要多组织同学聚会。大家都很热心，几个月来一直热烈地谈论着即将到来的旅行。其中有一个老同学自始至终都表示她也会参加旅行，但在筹划阶段却从不积极参与，对选定的目的地没有表现出任何的兴趣，也几乎不对相关的电子邮件和电话做出任何回应。被点名问到不得不回答时，她总是说很期待，不过也就仅限于此了。

　　出发的日期日益临近，需要做一些工作来确保行程顺利。于是，各种各样的任务被分配给了不同的人，绿色性格的那个同学接到的任务是与已经初步预定过的酒店做最终确认。那 23 间房很久以前就定好了，但关键在于大家的房间要离得近一些，最好都安排在酒店同一条走廊的两侧，这样更方便老同学们互相往来。

　　出发的日期终于到来，大家满心期待地在机场会合。他们中有许多人是从外地赶过来的，有的已经在路上花了将近 24 个小时。没过多久，大家发现少了一个人。那个一直很低调，但说过也会来参加旅行的人，没有出现。随着登机时间的临近，越来越多的人开始担心。万一她不来，不仅仅会留下遗憾，更关键的是她可还拿着酒店房间的预定确认单呢。

　　当团队里有人终于打通了她的手机时，她说因为身体不适，恐怕来不了了。被问到酒店房间预定的确认情况时，她含糊地回答说还没得到对方明确的答复。

大伙儿炸开了锅。他们都意识到了现在的处境：这次集体旅行可能要被她搞砸了，因为大家很可能会无处落脚。

那位绿色性格人的不作为至此给一大群从最初就对她委以信任的人带来了严重后果。她不过是迟迟拖着分配给自己的任务不做，但这样一来，她实际上是眼看着整个团体一步步陷入无路可退的境地，在这个节骨眼上整个活动能否成行完全取决于她是否跟酒店确认了预定。大家错信了一个心口不一的人，而这份信任让整个团队陷入了困境。

也许她确实心怀恶意；也许她有不可告人的目的；也许她是想为过去确实受到过的或者臆想中的不公正待遇报仇；也许她当年在班上被人欺负，现在终于有机会借着手头这点权力还手；也许她根本就不想参加任何旅行；再或许，她只是一个不愿意行动起来的绿色性格人，因为不习惯承担责任，所以就像鸵鸟一样把脑袋埋进了沙子里。

以上例子中产生问题的原因就在这里：一个不想为任何事承担任何责任的人。这本身无伤大雅，但是问题在于，她太害怕冲突了，一直没敢对热情高涨的老同学们说"谢了，但我不想去"，于是只好听之任之。不管是什么原因，她的所作所为把全班同学的旅行糊弄没了。这实际上就是操纵，尽管它看起来很怪异。无论你有没有把他们往这方面想，被动攻击确实会产生这样的效果。

如此说来他们就是真正的精神病态者了?

上面例子中那个绿色性格人的行为与精神病态者的不同,在于她并没有完全意识到自己在做什么。"等一下,"你们可能要喊了,"刚才例子里的那个绿色性格人心里清楚自己在干什么。她非常明白自己的行为会给许多人带来大麻烦。"好吧,她可能确实清楚。但是她的防御机制迫使她选择闭上眼睛,不去看接下来的结果。她没有能力盘算自己的行为会带来什么后果。

结论是什么

注意,精神病态者是能完全意识到自己在做什么的。倘若那位绿色性格人考虑到了自己的不作为带来的后果,却还让所有人在没有订好住宿的情况下浩浩荡荡开往西班牙,可就确实是心眼大大地坏了,不是吗?

与绿色性格人不同的是,到了要把整个团队骗进困境的时候,精神病态者除了心里清楚后果之外,恐怕还会比绿色性格人积极活跃得多。绿色性格人会为自己的行为感到内疚,而精神病态者压根儿不在乎别人的假期被自己毁了,反而会觉得那实际上是他们自己的错,谁让他们一个个都这么蠢呢。

这就是绿色性格人的处事方式。他们总是遇事就躲,害得其他人要替他们完成工作。到最后总会有别的什么人现身救场,把绿色性格人不愿意为之的操心事情接过去。

给你们绿色性格人的一个建议
——现在听好了，我可知道你们都善于倾听

你们自己都没有这样想过，对吧？然而事实是，你们确实通过被动的行为把我们其他人带进了各种不那么令人愉快的情形之中。面对责任选择逃避和溜之大吉的做法是一种精神病态特质。我知道你们并不想被贴上这样的标签。所以要想一想，你们是否能在这一方面改变一下自己的行为习惯。

若是你能摒弃以前的做法，你的团队会愈加欣赏你的。

给其他所有人的建议：要确保你心里有数 —— 是谁在骗谁。

沉着冷静的完美主义者，
蓝色性格人是精神病态者吗？

蓝色性格人不会轻易被人视为精神病态者。我从没遇见过这种情况。说他们是酸腐的官僚主义者——绝对没错。说他们是总对细节有一种无聊至极的痴迷的慢性子——显然正确。说他们是极端完美主义者、质量管理员，在每件事都严格按照规则手册完成之前决不罢休，还会因为其他人没有保持一致的标准而大发牢骚，嘟嘟囔囔——对，就是这样。

但是说他们是精神病态者？不，没有人会一上来就往这方面怀疑。

是，我们确实都在电影里看过一言不发的连环杀手，魔窟里各样物品摆放得井井有条，被剜出来的眼球根据受害者的姓氏以字母顺序排列。但那是在演戏啊，对吧？在现实生活中，这样的行为会被看作是重度人格障碍的表现，而不是蓝色性格的特征。

然而，有些人格特质可能导致我们很难区分蓝色性格人和精神病态者。想象一下，假设有人是极为典型的蓝色性格，身上不带有丝毫的绿色或者黄色特质；这些人对人际关系没有一丁点儿的兴趣，跟凡夫俗子打交道让他们心烦不已；他们觉得我们凡间的人太聒噪了，宁愿所有的时间独处……

蓝色性格人是什么样的行事作风

他们头脑非常清醒，很有见识。由于对人和社交兴趣寥寥，他们说起话来惜字如金。若是你向这些人寻求帮助，他们会一口回绝，因为你和你的需求让他们提不起兴趣。许多人觉得蓝色性格人冷酷无情。他们看着你时面无表情，对你进行观察、评判、分析，却只言不发。实际上，很多精神病态者也是这样，他们盯着别人看时就好像是在鉴定一件物品。蓝色性格人和精神病态者都搞不清楚自己什么时候该收回目光，这可能会让我们难以分辨这两种人。有研究人员指出，精神病态者长时间地盯着你是因为他们不知道该做出什么样的反应才算是正常人该有的。还记得笔者在引言部分提过被一个年轻人瞪了好久吗？其实这正是精神病态的表征之一。而蓝色性格人也可能会犯同样的错——不知道该在什么时候移开自己的视线。

蓝色性格人自带冷场特效，让气氛尴尬。我刚才说过，这些人从不在不必要的事上浪费口舌。他们经常是明明心里有了答案，但就是只字不提，因为——反正又没有人问他们有什么想法，何必开口呢？

精神病态者从不关心他人，蓝色性格人只关心少数几个人——他们所爱之人。假如你和精神病态者的交集不多，只是互相认识而已，那么显然他们是不会对你表现出多大兴趣的。你或许觉得他们很奇怪。这些人未必是连环杀手，但绝对是个怪胎。

举个例子

我记得一位女士去面试的故事。她真的很想得到这份工作。面试她的总经理是黄色性格，笑容满面，态度基本上都很积极；财务总监也在场，不怎么说话，但几乎目不转睛地看着面试的她，盯得她已经开始觉得不大自在了。面试之后这位女士一点儿也拿不准结果如何。

故事里的这三个人我都见过，面试小组里有这么一个静悄悄的家伙很有意思。倘若你提出一个问题，他会在长达整整一分钟的时间里一言不发地看着你。然后，默默地点下头。嗯，好吧。这种行为绝对能让某些以人际关系为导向的人心里发毛。是这类人反应迟钝吗？恐怕不是。但他们常常被冠以这样的标签。

你肯定听过校园枪击案或者世界上某些地方发生恐怖大屠杀之后周围人对凶手的描述，它们总是惊人地相似。

"他从来都是一言不发，跟每个人都保持距离。咬人的狗不叫，遇到这类默不作声的人你得多加小心。"（不过话又说回来，你要是正在策划阴谋，也基本不太可能会讲给别人听吧。）

我怎样才能分清自己面对的是
精神病态者还是老学究

精神病态者时时刻刻，甚至在没有任何理由的情况下撒谎。蓝色性格人则根本不喜欢撒谎。如果他们被问了很直白的问题，那么不管答案有多么令人不愉快，他们都将如实回答。因为这些人极少在乎你听到令人不快的真相后的反应，所以他们真的就有一说一。

精神病态者通常会魅惑他人，让周围人都保持心情愉快，这样就不会有人注意到他们在逃避工作了。蓝色性格人干巴巴的行为则并不怎么讨人喜欢，而且这些人也觉得完全没有必要去取悦任何人；同时，想反过来取悦这些人也非常难。花言巧语这一招在他们身上不起作用。

精神病态者自视甚高。他们极度以自我为中心，会把别人的想法和创意带来的功劳据为己有。蓝色性格人却经常指出自己的错误和不足之处，因为在他们眼里永远没有什么能够得上他们的标准，哪怕他们自己也是一样。

当然了，蓝色性格人有时也会试图让你改变观点或者劝说你承担某项任务之类，但整个过程他们是光明正大地进行的，而且相比于精神病态者的花言巧语，这些人更有可能采用冗长的理论论证来说服你，结果你听得无聊得要死。总而言之，笔者认为要被纯粹的蓝色性格人所欺骗几乎是不可能的。被惹恼？是的，肯定会。被蒙骗？可能性微乎其微。

重要的一点

在后面的某个章节里，笔者介绍了一种操纵的手段，叫作"煤气灯操纵法"[1]，意思是通过不断变换游戏规则来迷惑别人。蓝色性格的人绝不会这么干；相反，无论周围发生了什么情况，他们都会坚持既定的工作计划。然而我们大多数人的纪律性稍弱，所以并不具备同样的控制力。我们有时候会去碰碰运气，抄抄捷径，结果被蓝色性格人指责："你们为什么没做这个 / 那个？"可是我们之前从没意识到他们所说的事情，因为我们没有读完所有的工作要求。

这样可能有点让人困惑，因为感觉就好像是蓝色性格人一直在制定新的规则。精神病态者恰恰也是这么做的。他们把先决条件加加减减，好让你一头雾水，无法确定。这赋予了他们驾驭你的能力，到最后你都不知道自己是要往左还是往右。

蓝色性格人其实完全也有控制你的能力，然而他们实际上做的正好相反。他们提出的都是工作手册中一直明明白白写着

---

1 详见本书第九章第七节。——译者注

的内容。不过，由于你并不知道手册里到底写了什么，导致你觉得似乎永远都无法让这些人满意。于是你很可能会误以为，他们说到底就是个精神病态者。

能得出什么结论

蓝色行为不应该被误认为是精神病态的表现，因为蓝色性格的人说到做到。他们的言行格外一致，这一点与精神病态者的作为完全相反。蓝色性格人想了解某方面的知识时会去研读与其相关的所有资料，而精神病态者只是随便翻翻看看，这样他们就能假装自己博闻广识。

一个总体性建议

笔者想把以下这番话送给性格中蓝色元素较强的人：避免被误解成精神病态者的最好方法，是多关注关注你周围的人以及他们的感受。你要知道，许多人认为精神病态者冷漠无情，而蓝色性格人在别人眼中也常常是这样的形象。这当然是个误会，可为什么要冒被人冤枉的风险呢？你可以不时地询问一下他人的感受，得到答复之后也要给予适当的反应，不要一脸事不关己的表情。这几乎没有任何的成本，不过占用了一点点你的（无疑管理得很好也很宝贵的）时间。

CHAPTER
EIGHT
8

精神病态者
如何利用不同人的性格弱点
展开攻击

想要操纵和利用你的人才不会把你的盲点告诉你。恐怕他们是打算把你的盲点一直利用下去，好叫自己得利。

——阿塞吉德·哈贝特沃尔德

现在我们要把视角转换 180 度。想象一下，假设有个拳击手即将登上擂台与拳王泰森对垒，可是他完全没有意识到自己连左手都抬不起来。他甚至从没想过自己会有无法举起手臂的可能，等上了台仍全然不知。再假设，他的对手拳王泰森刚刚发现他的胳膊有问题……我知道，这听起来也太荒谬了，但请诸位跟着我往下看，这到底是不是个糟透了的例子，等下自有分晓。

我在前面提到过：我们都有各自的缺点和不足，而当有经验的精神病态者发动攻击时，他们瞄准的对象正是这些缺点与不足。正如拳王泰森总是往他认为最能让对手感到疼的地方打，精神病态者瞄准的也是你身上最软弱的地方。为什么？原因和拳王泰森的一样：他想先把你打得跪在地上无力还手，好给你致命的一击。

让我们来看一看不同颜色性格的人分别最容易跌入什么样的陷阱。很快你就会明白我为什么在前文对自我认知的重要性啰啰唆唆个没完。你最重要的力量来自于你对自己的了解。你需要清楚自己的"手臂"状况如何，左右两只都要清楚。

精神病态者如何操纵红色性格人

　　红色性格人会被他人操纵的说法似乎听起来自相矛盾。毕竟这类人全都强硬有力，从不让自己受他人的欺负；他们是"有困难要上，没有困难创造困难也要上"的顽强而好胜之人。还有，红色性格人有仇必报，绝无二话。这种种的性格特质理应使他们万夫莫敌，怎么可能还有人能伤害他们？

　　若要伤害红色性格人，你所面临的主要问题之一，是你必须能经受住铺天盖地的争执和吵闹。所以，害怕冲突的人是不能把红色性格人怎么样的。总的来说，和红色性格人在一起时间长了，最终只有那些性格中带有红色特质的人才能忍受他们时不时就会来一次的、没完没了的争吵。

　　不过，并不是所有的红色性格人都会与周围的人时时刻刻吵个没完，但你若想成功说服他们违背本心去同意什么事情，是少不了冲突的。这些人的行为模式就是如此。为了阐明这一点，我在前文已经不惜笔墨写了不少。红色性格的人彼此之间倒是能受得了这种行为模式，因为一方爆发的时候，另一方也不会轻易就往心里去。

精神病态者也是这样。

想想你自己。当你被人责骂，尤其是被在意的人责骂时，就会受到消极的影响。那感觉一点也不美好。别人批评你或者甩给你一张横眉怒目的脸时，你会感到不舒服，也许是肚子或者胸口一阵刺痛。

然而精神病态者会做出怎样的反应呢？答案是：什么反应都没有。他们基本上毫不在乎，什么也感受不到。这类人看得到别人生气的表情，也听得到愤怒的话语和咄咄逼人的挖苦，然而他们不为所动。唯一动的是他们的心思，在思考自己怎样能够利用对方的这种攻击性。相信我，现实中发生过不少精神病态者成功使红色性格人把怒火转到别人的头上并借此让自己获益的案例。

红色性格人的盲点是……

粗野、傲慢、攻击性强、对人冷酷而轻蔑、不擅倾听、行事太过匆忙、把人吆来喝去、控制欲强、不容异议、以自我为中心。

我们就举个非常简单的例子吧，这种例子在随便一个校园里都见得到。

男孩 A 个头小但十分聪明，经常挨男孩 B 的拳头，于是去找学校里最臭名昭著的刺儿头男孩 C。后者是出了名的脾气暴躁，一点就着。男孩 A 告诉男孩 C：男孩 B 说了 C 的坏话。C 立刻火冒三丈，马上去揍了 B 一顿。就这样，A 不必出手就向 B 报了仇。他充分地利用了 C 攻击性强这一特点。事后，他尽可以去找 B，向其表达慰问。

这个例子或许平淡无奇，但同样的心理学原理可以用在更大的事情上。举个例子，假设你认识几位业界领军人物，其中一个报复心很重，人尽皆知，那么此时你就拥有了一个绝佳的操纵机会。倘若你能对此人的攻击性加以引导和利用，就相当于掌握了一个有力的武器，比如，可以借它来除掉最让你头疼的竞争对手。关键就是注意别被卷入他们双方的交火就好。

既然我们说到了交火，顺便也想象一下吧：万一男孩 A、B、C 各自是拥有大规模军事武装的国家领导人呢？呃，太可怕了。

然而对于精神病态者来说，要对付红色性格人的话，上上之策是利用这些人的内疚感（是的，红色性格人也是有良心的，即使你可能并不这么觉得），再就是大着胆子不按套路出牌。通常来讲，红色性格人身边都是些行事风格比较低调的人。但是请诸位想一想：万一他们哪天碰到了一个不仅一点也不低调，反而还大胆与他们对视的人，事情又会怎样呢？

让我们来看一个案例。

迈克与佩妮拉的故事

迈克在一家传媒巨头任职。自新老板上任以来，公司的运转节奏就变得极快。迈克不喜欢踏踏实实地工作。他对自己拿的高薪很满意，但要说到干活，他还是宁愿躲到一边让别人来。他热衷于参加重要的会议，因为那时他可以吹嘘自己，告诉所有愿意听的人，他对公司来说是一份宝贵的财富。有几个同事很快就看出了迈克的行事作风——他爱抢别人的功劳，有不好的事时他却总是溜之大吉。

但是他的新老板还没有看穿他的把戏。新老板叫佩妮拉，是公司新上任的 CEO。迈克观察了佩妮拉一段时间，发现她非常强势，动不动就生气，也不避讳在公众场合批评下属。她会打断正在进行中的会议，径直走过来，然后接手主持会议。她跟每个人都紧急要过资料。在走廊里大喊大叫对佩妮拉来说并不是什么难堪的事。她似乎完全不在乎其他人的反应。公司的大老板让她负责公司内部的清理整顿，创建出稳定和盈利的局面。一年之内，佩妮拉眼皮都不眨一下地辞退了三分之一的员工，并且差不多是亲历亲为地招聘进来新的成员。每一件小事她都牢牢地把控在手里。

迈克依然什么正经活儿也不干，反而还拿着公司的钱去高级餐厅吃午餐、带重要客户参加会议。散会之后便把这些会议的讨论结果和一应后续跟进事务扔给别人去处理。然而，什么活都不干的人怎么可能蒙混过关呢？所以，迈克这样下去终究会有败露的一天。

佩妮拉进公司之前，迈克对待每个同事的方式略有不同。他对每个人的弱点有着天生敏锐的洞察力。那时的他经常找其中一位高级经理痛哭，哭诉自己职责太多，压力太大。这样一来，那位经理就会主动接过迈克手里的一些工作。在另一位经理面前呢，迈克却始终笑容满面，又是在他入座时体贴地帮他拉开椅子，又是给他端茶倒水。这一系列举措使迈克看起来是个真正的大好人，而这正是这位经理所看重的。于是每当有人质疑迈克没有工作产出时，都有这位经理做他强力的辩护人。

可是迈克心里明白，佩妮拉不会吃他这一套。要是他帮她拉开椅子，她反而会心生疑虑。逢迎讨好在红色性格人身上不起作用。倘若迈克说自己工作太多了，佩妮拉不过会回之以"大家都有很多工作要做，所以你得更加努力才行"。 因此，迈克不得不对佩妮拉采取另一种策略。

迈克意识到新上任的 CEO 是根难啃的硬骨头。但是他并不情愿为此换工作。他已经在这个公司干了很多年了，待得无比舒服，不想挪窝。所以迈克必须想出一个办法来保护自己在公司的这个安乐窝免受佩妮拉的掌控。暗中观察佩妮拉一段时间之后，迈克萌生了几个想法。关于别人对自己极端强硬的行事作风作何感想，新 CEO 似乎完全弃之不顾。因此，迈克的应对之策既机智又简单。公司里的其他人在领教过佩妮拉的强硬对待之后，大部分人都会对其敬而远之，这是自然而然的反应；

迈克却反其道而行之，故意拉近自己与佩妮拉之间的距离。

他请求以后自己直接向她汇报，尽管他们之间实际上至少还隔了一个管理层级。迈克已经意识到了佩妮拉具有传说中的"全局视野"。她能看到整体的框架和条理，但这也使得她很难看清楚自己眼皮子底下的事情，她会漏掉重要的细节。因此，迈克把自己放在离佩妮拉非常非常近的地方。这样一来他就可以掌握她的一举一动；与此同时，万一自己的所作所为不巧被她发现了，还能提前得到预警。

佩妮拉头脑十分敏锐，她也想让迈克直接向自己汇报。目前她还没有理由不信任迈克，而迈克又很会捡佩妮拉想听的说。他很快就发现 CEO 喜欢听诸如"成果""快节奏""决心""底线"之类的词汇，于是与她沟通时刻意多采用类似的措辞。他还向佩妮拉表现出自己很钦佩她能够不顾他人的眼光行事果断。这一做法可谓是打了个危险的擦边球——要知道，阿谀奉承对佩妮拉不管用的，她对此类招数免疫。一旦迈克用恭维话吹捧她的形象，她就会立刻产生怀疑。

然而迈克心里可贼着呢。同样意思的话从他嘴里说出来成了：他希望自己能更理性，能更专注于目标而不被情感所左右，做起事来更像……佩妮拉。然后他就再不多说了。他并不期待收到任何反馈或者类似的话。现在他已经在佩妮拉的心中埋下了一颗种子——他对她心怀敬意，说不好甚至还是崇拜呢。

迈克为什么要那样做呢？他怎么能走如此一招险棋？精神

病态者对人内心的需求有一种本能的感觉。一个篱笆三个桩，即便是非常强硬的红色好汉也需要三个帮啊。尽管他们会顶着争议做出决定，但他们并非完全麻木不仁或不近人情。他们很务实，即使工作再难压力再大，他们也会忠于职守。然而，此时佩妮拉突然遇到了一个对她时而粗鲁的作风表示钦佩的人。迈克与公司里其余所有的员工不同，他没有表现出对她的畏惧（他确实也不畏惧——精神病态者什么都不怕）。这样的"胆识"会令佩妮拉另眼相看。

一次还不够，迈克故伎重演了几遍。他对佩妮拉说："这种话你或许不爱听，但我依然要说，我真的很佩服你让公司重新走上了正轨。"这次他同样没有采用直白的奉承。而且，迈克还给自己留了余地，表达了他明白自己可能有点越界了的意思，这样就避免了佩妮拉发火。他把自己隐藏在坦诚的面具之下，即使是佩妮拉也招架不住这样的"坦诚"。于是她很快就不知不觉地降低了对迈克的戒心，把他当作自己的盟友，觉得自己不需要留意考察迈克的表现。

怎么会现出这种情况

对于乍一看似乎油盐不进，眼里只容得下自己想法的红色性格人，若是有谁动了想操纵他们的心思，要迈出第一步无疑需要勇气。只有那些做好了心理准备，甘愿冒巨大风险的人才敢尝试。在某些情况下，这将是蠢到家的做法。尤其当对方是只要愿意就能随心所欲地开除你的大老板时。

啊，抱歉，我们又在进行逻辑思考了。之前说好了不会这么做的，因为精神病态者跟咱们的思路不一样。假如你我要一起去见一位以憎恶马屁精和当众奉承而闻名的大老板，恐怕咱俩会双双吓得瑟瑟发抖。那就跟闯进狮子的巢穴，打算把饥肠辘辘的野兽当小猫小狗来抚摸一样。倘若没有足够充分的理由，没人会那么做的。

然而，对于精神病态者来说，这不过是个游戏而已，而且这个游戏玩起来一点也没有让他感到紧张。他意识不到自己冒了任何的风险。万一露了馅，他只会不当回事儿地耸耸肩；若是自己被解雇，他还会不慌不忙地展开谈判，好为自己争取一笔可观的遣散费。红色性格人需要知道这一点。他们可能被不拿危险当危险的人完全骗住。精神病态者周身散发出异于常人的自信；对于这种十分自信的人，红色性格人不仅会注意到，而且往往会看重甚至钦佩这一点，觉得终于找到同道中人了。

尽管红色性格人可能的确意识到了对方在奉承自己，但是他们或许仍然心存一丝敬意，觉得自己的搭档或者下属竟然有勇气做到。如果非要说红色性格人看重什么的话，那就是勇气和自信。只要知道方法，你甚至可以一个"爱"字都不用说，就让红色性格人以为你爱他们。

专门针对红色性格人经常被批判的方面给予赞美的做法，

会让这些人很受用——不过记住，要做得巧妙而隐晦。例如，许多红色性格人都听说过别人觉得他们是麻木不仁的混蛋。但这些人认为自己不过是做了该做的事，或者是说了该说的话而已。我经常说，红色性格人能够忍受大家不喜欢自己的事实，然而这并不意味着他们就喜欢这样。某些红色性格人固然可以认为，自己作为一个冷峻强硬的领导，让下属害怕是无法避免的，然而即便是红色性格人，内心深处也和其他人一样希望得到别人的喜欢和尊重，只不过他们把这一点表现出来的方式与其他人相比有所不同而已。因此，若是有人敢于向红色性格人表露欣赏之意，这个人就等于是掌握了一个操纵红色性格人的有效手段。

另一个有效的手段

你也可以逼红色性格人收回最恶劣的行为。假如我心里清楚，我那位红色性格的老板时不时就会跟周围的员工小发一通脾气，而我出于某种原因并不想在本周经历这种情况，那么我能够通过运用一种被称为"负荆请罪"的经典操纵技巧来先发制人，因为即便是红色性格人也还是有良心的嘛。

让我们来看一看迈克那边怎么样了。

回到迈克与佩妮拉的故事

有时候，即便是迈克也不得不在佩妮拉面前现出自己的原形。自己负责的一个项目完全搞砸了，他心里清楚必须在会议上向 CEO 汇报这些倒霉催的消息，而需要一个能防止佩妮拉冲他发火、责骂的方法。我们知道，迈克已经以"实话实说"的个人形象获取了佩妮拉的信任。纵然她是红色性格，情感和想法丝毫不外露，但她确实并非冷血动物。

这是迈克的第一次试探。他开场先说："现在你肯定又要生气了，肯定的。"这样说是因为佩妮拉已经开始喜欢迈克了，她并不想故意伤害他，所以她尽全力控制着自己不要发脾气。项目进展的消息不怎么样，很糟糕，但是迈克说他知道怎么解决这个问题。他转身就开始着力描述需要一个什么样的人来收拾残局。自然，他是照着佩妮拉来描述的。

佩妮拉把迈克的行为当作是对她强硬性格的进一步认可，她从迈克手里接过了善后的工作。而迈克则以近乎奇迹的方式成功把一个肮脏的烂摊子"委派"给了自己领导的领导——一个当时在公司内部已经获得了"母夜叉"外号的人。不仅如此，由于迈克此次成功地逃避了被痛骂一场的命运，所以下一次他还会这么干。现在他知道了，佩妮拉在愿意的时候还是可以控制住自己的脾气的。当佩妮拉投身于收拾烂摊子的工作中时，迈克却在高尔夫俱乐部优哉游哉地吃着午餐——当然啦，是记在公司账上的。

　　佩妮拉心里非常清楚别人觉得她很是粗鲁无礼。这确实在一定程度上困扰着她，尽管她并没有对人表现出来。她想把工作做好，她在自己的职权范围内尽其所能，好做出成绩给公司的股东们看。她其实很满意自己在和迈克开会的时候成功避免了一场怒气爆发。实际上，她还对迈克抱有一点感激之情，因为他让她保持了冷静。经过这件事，迈克进一步拉近了与佩妮拉的关系。

　　迈克继续拐弯抹角地一点一滴地恭维着佩妮拉，但是他从不公然这样做。例如，他知道佩妮拉听得进去高级管理层的某些成员的话，于是刻意向这些人员简略地发表自己对佩妮拉的评价，其中包括了向财务总监提起他对 CEO 全局视野的钦佩。这位财务总监是蓝色性格，为人诚实；迈克的这句话最终会在某个时候通过他传到佩妮拉的耳中——"你知道迈克说了什么吗？"这一招极为高明，因为它不会让迈克看起来像个马屁精。正相反，他没有直接去奉承佩妮拉，因为他知道她不喜欢这样。

　　迈克仍然什么工作都不做，拿不出成果来。他靠偷奸耍滑，拿着高薪，开着公司租来的豪华汽车——他跟家人说这车是他自己买的，邻居们也全都以为这是他个人的车。这样正好，因为他喜欢让别人高看自己。

　　有一次，公司的一位大客户打来电话投诉，声称所有交付给他的东西都货不对板。迈克设法让电话都转到了自己这里。客户反馈的信息是正确的，他没有去协助客户，他甚至一根手指也没动，因为那将意味着大量的工作——他一点也不打算做的工作。现在不得不采取点行动了，于是他去见佩妮拉，装出一副畏畏缩缩的样子，说恐怕她要为此炒他的鱿鱼，因为当时的事态真的已经极为严重了。

如今的佩妮拉已经习惯了迈克"负荆请罪"的伎俩（她自己甚至都没发觉这一点）。她心里明白自己已经在公司换掉了多少人，所以当场暗自决定无论迈克要跟她说什么，她都不会辞退他。迈克甚至成功诱使佩妮拉向他承诺不会把他开除，然后他才终于说出了那个句句都意味着灾难的消息。当然了，他早已准备好了一套解决方案的提案。

于是，迈克又一次蒙混过关，他的把戏又可以再多耍一段时间了。

教训是什么

跟红色性格人打交道的秘诀在于，什么事都不能做得太直白了——手段娴熟的操纵家们明白这一点。他们从不直奔事情的实质，而是把自己的行动隐藏在别的什么东西后面。毕竟，你要是做了什么傻事，红色性格人会立刻和你对质的。

精神病态者的惯用伎俩是不按套路出牌，打对方个措手不及。伴随情感麻木所滋生的狂妄让他们甚至能够在红色性格人身上得手。一旦这类人骗取了红色性格人的信任，后者将被前者牵着鼻子走，前者说什么都同意。红色性格人压根不会去检查精神病态者的言行是否一致，因为细枝末节的事情令他们厌烦，而且他们不喜欢回顾已经过去了的事情。精神病态者所用的秘诀就是敢于招惹红色性格的人。但正如我之前提到的——精神病态者能面不改色心不跳地在自己领导的领导面前睁着眼睛说瞎话。他们不会因紧张或羞愧而满面通红，也没有任何精神紧张的其他表现。确切地说，这种人根本不知道压力为何物。（他们觉得这就跟打电话叫出租车一样简单——能有什么大不了的吗？）

与此同时，红色性格人又不爱寻求帮助。万一他们察觉到事情有些不太对劲，会亲自出面试着去解决，因为这些人天性里带有一点孤狼精神，喜欢独自行动。这对于操纵大师来说可真是个好消息——如此一来，在红色性格人真正得到他人帮助之前，精神病态者们可就有大把的时间给他们的受害者灌更多的迷魂汤了，而且还是一样的配方，一样的味道。

那么，迈克在佩妮拉的眼皮底下滥竽充数了多久呢？是这样，这个例子是基于真实案例改编的，而据我所知，他在那家公司逍遥了将近十年之久。当佩妮拉终于揭穿了迈克的真面目之后，整个事件在公司里引起了轩然大波，我和我的同僚不得不花半年的时间来帮他们做心理疏导。迈克造成的影响混乱而深远，几乎无法估量。情况最糟糕的时候，公司所有的人都在相互猜忌，人人自危。

精神病态者如何操纵黄色性格人

　　黄色性格人的弱点在很大程度上就是他们拒绝谈论自己的弱点。这么做会令黄色性格人非常沮丧，他们认为人们通常太过于关注消极的事物了。难道大家不都应该开开心心、积极阳光吗？是，能够看到生活中光明美好的一面有时候确实是一种优点，但是倘若你看到的是一堆垃圾，你也应当有能力直面现实，能够应付得来。

　　黄色性格人属于典型的爱交际人群。广泛而有趣的人际关系对于他们来讲是再好不过的了。这种人喜欢身边几乎时时都能有人环绕着，也喜欢和各种不同的人密切交往。这种状况是非常有益的，因为黄色性格人能从他人身上汲取能量，同时也将回馈给他人不少的活力。他们想要的是快活、大笑、四处鬼混。然而这有一个缺点：黄色性格人往往需要别人给他阳光他才能灿烂。如果没有许多人与他们互动，他们的真实水平就难以发挥出来。倘若接收不到他人给予的任何刺激，黄色性格人的新奇点子之源就开始慢慢枯竭。曾经的乐趣全都一去不返——没有天可聊，没有日子可混，没有欢笑与他人一起分享，身边再也没有人众星捧月般地环绕着自己。

黄色性格人百分之二百爱交际，这是导致他们栽跟头的关键原因。没什么人可以陪他们随心所欲地聊天时，黄色性格人很可能像到了世界末日一般难过。由于这类人不聊天就活不下去，所以必须有人来当他们的听众。当一个聪明的精神病态者决意要操纵某个黄色性格人时，首先做的就是把受害人与其他人隔离开。他们会把黄色性格人与朋友、家人隔离，不让他们参与各种各样的社交活动，比如下班后的聚餐。就这样，精神病态者一点一点地切断了黄色性格受害人的关系网，把他们一步步拉进自己的牢笼。

这种做法给精神病态者带来的好处是显而易见的：当受害者身边没有可倾诉的人时，他们就能扮演起唯一的倾听者的角色、唯一一个真正关心受害者的人、一个尽管受害者有种种的缺点和不足却仍然欣赏他们的人。（精神病态者绝对已经事先告诉过黄色性格人他们有哪些缺点和不足。）精神病态者会扮作唯一还愿意留在黄色性格人身边的人。这样一来就使得自己在猎物心目中的地位无人能及——要是眼前这个人（其实是精神病态者）也抛弃他们可怎么办呀？那样他们不就孤身一人了吗？

可是精神病态者是怎么做到这一切的呢？答案很简单，也很具有灾难性——通过利用黄色性格人的弱点来对付他们。那么黄色性格人的弱点有哪些呢？咱们来看一看。

黄色性格人的弱点

　　自私、肤浅、以自我为中心、过度自信、光说不练、三心二意、粗心大意、健忘、易怒、敏感、缺乏条理、稀里糊涂、喋喋不休、不懂倾听。

　　笔者甚至还能列出更多的缺点，不过当然了，并不是所有这些缺点都适用于每一个黄色性格人，也并不是任何时候都适用。要是我们胆子够大，拿着这一串清单给黄色性格人看，他们绝对会火冒三丈的，或者甚至有可能伤心欲绝。这就给了我们其他人一个重要的武器。不过，我们未必就会用它，因为我们不愿故意让他人伤心，不想伤害他们，不希望惹他们生气。

　　然而，换成精神病态者就不一样了。他们不在乎别人的感受。不管挑明这些缺点会让黄色性格人有多难过，对于他们来说其实都无所谓。无论代价几何，精神病态者都要得偿自己所愿。在这些人看来，就算害得黄色性格的朋友或者伴侣在深夜伴着眼泪入眠，又与他们何干……人生不如意十之八九呗。

　　精神病态者为了欺骗和操纵而采取的手段之一是向受害人"告密"——专挑受害人特别喜欢的人，诬陷他们说了某些贬损受害人的话。这可真是背后一刀啊！接下来，精神病态者的大戏就要上演了。

让我给你们举个例子：

拉尔斯与安娜的故事

拉尔斯是个乐乐呵呵、积极阳光的人，他和谁都能聊到一起去。他坦率开朗，生性快乐，嘴角总是挂着微笑。似乎人人都喜欢他；即便有时他可能有点自我，但是他跟大部分人都挺合得来。最近，拉尔斯和一个叫安娜的女人开始交往，她是个精神病态者，很快就摸透了拉尔斯的性格。当然了，拉尔斯本身也不是高深莫测之人。他对什么都很坦诚，或许有点太坦诚了。安娜很快就把自己模仿成拉尔斯的翻版，让拉尔斯觉得和她在一起舒服又自在。她又说又笑，一言一行还准确地拿捏了粗鄙的尺度，好让拉尔斯觉得她够带劲。

出于某种原因，安娜想把拉尔斯据为己有，这样就能完全控制他了。到底是出于什么原因，我们暂且不论。可是拉尔斯的交际圈非常广，他好像谁都认识啊！安娜必须先找个地方下手。

于是，安娜向拉尔斯"告密"：他最好的朋友西蒙曾说，他已经开始厌倦拉尔斯没完没了的夸大其词了。拉尔斯心里很清楚事实确实是这样的——自己的确添油加醋得有点过了头——可是自己喜欢夸大其词是想让某些事情听起来更吸引人们的眼球。他这么做并不是为了故意招谁烦；他就是习惯了而已。尽管拉尔斯并没有任何恶意，但他很可能会相信西蒙真的对他的言行有意见。

安娜让拉尔斯放宽心，说这没什么大不了的。然而在接下来的一周内，拉尔斯又从安娜那里得知西蒙现在觉得他在社交场合话太多了，不给别人留说话的机会。至此，拉尔斯心里真的开始难过了。一部分是因为他对批评极度敏感，这个特点安娜早就发现了；另一部分是因为西蒙本是他很要好的朋友，这让拉尔斯愈加伤心，感觉就像被人从背后捅了一刀。

最后，拉尔斯把整件事仔细思量——其实这件事听起来极为怪异，西蒙真的说过这样的话吗？可是，他目前也没有任何理由来怀疑安娜。她还跟他说了西蒙的其他几件事，听起来百分之百可信。

此时的拉尔斯忧心忡忡。他决定找西蒙谈谈，问个清楚，然而安娜阻止了他。安娜早早就发现了拉尔斯的另一个特点：不喜欢冲突。所以她质问拉尔斯："你并不想引起争端吧，难道你想吗？"进而建议他们俩最近都不要再接触西蒙了，让他自己一个人去消化情绪。"毕竟西蒙最近脾气确实有点不好，消沉得可怕，我也搞不明白他到底是怎么了。或许他只不过是最近日子不好过罢了？这段时间让他一个人静一静吧，他会回心转意的，你不觉得吗？"安娜说的话听起来有一番道理，拉尔斯同意了。实际上，他还对此相当满意，觉得这种时候身边还有一个人能进行理性的思考。

很快，安娜就把西蒙踢出了局，而且她把整件事情伪装得看起来像是西蒙自己做出的选择——然而实际上她才是这一切的幕后主导者。当然了，这不是一蹴而就的，整个过程可能要花几个月的时间。但是，安娜有的是时间让西蒙和拉尔斯慢慢疏远，直至断交。

　　与此同时，安娜也没让拉尔斯闲着，给他找了其他事情来做。但是拉尔斯很痛苦。失去西蒙这个挚友感觉糟透了。他们俩相识已多年，西蒙其实是他最最要好的朋友。当拉尔斯跟安娜提出这个事情，并解释说自己无论如何还是要跟西蒙见一面，而且他们俩已经互发了短信，约好了一起吃午餐。安娜决定到时候制造出一点小意外，以有效地阻止他们会面。她才不要拉尔斯和西蒙他俩闹个真相大白呢。

　　到了拉尔斯要去和西蒙共进午餐的那天，安娜要么是找个借口在家大发一通脾气，说拉尔斯不爱她了；要么是她工作上出现了什么危机；再要么就是她突然发现自己得了什么重病；甚至要么是她的某位近亲去世了。不管是哪种状况，拉尔斯都得待在家陪伴安娜，支持她。他一次午餐都没去成，因为他是个善良的人，希望身边每个人都好好的。就这样，每次重新约定共进午餐的尝试最终都以拉尔斯临时爽约而告终。不知不觉地，一整年很快就过去了，这一年拉尔斯甚至都没跟西蒙说过话。

这也太惨了！
但是，事情究竟是怎么发展到了这个地步的

　　黄色性格人对人际关系的流失格外地敏感，这一点是毫无疑问的。这会给他们带来压力，让他们慌了手脚。在这些人心中撒下小小的怀疑的种子，就能让他们深陷六神无主的状态。类似"你就不能别老说你自己那点破事儿吗"这样的评价会让黄色性格人心中产生困惑。是，没错，黄色性格的部分表现就是有点以自我为中心，但黄色性格人也是人啊，他们也必须有做回自我的时候吧，而且每个人都时不时地想吹一吹自己的吗。然而精神病态者会故意致使黄色性格人为此感觉到内疚。他们会没完没了地指出黄色性格人追名逐利、自吹自擂的作风，说这让他们很不舒服。黄色性格人当然不想让别人难受啦，他们会避免再提及自己。很快，他们就不再满怀梦想，不再嘴边挂着对美好愿景的描述，就这样走向了消亡之路。

　　精神病态者的伎俩还多着呢。他们还会把一些陈芝麻烂谷子的事扒出来，声称是黄色性格人说过的事情。当后者表示自己不记得说过这样的话时，前者就会回击：你从来都不用心听我说话。这倒是没说错。黄色性格和善于倾听简直就是一对反义词。黄色性格人自己其实也知道这一点，他们的问题在于自己有太多的话要说，以至于忘了去聆听别人所说的内容。

　　请注意，这里有两种情况，要分清：一种是，向黄色性

格人讲明，当他们不去倾听别人想说的话时，会带来混乱的场面，招致大家的怒气；并请他们少说两句，让别人也能更多地参与到谈话中来。这种做法是在给予黄色性格人反馈意见，而且很可能是以很婉转友好的方式表达出来的，好使他们能心平气和地接受这个建议，或许甚至还能让他们由此改变自己那黄色性格人的作风。但精神病态者的做法就完全是另一种情况了。这些人无休止地抱怨黄色性格人不善倾听的毛病，编造些无中生有的事情，然后声称他们当时又没有听进去这些话。这样的做法是从心理上进行消极的操纵，而那些不达目的决不罢休的精神病态者还真的能做成别人都无法做到的事：让黄色性格的人——无论是他们的男朋友、女朋友或者同事、老板——能听得进去他们的话。当一个精神病态者想要得到具体某个东西的时候，首先做的就是让受害者学会听话。

　　击垮黄色性格人有几种方法。比如反复地说他们应该严肃点，不应该笑这么多，不应该一天到晚游手好闲，别嘻嘻哈哈没个正行。几乎黄色性格人开出的所有玩笑都能点燃精神病态者伪装出来的怒火，借口他们是种族歧视啦，大男子主义啦，或者女权主义过头啦，等等。什么都能被他们抓住把柄。你怎么能拿挪威人开玩笑呢[1]？你竟然拿生病的孩子来说笑？刚才关

---

1 瑞典、挪威等几个北欧国家之间的民众经常互相调侃。例如，挪威人在相邻几国人民眼中的形象是乡下人、暴发户。——译者注

于穆斯林女性的话真的是从你嘴里说出来的吗？你怎么可以这样，真是太不成体统了！你没看到大家都是什么反应吗？于是，幽默——这个黄色性格人的核心特质，就这样被瓦解、吹散。到最后，所有人都觉得他们跟变了个人似的，变得越来越无聊，越来越古怪。因此也会有越来越多的人和他们慢慢疏远。

拉尔斯和安娜最后怎么样了

和安娜在一起一年半后，拉尔斯整个人都变了。西蒙已经完全从他的世界里消失了，随之而去的还有拉尔斯的整个朋友圈子，他十分想念这些朋友。然而他们背弃了他，他们不再喜欢拉尔斯了。问题是，现在拉尔斯已经痛苦地以为自己是个很糟糕的人，所以要找到新的朋友实在太难。拉尔斯以前真的从没意识到他在别人眼里是个只为自己考虑的自恋狂。

每当他和安娜在外就餐或参加派对之后，她都要说出他这回又犯了哪些错误，例如打断了甲先生或者甲太太的话，对乙讲了不合适的笑话，与丙小姐交谈时间过长等。或许拉尔斯确实和丙小姐聊得太久了，但那是因为他俩互不认识，所以拉尔斯想抓住机会和一个不知道自己糟糕底细的人聊一聊。他觉得能有人和自己说说话，真让人如释重负，而且她整晚都被自己那些傻乎乎的把戏逗得哈哈笑啊。

安娜心里很清楚拉尔斯和别人聊得分外开心，所以想让整个事情变成一次不好的回忆。于是，她回家之后大闹了一场，指责拉尔斯公开与丙小姐调情。安娜哭得梨花带雨、声嘶力竭；当拉尔斯怪她是在乱吃飞醋时，她说自己太爱他了，太害怕失去他了，并问拉尔斯："你能不能向我保证以后再也不和她说话了，求求你了？"整个事件让拉尔斯十分愧疚，便当场应下了这一疯狂十足的承诺。

打翻了醋坛子的这场戏当然是假的——精神病态者才不会有嫉妒的感觉。只有安娜真心喜欢拉尔斯，或者至少是比较在乎他时才会吃醋，但现实中这只是幻觉一场。相反，她和他之间是控制与被控制的关系。（实际上，安娜不在家的大部分时候都很可能是出轨了。我在前面说过，精神病态者通常性关系混乱，安娜恐怕也不例外。而另一边，拉尔斯又对细节太粗心大意了，即便安娜回家时文胸穿反了他也不会察觉到。）

安娜的这种手段持续耍了几个月后，拉尔斯几乎都没有勇气再出门了。他现在更愿意待在家里，周末时则安静地坐着看电视。只不过看的不是体育节目，因为安娜不喜欢看球赛——她更希望看黑白老电影。拉尔斯觉得那无聊透顶，但是只有这样才能让安娜愿意挨着他一起坐在沙发上。事到如今，拉尔斯极为渴求与他人接触，以至于尽管他对安娜非常不满，却还是愿意为取悦她而去做任何事情。毕竟，如今她就是他的全部了。

我们能总结出什么教训

第一步：孤立受害者。第二步：批判受害者——"别再没个正经样子""别再这么幼稚""多给我一点关注，再多一些，否则我就离开你"。至此，黄色性格人已被精神病态者牢牢掌握在了手中。

让我强调一下：许多人会使用多多少少正当一点的方法来试着把伴侣的旧友圈子推开。其目的通常是为了控制对方，并且往往还有嫉妒的因素掺杂其中。你当然不能坐以待毙。以下这句话我觉得再怎么重复都不过分：如果有人企图控制你，你应该跳出局外，自己好好想一想，他或者她为什么会做出那些行为。你得马上提高警惕，当心他们通过那些行为对你施加影响。很显然，并不是所有使用这种方法的人都是精神病态者。有时候他们只不过是吃醋而已。但你要确保嫉妒的表象背后没有隐藏任何其他原因。

然而有件事情很重要——要记住，纵然不知伤感为何物的精神病态者感觉不到嫉妒，但他们能假装嫉妒。他们学会了说"你不爱我了，我看到你盯着那个女人看，她比我漂亮得多"这样类似的话。可实际上，他们想要的只是控制你。

在拉尔斯的案例中，我们见证了安娜是如何一点一点孤立他的。到这里大家肯定要问了：万一拉尔斯再也不想出门见人，安娜就也被拴在家里了，难道她不会觉得十分无趣吗？不，这个想法大错特错。实际情况是，安娜想去哪儿就去哪儿。要是拉尔斯抱怨她把他撇在家里自己出去快活，她早就准备好了怎么应付。她会说："难道你现在都不想让我做任何我喜欢的事情了吗？你到底是有多自私啊，拉尔斯？"

　　尽管以上的例子是虚构的，但它确实为我们详细展现了一个手段娴熟的精神病态者是怎样害人的。

精神病态者如何操纵绿色性格人

绿色性格人的弱点在很大程度上是害怕冲突。冲突是令人不快的，它似乎隐藏在每一个角角落落。只有爱惹是生非的人才会忙不迭地挑起冲突。逼绿色性格人讲出刺耳的大实话？那可就强人所难了。例如，他们或许不喜欢朋友新买的上衣，可是他们非但不直说，反而还对朋友的穿着品位大加赞扬，说从没见过一件这么有气质的针织套衫。当然了，这么做也可能带来麻烦，那就是当那位朋友主动提出把上衣借给他们穿的时候……

绿色性格的人还害怕改变。他们不喜欢新的计划，尤其是当事态并不紧急的时候，就更不愿意接受变化了。此外，他们也不喜欢成为众人关注的焦点，不愿意被人当众批评。在很多人面前讲话亦是他们不喜欢的——对他们来说，除非是熟识之人，否则 5 人以上就算"很多人"了。这类人性格内向，属于旁观者的类型。有时候想得到他们真实的想法难上加难，哪怕直截了当地问也不行。而且，他们嘴上答应、内心却拒绝这种情况极为常见。

　　绿色性格人对于自己的这些弱点都知道多少呢？这自然是因人而异了。不过，他们最常从别人那里听到的恐怕是"因循守旧"这样的评价。"你从来都不愿意琢磨些新点子，就只会坐在那儿。我们就不能搬个家，重新装修一下，做些改变吗？"不能。在绿色性格人看来，这不都挺好的嘛！改哪门子变？

绿色性格人的弱点

　　害怕冲突；啰唆；因循守旧；固执；爱生闷气；闷声不响；懦弱；消极；临阵脱逃；不负责任；不诚实；当面不说，背后嚼舌；对批评过于敏感；优柔寡断。

　　因此，精神病态者若是想伤害绿色性格人的话，往往将选择这些人对批评敏感和害怕冲突这两个弱点作为攻击点。大体上有两种方法可以拿下绿色性格人。其他方法自然还有很多，但总的来说，绿色性格人容易受到两种特定行为的伤害，具体是两种行为中的哪一种则取决于所涉及的是工作上的事情还是友情或恋情。

　　我们选择私人关系来看一看。绿色性格的女性经常会意识到自己有点有心无力，缺乏主观能动性。倘若她的爱人也是与她相似的绿色性格，那么她不难发现自己只会坐在沙发里幻想未来，却没有一点实际行动。如果他们两个人谁都不主动迈出第一步，那些梦想和规划就永远只是停留在他们脑海里的空想而已。看到这儿，不得不让我们想起了雷厉风行的红色性格人——很矛盾吧？真要说起来的话，让绿色性格人为自己的对立面（红色性格人）的能力所折服，并非不可能。红色性格人个性强势，废话很少，做起任何事情来都干净利落，从不拖泥带水。红色性格人从没有闲下来的时候，他们状态好的时候就仿佛超人化身，能在非常短的时间里完成大量的工作。对这些人来说，搭个篱笆或者刷个车库几乎就是分分钟搞定的事儿。

　　我最好还是再说一遍吧：我很清楚刚才这个例子太简略了，但是我相信你们都能理解其中的要义——打动绿色性格人的方法说不一定就是展现出红色行为。让他们看到，你是他们在困境中可以依赖的人。加上绿色性格人巴不得不必肩负重任，去负责做出一个又一个可能影响长远的决策，因此一有机会他们就会把做决定的事情全部交给别人，这样一来就让他人掌握了决策一切的权利。

　　一旦精神病态者获取了绿色性格人的信任，走近了他们的身边，操纵大戏就要开场了。

　　很不幸，接下来要讲的故事，95% 都取材于真实的案例。

琪琪与伍尔夫的故事

　　琪琪是一位温柔而友善的女士。她离婚了，有 3 个不满 10 岁的孩子。她这样单身的状态刚刚持续了一年多。这并不是她想要的生活。相反，琪琪认为有妻子、有丈夫才算是一个完整的家庭。然而自打离婚以来，她还没有遇到适合自己的那个他。和她约会过的人要么是性格和她太像了——太消极被动了，要么就是性子太急，迫不及待想和她发生关系。

然后她就遇到了伍尔夫。他和琪琪的朋友克里斯蒂娜算是点头之交。他们俩在社区的游园会上偶然碰见，伍尔夫很快就盯上了琪琪。头半个小时里他什么都没干，就研究琪琪，观察她的一举一动、和谁交谈、哪些话题能让她开心。然后他才走上前，向她做自我介绍。他很友善，但同时也很强势。他又是为她端来酒水，又是建议她吃哪些烤串——总体来说，伍尔夫很主动。然而他并没做出任何跟她调情的举动。这倒让琪琪有些吃惊，因为她很有魅力，但凡知道她现在是单身的男人都会试图与她调情。她心里很清楚，游园会上的大多数男人都想和她共度春宵。

伍尔夫的计划要高级得多。他注意到了琪琪害羞的举动，明白她需要时间来熟悉他。因此伍尔夫没打招呼就离开了游园会。不过三天之后他倒是出现在了她常去的一家超市。好巧！他们寒暄了一阵，然后伍尔夫迅速而高效地选好了要买的东西，而琪琪还在货架之间挑挑拣拣，犹豫不决。这一次，伍尔夫那副干脆利落做决断的样子给琪琪留下了相当深刻的印象。她不禁心中暗想：要是我能变得稍微像他那样一些该多好啊！来也匆匆，去也匆匆，没多久伍尔夫就离开了超市。把这种行为如此这般地重复几次之后，伍尔夫向琪琪发起了攻势，邀请她共进晚餐。当晚他们就共赴巫山，一周之内他就搬过去和琪琪同居了。

此时我们还不知道伍尔夫的目的是什么，不过，他若是想找个人让自己蹭吃蹭住，而且时间越久越好的话，就没有谁比绿色性格的女性更合适的了。她将乐意提供协助，乐意供养一个成年人，因为乐于助人是绿色性格人最重要的长处之一。也许他说："我在郊区有套公寓，但郊区生活多无趣啊，咱俩索性每次都在你家见面好啦。"就这样一点一点地，他搬进来了。琪琪被伍尔夫身上的那股干劲儿彻底征服，于是放任他在自己家里为所欲为。他挪走了她最喜欢的家具，在冰箱里塞满了自己喜欢的食物，把她的衣服推到一边，好在衣柜里给自己的衣物腾出位置。而且他还在房前的车道上停了一辆非比寻常的豪华汽车，不过不知道是出于什么原因，倒是似乎从来没见他开过。

伍尔夫控制琪琪的方式与安娜控制拉尔斯的方式完全不同。打一开始，琪琪就不是那种每晚都要出去寻欢作乐的人。她也不会趁孩子们去前夫那儿度周末时请一堆朋友来家里玩。都不是。琪琪是把自己的全部空闲时间和注意力都倾注在伴侣身上的那种人。伍尔夫毫不客气地利用起了她这一点。他让她负责去超市采购，让她给他洗衣服，帮他熨衬衫，打扫屋子，洗菜做饭……伍尔夫把所有自己不想做的事情都交给琪琪去做。这样一来，伍尔夫成功地给琪琪造成了错觉，让琪琪误以为自己在他眼里很重要、有价值。

　　没过多久，伍尔夫就谎称自己的月薪出了问题，说都怪会计部门的人把数据算错了。所以——在公司那帮蠢蛋把事情弄清楚之前，能不能先借他几千块钱过渡一下？

　　如果她同意了，伍尔夫就算是开了先例，只不过这一回他先跟她借了一小笔钱。他不会第一次就狮子大开口地要个 5 万块瑞典克朗。借上几千元还是保险的。琪琪自然是同意了——伍尔夫在她眼里多靠得住啊，他必然会还钱的。可惜还钱这码事并不在伍尔夫的计划之中。他知道自己可以利用琪琪与生俱来的善良。这回只是一个测试，现在他知道了她愿意为他解囊相助。于是他继续一步一步地试探。每每他们外出就餐，他都忘了带钱包，而琪琪回回都开开心心付钱走人。然而，伍尔夫还想继续试探琪琪的底线。

　　一旦琪琪开始给伍尔夫钱，这事儿就没个完了，因为绿色性格人就是这样。一旦她开始帮助他，她就会一而再、再而三地帮助他。

怎样让一个人反为他自己的长处所害

　　精神病态者选择了黄色性格的受害人后，所要做的是压制和改变受害者对自我的看法，这样他们就能操纵受害者。但是绿色性格人的自我意识并不膨胀，他们并不会走到哪儿都觉得自己比别人强。这些人更有可能做的是自己压制自己，并把自己的缺点讲给每个愿意听的人。因此，精神病态者只需要顺着他们的这一性格特质来即可，他们压制自我就帮着压制，他们讲缺点就表示赞同。毕竟，绿色性格人即便不像黄色性格人那样喜欢被人簇拥着，也还是希望身边有人陪着自己的呀。

绿色性格人和黄色性格人一样看重人际关系，与世隔绝对于他们来说是个可怕的威胁。例如，当一位绿色性格的女士照着镜子说自己又胖了时，精神病态者需要做的不过是表示赞同而已。"是啊，也许你是重了几斤。"是个男人都知道体重问题是一道送命题，但对于一个其实想要压制女方的男性来说，他所要做的就是给予肯定的答复——"你长胖了"。这样，她那原本就很弱的自尊心就又一次遭到了沉重的打击。

再比如，她做好饭后问：酱汁的味道真的很好吗？他可能会回答：或许你应该再多加点盐；或者：应该少加点黄油；或者：成品的颜色完全不对；再或者：有点凉了，应该煮得再烫一些。神奇的是，只要一点点否定就可以让一个绿色性格人对自己的表现感到忐忑不安。万一她对他的意见表示抗议，他仅仅需要把嗓音稍微提高那么一丁点就好。精于此道的精神病态者只需让自己的语气稍稍尖锐一些，就能让绿色性格的她感觉到潜在的冲突，忙不迭地躲起来了。因为，像往常一样，她不想争吵。

此外，由于绿色性格的女性重视家庭，也重视家庭的声誉，所以这一点也是个有效的武器。如果精神病态者想得到什么——金钱、独处的时间或者是女方无法接受的过于前卫的性爱方式——他只需要暗示自己有可能会离她而去就行了。她可承受不起那样的后果。不行，她必须证明自己能留得住男人。说到底，孩子们也需要有个男性榜样。男人只需要在女人最软弱的点上施加压力，就能成功逼她去做最不可思议的事情，现实中这样的案例不计其数。

琪琪和伍尔夫的故事是如何收场的

半年之后，琪琪和孩子们已经变得伍尔夫同意他们吃什么他们才吃什么了。至于理由，可能是他只想吃鸡肉，或者只想吃牛肉，再或者他只吃素。不管是什么，食品毫无例外全部都由琪琪采购，因为——很不幸，最近伍尔夫找工作遇到了点困难，他没有收入。不过他把车卖了。琪琪曾鼓起勇气问他卖车的钱去了哪里，结果招致了一场剧烈的争吵。伍尔夫假装被琪琪话里隐藏的暗示冒犯到了，然后发起火来——真正的熊熊怒火。那一场勃然大怒让害怕冲突的琪琪心有余悸，以至于在那次之后就再也没敢说过一句反驳伍尔夫的话。

这当然全都是伍尔夫的阴谋。他自始至终都知道琪琪惧怕争吵。对她大声嚷嚷是他的杀手锏。现在他只需要摆出愤怒的表情，她就会让步，同意他的任何要求。事后他还会确保她兑现承诺。但是——我又要老调重弹了——伍尔夫并不在乎他的受害者。我们必须提醒自己记住这一点。琪琪只不过是他可替换的一件资产，再无其他。

在这个案例中，主要牵涉的是生活开支的问题。伍尔夫喜欢看电视。琪琪上班的时候他就在网上一部接一部地看电影，单这一项每个月都要花掉好几千块钱，而且全都记到了琪琪的账上。加上伍尔夫的其他兴趣爱好——比如和哥们儿们去酒吧，致使琪琪原本就不多的存款渐渐告罄。伍尔夫对这笔花销的说法是，看在上帝的份儿上，他都已经时运不济、有段时间没班上了，总得偶尔出去见见人吧。伍尔夫甚至还采取卑鄙的手段逼琪琪花光了给孩子们存的钱——那些钱可是琪琪在认识伍尔夫之前，用了好多年才攒下来的。

事到如今，琪琪为自己的财务状况忧心忡忡。她一个人的薪水并没有多少，还要被伍尔夫拿去挥霍。例如，他会给自己买高档的服装，而且还是只买不穿的那种——谁让她把信用卡的密码给了他呢！

琪琪不得不再一次和伍尔夫提钱的问题。她怕极了他会突然暴怒，但是她别无选择；她破产了，只能硬着头皮找伍尔夫谈。身为精神病态者，伍尔夫从没有考虑过有朝一日钱用光了的时候他该怎么说。所以他临场发挥，厚颜无耻地建议琪琪去银行贷款。琪琪吓了一大跳，因为她父母一向告诫她，不到万不得已千万不要让自己背上债务。

　　然而伍尔夫很狡猾。他反问琪琪：你都多大了还让父母管？看在上帝的份上，你马上就要 40 岁了！现在你难道不应该挣脱父母的枷锁，生平第一次在经济上由自己拿一回主意吗？我相信你，我知道你能行的。伍尔夫的这些话增强了琪琪原本脆弱不堪的自信心，抚慰了她的心灵。伍尔夫还说，她能够完全靠自己做到这一切。当然了，他也会帮她的。很快他就也有工作了，实际上他这周就有一个面试。本来想给她一个惊喜的，所以之前没有提起。

　　所有这些话都是伍尔夫自然而然地随口说出来的，因为对他来说编故事就如同呼吸那样简单。琪琪听了之后欣喜若狂。他要面试去工作了！她给了他一个大大的拥抱，并承诺第二天一早就去银行办贷款。此时的她觉得，所有问题都会解决的，他们的生活很快就能回到正轨。

　　最终，琪琪在伍尔夫的建议下借了 5 万瑞典克朗。钱刚一到琪琪的账户上，伍尔夫就开口说要分一半给他。琪琪想不通为什么——家里的一切开支其实都是她在承担啊，她还有一堆账单急需支付呢。然而伍尔夫狡辩道，要是他手上也有一点钱，琪琪就不必一直为他分摊开销了，不用再帮他买任何东西，这样能让她轻松一些。于是琪琪不情愿地把借到的钱分了一半给伍尔夫，谁知他两天就花光了，而且解释不了都花在了哪里。这一次，他自然是立刻又开始纠缠琪琪把剩下的钱也给他。

　　事情就这样循环往复。伍尔夫说服琪琪一次又一次地贷款，数目越来越大，直到银行拒绝再借给她一分钱。当琪琪最终沦落到负债累累、身无分文的境地时，伍尔夫就会凭空消失。也许是某天趁琪琪上班不在家时一走了之；也许是捏造出什么理由来对琪琪大吼一番，让本已在艰难维持的她愈加崩溃。不管是哪种方式，总之他将"跳槽"到另一个愿意供养他一两年的女士那里。被他撇在身后的，是一个处于毁灭边缘的孤零零的、小小的家庭。琪琪永远都不会有勇气跟别人承认自己去年被伍尔夫骗了整整一年。

教训是什么

这个故事听起来过于夸张吗？并没有。这世上多的是一方忙着败家、一方忙着攒钱的两口子。不同个体之间经济状况失衡的现象再正常不过了，比如有时候夫妻双方中一个人的薪水比另一个高得多。暂且不论男女薪酬的公平性，通常来讲，男性是家里挣钱较多的那一个。但是社会大众也普遍认同男性应当为家庭的大部分开支负责，所以这也没什么可奇怪的。毕竟一家人不用分得那么清。

然而那种伴侣中的一方无节制地剥削另一方，自己却一分钱也不出的情况则大不相同。精神病态者会让你把自己的钱包乖乖地双手奉上，他们精于此道。和前面例子中的伍尔夫一样，他们一开始只是小规模地试探，然后得寸进尺，直到触及你的底线。他们将一步步地把你的钱包抓得越来越紧。像寄生虫一样依赖他人生活是典型的精神病态特质。正如我在前面写过的，这些人毫不感到羞耻，也不会因让他人代付钱款而心生愧疚。

　　当然了，有的人就算在做梦的时候也不会把钱给一个自己刚刚认识的人。对于这种人，精神病态者并不感兴趣。他们会拍拍屁股走人，转向下一个受害者。因为，新的牺牲品满世界有的是。

精神病态者如何操纵蓝色性格人

　　这一章的主题很有意思。笔者在此斗胆提出以下观点：在所有性格类型中，蓝色性格的人是最不容易被操纵的。原因很简单——蓝色性格人心明眼亮。你说过什么、没说过什么，这些人心里清楚着呢。他们也能记得各种细节，听到的事情会动手记下来，电子邮件都小心保存好，绝不是脑子糊涂的那一类人。

　　你现在已经知道了，精神病态者撒起谎来可是六亲不认、一视同仁，并且当别人揭穿那些谎言时，他们会编出新的谎话来混淆视听。所以，他们自然也会对蓝色性格人撒谎。但是他们将面临一个显而易见的问题——那些蓝色性格的同事、老板、朋友或者伴侣会看穿他们的谎言，并且用时比别人少得多。因为蓝色性格人习惯于随时了解事实的动态、反复核实各种事情。（没错，你那蓝色性格的老板怕是已经在你不知情的情况下检查了你的工作。这只不过是他们天性使然，并没有什么恶意。这些人就是喜欢了解和掌握事情的进度而已。)

　　假如精神病态者非要通过操纵蓝色性格人来得到什么好处的话，需要用点不一般的手段。提高嗓门喊"事实就是这样"是不管用的！蓝色性格人会去核实精神病态者所说的是不是真的，结果就会发现真相根本不是那么回事。有着理性的头脑、以任务为导向的他们会径直回去找到精神病态者，然后说："你错了。这个问题你怎么解释？"

　　在私人关系中，你不能对你那位蓝色性格的伴侣 / 朋友简单粗暴地说："度假是我掏的钱，五五均摊，你应该给我 1 万瑞典克朗。"因为他们可是会要求看一下票据的哦。这倒未必是他们不相信你，而是因为他们单纯就想看一下票据。(如果钱数不太准确，他们是不会给你 1 万整的；他们会给你 9886.23 瑞典克朗，因为这样才刚好是五五均摊。)

　　这意味着，你不能指望仅仅用老一套伎俩就让蓝色性格人乖乖买你的帐。许多精神病态者会去阅读一些相关资料，不多，但刚够他们装成自己很懂行的样子，以此骗取大家的关注和聆听。然而蓝色性格人不吃这一套。什么事情他们都要深入研究一番。这些人最大的弱点之一其实就是任何事情他们都忍不住要去一探究竟，想弄明白所有事物运作的道理。有时候他们这种做法会惹周围的人厌烦，然而在遇到精神病态者的时候，这绝对成了蓝色性格人的优势。不过请注意，蓝色性格人未必会因发现了精神病态者的伎俩而大动干戈。以这些人的性格，他们不觉得有必要把自己的想法公之于众。但是，虽然表面上没什么，私下里他们却已经拿定了主意——坐在过道尽头的那个人绝不可信赖——并且从此以后都将持定这一立场。

那么，蓝色性格人对操纵免疫喽？

很不幸，并非如此。

蓝色性格人的那些招人厌的小毛病

含糊其辞，因言行生硬而显得粗暴无礼，多疑，爱小题大做，爱发牢骚，鸡蛋里挑骨头，拘泥于细节，优柔寡断，性格内向，冷漠无情，缺乏社交技巧，做事慢慢吞吞，等等。

你看，蓝色性格人要克服的缺点也不少呢。照例，精神病态者会想方设法摸清这些缺点。并不是每个蓝色性格人都对身边的所有人保持戒心，不过他们没有绿色性格人和黄色性格人那么看重人际关系，因此与大多数人比起来，人际关系在我们那些蓝色性格的朋友们的心目中确实没有那么高的地位。这常常是蓝色性格人的优势。他们才不在乎别人是不是觉得自己有点沉闷又乏味呢，甚至还可能对此表示赞同——自己本来就是这样子的嘛。

纵使这一点是优势，却也能像所有弱点一样被精神病态者利用，拿来对付蓝色性格人。

约兰和罗杰的故事

约兰这个人的思维极具系统性。他在一家大公司的会计部门担任主管一职。约兰在那里已经干了很久了，公司里的人都知道他工作从没出过纰漏，他对细节的鉴察力鼎鼎有名。不过，大家倒也觉得他对同部门的人有点不太友好——他从不或者极少参加社交活动，比如员工聚餐啊，下班后跟同事们去酒吧喝两杯啊什么的。原因在于，约兰对自己的同事不感兴趣。他知道工作中有时离不开这些人，但在社交上他还是选择独处。约兰心里当然很清楚人们对他的看法，然而由于他在私生活中有完全不同的社交圈子，因此被外人当成孤僻的呆瓜这件事并没给他造成什么烦恼。

部门来了位新领导，名叫罗杰。他很快就察觉到约兰是个与众不同的角色。他听到每个人都在颂赞约兰那无与伦比的丰富经验和工作能力。终于，罗杰受够了这一套，暗自思量着要是能让传奇人物约兰跌落神坛，那可就太刺激了。于是罗杰请约兰到办公室坐下谈谈。很快，他就意识到对方是块难啃的硬骨头。当时他先是试着赞赏约兰，然而约兰没什么反应——他清楚自己的工作能力，对赞扬以及任何企图拍他马屁的人免疫。于是罗杰又改为用一些有可能存疑的事情来批评约兰，但是后者也不吃这一套——他的头脑十足冷静，看起来镇定自若，并解释说罗杰自己都没搞清楚情况，因为"咱们公司压根儿就不是像你说的那样做的"。紧接着，约兰索性给罗杰上起了课。罗杰可一点都不喜欢被人说教；他对自己的才华深信不疑，不容任何人反驳。于是，罗杰下定决心要好好给约兰一点颜色瞧瞧。

通过观察约兰在公司的一举一动，罗杰很快发现，尽管约兰是业务上的行家，但是他独来独往。这一信号告诉罗杰，他能够在约兰不知情的情况下背着他施展各种阴谋诡计。

说干就干。罗杰单独和每一位员工谈话，想要掌握大家对约兰的真实看法。他很快就了解到员工们都对约兰抱有敬意，但也都觉得他这个人有点冷漠。于是，罗杰开始了他的阴谋。

他不能去故意找个什么严重的错误怪罪给约兰——说约兰犯错？没人会信的。不过，既然操纵约兰这条路不太可能走得通，罗杰就设法去操纵部门里其余的每一个人。他找到员工 A，谎称约兰跟他说某些文件在 A 这里，自己是来取的。员工 A 却一头雾水，答道：那些文件老早就给约兰了啊。这时罗杰就耸耸肩，说："那恐怕是他疏忽了，别放在心上哈。"

过了两天，罗杰又以类似的理由去找员工 B，然后是员工 C、员工 D。每一次他都很小心，丝毫不对约兰的工作能力提出质疑，并且每次找的借口都是极小的琐事。就这样，罗杰很快就在大家心里埋下了一个怀疑的种子——约兰时不时也会出漏子。会计部门里有许多绿色和蓝色性格的人，也就是说，他们不会跑去与约兰当面对质。这一点罗杰在一开始就料到了。他明白性格内向的员工会把很多事闷在心里不说，于是无耻地利用了这一点。

　　罗杰继续着自己的计划，在部门内散播下一个又一个有关约兰的诡异谣言。他把员工 F 叫到自己的办公室"小聊一下"，问 F 最近有没有见过约兰有什么奇怪的行为。F 回答说并没看到什么奇怪的事（约兰还和平时一样，最关键的是，此时的他仍对罗杰的阴谋浑然不知），并问罗杰能不能举个例子。这时罗杰就摇着头说算了，可能是自己多想了。通过这种方式，他在短时间内让部门里的许多员工开始重新审视自己对约兰的印象——他真的是"滴水不漏"的化身吗？一点一点地，约兰身上原本光辉无比的光环越来越暗淡。

整个过程需要付出耐心

　　整个过程将花费很长时间。罗杰意识到自己必须徐徐图之，因为——若是他趁某个上午的茶歇时间冷不丁地爆料，声称约兰一夜之间变成了老糊涂的话，是没人会相信他的。没人会相信约兰突然就老了、不中用了，所以罗杰需要谨慎行事。摧毁人们对蓝色性格人的信任的方法之一，是让他们看起来不可信任。罗杰就是通过操纵周围的人，让他们以为约兰已经变得粗心大意，从而使大家对约兰的信任产生了动摇。

　　这一招数广为人知，比如在政坛就是这样。你不能让政客改变自己的执政理念，但你可以通过质疑他们或者他们的道德品行而让大众不再继续听他们的那一套。虽然我们都知道事实就是事实，你的质疑和他们的执政理念并不真的存在什么联系，但影响我们的往往不是某个观点本身，而是看这个观点是谁发出的。举个例子——笔者先预设读者们都认可温室效应损害环境的理论，在此基础上我们试想一下：假如你见到了希特勒，而他告诉你："除非我们马上禁止汽车的使用，否则整个地球都要完蛋了。"那么你很可能就会开始怀疑自己是不是错信了温室效应的说法，因为——希特勒的话怎么可能是真的？只要是个人都知道他不可信。根据这种"对人不对事"的态度，我们换个人、换个观点，达到的心理效果是一样的：假如你在街角偶遇自己最喜欢的艺人或作家，而她告诉你，我们可以完全无视温室效应那一套，实际上全球变暖根本不是人类造成的；这也会让你开始怀疑自己是不是被"人类活动导致全球变暖"的说法给忽悠了。然而罗杰的手段还要更高明一些，他三下五除二就给自己拉来了几个盟友。

学者罗伯特·黑尔和保罗·巴比亚克（Paul Babiak）把这些人称为"棋子"，即在精神病态者眼里可以轻易牺牲的资源、有利用价值的白痴。这些盟友完全拜倒在精神病态者的个人魅力之下，后者在他们口中永远都是世界上最好的人。罗杰就是这样为自己建立起"可靠的信息传递者"的形象。每当有什么人批判他的时候，他的棋子们就会前来救驾，反而让发表批评的人看起来像是怨妇嚼舌、难以相处。

大多数人都不太能受得了蓝色行为。蓝色性格的人具有一种不可思议的控制力，通常不会出任何差错。与其说在他们身上挑错，倒不如说更多的时候是他们帮你指出你所犯的错误。如果你能用手段让蓝色性格人挑不出别人的毛病，或许他们才会开始怀疑自己的能力；同事跟他们疏远关系，并不会对他们产生什么大的影响。但是，当你让蓝色性格人无法再高质量地工作时，他们的自信心就会开始动摇。要是你还能骗他们误以为自己真的犯了大错，他们可就免不了要着实头痛一番了。

回到约兰和罗杰的故事

半年之内，约兰累计被发现"犯"了许许多多的小纰漏，大家都注意到了。罗杰也散布了大量别有用心的谣言，内容都和真实的约兰非常接近，真伪难辨。这一切使得约兰的同事们认为，他实际上可能已经不再是曾经的那个能干的他了；这可以理解，毕竟每个人都会犯错。至于造成约兰大不如前的原因嘛，可能是各种各样的事情。罗杰放出消息，要么谎称约兰的家庭关系最近有点问题；要么说约兰跟他的新上司吐露自己已经离婚了，不愿多谈此事，并希望大家还能和从前一样对待他。和往常一样待他倒不是什么大问题，因为反正约兰平时都基本是自己一个人坐着的，所以这样一来就更没人会专门去找他讨论这些流言蜚语了。

至此，罗杰认为已经让员工们都站到了自己这一边，手里有大量的棋子任凭自己调遣，于是他启动了第二步计划。他把所有例会开始的时间都提前了 15 分钟，然后通知了每个人，唯独没有告诉约兰。这样一来，约兰就开始开会迟到，而且奇怪的是，他迟到得很有规律。每个人都发现了这个问题，因此愈发认定约兰越来越不行了。不明真相的群众心里都在暗想：他现在连表都不会看了吗？

终于，约兰去找罗杰，问他为何自己没有收到例会改时间的通知。罗杰说当然给他发过通知了，然后给他看自己发给他的邮件。邮件看起来一点问题都没有，只是罗杰在邮箱地址上动了手脚，使地址看起来是对的，其实是错的，他一个字也没给约兰发。这时，罗杰趁机把员工们对约兰的不满告诉了他——大家说你工作大不如从前了。你能重新振作起来，恢复到以前的状态吗？

约兰无法理解这一连串事件，要求罗杰给出具体的例子。罗杰什么也不说，只告诉约兰反馈意见的员工全部都希望匿名，他们不想直接和约兰沟通。罗杰解释道，万一他说了具体的例子，那么约兰马上就能猜到是哪位员工举报的，那样他就背叛了大家对他的信任。约兰发现这个逻辑他无法反驳，因为他自己也遵守着某些特定的做人原则。

虽然罗杰不说具体的事例，但他向约兰表态：大家都跑来跟我反映你粗心大意的情况太多了，你这么下去可不行。约兰什么也没说，回到自己的桌边坐下。由于他性格太内向了，非必要情况下不太愿意和同事交谈，所以他什么也没做，也什么都没说。他不想和同事们沟通，而同事们呢，因为罗杰散布的有关约兰想让大家"照常待他"的谣言，所以也没想和约兰沟通。

为了给约兰致命一击，罗杰命令他去参加一场职工大会。这迫使约兰十年来第一次在外面过夜，也逼得他不得不参与同事之间相对亲密的社交活动。同事们都开始向他投来会意的眼神，心里则严重怀疑他精神是否还正常。要坚持完整个周末的会议对约兰来说实在是一次太长的折磨。而且，以往如此重大场合的展示汇报通常都是由他来做，但这一次该任务被转交给了另一个人来承担。此时的约兰意识到，自己作为主管的地位已经受到了严重的威胁。

可是他依然跟谁也没有说，一部分是出于他通常不怎么和同事们说话，一部分则是出于他觉得那些白痴们显然什么都不明白，竟然会误解他。就这样，罗杰把越来越多的纰漏怪罪到约兰的头上，最后终于"不得不"把他调到部门的另一个职位上，美其名曰：毕竟不能把如此粗心大意的人安排在责任如此重大的岗位上。约兰依然坚持认为自己没有出任何差错，他现在下班之后整晚都在家一而再、再而三地检查自己经手的每一项工作。他快要崩溃了，因为他想洗清自己的名声，想要他那曾经良好的名声。

如今分配给约兰的都是些低级得多的活，相比他的才干来说实在是大材小用。出于极度的不满，约兰头一次和妻子讲了工作上发生的这些事情。妻子听了后觉得现在这家公司看起来忘恩负义，他应该换一份工作。他为这家公司兢兢业业了这么些年，他们就是这样报答的吗？

事到如今，约兰真的身陷困境。在公司，大家似乎不信任他。妻子则想让他找个新工作。但是他喜欢原来的工作啊，直到一年前他都在公司干得挺舒服的。可现在一切都天翻地覆。于是，约兰不论在家里还是公司都开始显得暴躁易怒，这更加深了他给人留下的极难相处的印象。约兰找到同事们诉苦，把一切都怪罪给罗杰，然而大家是站在罗杰那一边的——他们都是他忠心耿耿的棋子。

为了一劳永逸地把事情说个清楚，约兰做出了终极一搏。他通过电子邮件与领导罗杰约定周一上午 10 点整进行一次会谈。整个周末约兰都在为这次会谈做准备，也许在他眼里，这是他有生以来最重要的一次会谈，他必须借此拯救自己，脱离当前的困境。然而，当他带着厚厚一沓精心准备的辩护材料来到会谈现场，却被罗杰劈头盖脸地骂了一通——"你不能想什么时候来就什么时候来。你一小时前就该到了，为什么这么晚才来？你现在把什么都当成儿戏吗？"约兰感到一阵晴天霹雳，他回到办公室，查看自己邮箱的预约会议日历，上面居然真的写着会谈时间是 9 点整。这怎么可能？其实，约兰不知道的是，罗杰周末来过公司，偷偷修改了他和约兰定好的会谈时间。

这种情况又持续了半年，约兰逐渐没有工作可做，最终落得个被公司以冗余人员裁掉的下场。

我们能得出什么教训

坑害蓝色性格人，即使是对于最狡猾的精神病态者来说也不是一件容易的事。假如精神病态者是个漂亮的女性而对方是一位多年情场不如意的蓝色性格的男士，事情可能会好办得多。以下的例子十分简单，只需想象一下：有位男士四十出头，依旧孑然一身，然后遇到了个漂亮的女人，又说要爱他到永远，又是一心扑在他身上，还对他每一个优点赞不绝口。他从没有过这种经历，要拿下他这种人对于女骗子来说简直易如反掌。由于女性精神病态者还乐于使用性作为武器，因此事情最终可能会变得混乱不堪。

尽管蓝色性格人相对于许多其他人来说没那么依赖人际关系，但是他们却在私生活中拥有非常亲密的关系。爱人、亲友不多，但走得很近。精神病态者若是从这里下手捅上一刀，他们的护甲也不比别人的厚到哪儿去。

9

CHAPTER
NINE

操纵老手们的
"三十六计"

"如果你是认同上瘾者 [1]，那么控制你就和控制任何一个瘾君子一样容易。操纵狂只需要做到简简单单的两步：先给你渴望的东西，再威胁要把它夺走。世界上每个毒贩耍的都是这种把戏。"

——哈里特·B. 布瑞克 [2]

就我个人而言，我极力推崇沟通时采用直言不讳这种做法。例如，当我们需要了解精神病态者将会如何扰乱我们的生活时，遮遮掩掩是讲不清楚的，还是打开天窗说亮话比较好。

---

1 认同上瘾者（approval addict）内心极度渴望得到他人的认同、肯定、称赞，往往为了附和或满足他人而违背真实意愿，牺牲个人利益。这种人内心缺乏安全感和自我价值认同，常担心自己因为不够好而被他人抛弃或者失去他人的爱，所以会不断消耗自己来讨好他人。——译者注

2 哈里特·B. 布瑞克（Harriet B. Braiker），美国心理医生、畅销书作家，著有《取悦症》（*The Disease to Please*）、《是谁在操纵你》（*Who's Pulling Your Strings?*）等心理学科普书籍。这两本书均已在国内有中文译本出版，书名分别为《取悦症：不懂拒绝的老好人》《谁在操纵你》。——译者注

要想看穿精神病态者的幌子，我们需要知道是什么让这种人有了可乘之机，伤害到我们。接下来笔者会举出几个重要的例子来说明精神病态者是怎样对我们实施伤害的。

操纵的伎俩有许多种，专门介绍它们的话搞不好都能写出一整本书来。在本书中，笔者将选取其中最常见的几种予以展示，并对每一种的不同变体进行讲解。每一种手段单独看起来或许并不怎么可怕，但是请想象一下，万一哪个精神病态者同时采用了两种、三种，或者干脆所有的操纵伎俩……后果将会是灾难性的。

既诡异又让人细思极恐的是，大多数精神病态者和除他们之外的操纵狂们都使用相似的手段来达到自己的目的。把我们的生活搞砸就好像是这些人与生俱来的本事一样。来自世界各地的研究结果显示，精神病态者操纵周围人的手段在具体实行上可能各不相同，然而倘若分析一下他们实际使用的方法，你就会发现它们的相似度高得可怕。有时候我都怀疑是不是哪里有个专门的地方在传授这些技术。

随意正强化 [1]

这是什么意思？意思是，对于同一个个体，有时针对其个人给予强烈的认可，有时则又不给予认可；让此人对这种认可产生依赖性，并渴望通过得到认可来获得快感。这是获取对另一个人控制权的一种极为有效的手段。通过利用这一手段，操纵狂能够诱导受害者完全按照他们的意愿行事。

请想象这样一个吸毒人员，他身上的每一个细胞都在高声尖叫，想要吸食某种毒品。然后他拿到了毒品，立刻感觉好多了。但是没过多久他又感到很难受，需要吸更多的毒品。这时的他若是如愿，那么这种循环就会再次重复；若是没能如愿，

---

1 根据美国心理学家斯金纳等人提出的强化理论，当人或者动物的某个行为产生的结果对其有利时，这种行为将趋于重复出现，该过程叫作正强化；行为的结果不利时，则趋于减弱直至消失，称为负强化。正强化和负强化亦称积极强化和消极强化，或者阳性强化和阴性强化。——译者注

很快他就会痛苦不堪。此时，谁手上有毒品，谁就能控制吸毒人员，这就是吸毒者为了获得毒品几乎什么都愿意干的原因。全世界的每个毒贩都懂得这一点。

我们都想寻求某种认同，这样的心理需求是根植于我们人类天性里的。我们大体上是受情绪支配的生物，有的东西能让我们感到开心，正如有的东西能让我们感到难过。

随意正强化这种操纵手法在自尊心弱的人身上极为管用，所以万一你怀疑自己属于这一类人，那你可要十分仔细地往下读。也许你就是需要听到别人夸奖"干得漂亮"的那种人之一；当老板说你某件事处理得很精明时，你就自我感觉良好。虽然有点扎心，但不得不承认，我也是这类人。并不是说我把夸奖看得太重，真说起来我也没有老板，可是无可否认的是，假如某个人给予了我积极评价，并且这个人的看法我一向十分敬重，那么我确实会感觉飘飘然起来。这意味着，我其实很容易受到这种伎俩的影响。因为，也许我单单只对这一个人的看法非常在乎，而这个人恰好就是想操纵我的人。

小白鼠在正强化实验中的表现如何

科学家们用小白鼠做过这样一个实验。他们分别制作了一个黑色的箱子和一个白色的箱子，黑色箱子里四壁都是黑色的，空空如也，只有一扇白色的小门，可以通向白色的箱子。科学家们把一只小白鼠放入黑色箱子。小白鼠可以在黑箱子内自由活动，四处探索之后发现了白色的小门，进入白色箱子。白箱子内有一小块奶酪，小白鼠吃到奶酪，第一轮实验结束。如此重复实验，到第三轮时，科学家们就发现小白鼠从黑色箱子到白色箱子所用的时间已经缩短了。小白鼠每次通过黑箱子成功进入白箱子，就能得到一块奶酪作为奖励，这就是正强化。只要不断给予小白鼠强化，它就会一直重复相同的行为。

但我们又不是小白鼠啊，对吧？

人类小白鼠

假设我是一名普通员工，我的老板极少给我赞扬和积极的评价，反而经常翻旧账，把我曾经没做好的各种事情挂在嘴边。通过前面的章节我们已经了解到了，每个人身上都存在着缺点和不足。这也就是说，只要有人想批评我们，他们总能找得到理由。

许多老板在赞扬员工方面做得极差——简直无可救药。他们大部分时间都在批评下属，不过这倒未必是因为他们心怀恶意：根据我的经验，这主要是因为他们压根儿不会当老板而已，他们从没想过赞扬也是领导工作中重要的一部分。

回到刚才的假设上。现在我换了个工作，新老板对待我的态度很不错。她立刻就发现了我身上的闪光点，夸我做事麻利、精力充沛、有创造力、踏实肯干，除此之外还对我自己也引以为傲的其他 15 个优点给予了赞赏。我感觉自己终于来对了地方，终于有伯乐看出我这匹千里马了，终于有人能真正赏识我的付出了。太好了！

这会给我的行为带来怎样的影响呢？我肯定会想要愈发努力、快速、有创造力地工作啊，好让自己能更多地得到那些令人身心愉悦的积极评价。仅仅在几周内，新老板让我在这份工作中感受到的舒心比我进入职业生涯以来在所有其他工作中加起来感受到的都多。在接下来的几个月里我也一直是这种感觉。

好，现在想象一下，我的新老板变得出奇地沉默。突然之间，我什么积极评价都得不到了。我将如何应对这一变化？从被老板欣赏（好不容易有这一次），认为我是个有上进心的员工，到毫无征兆地忽然被老板以沉默相待。既不给我评价，也不给我关注；每次在走廊遇见老板，她的目光都穿过我而去，仿佛我不存在似的。她也不回答我的问题，看她的表情就好像眼里根本没我这个人一样。

我是什么反应？要是你自己会如何反应？是我的话，会立刻觉得焦虑不安。怎么回事？她突然这样无视我，一定是我犯了什么严重的错误。我该怎么办？时至今日，老板给我的积极评价就如同毒品一般，为了再次得到它，我将会更加卖力地工作。然而又是一个月过去了，度日如年的我依然没有收到任何讯息。于是我开始怀疑自己的能力。会不会一切都是我自己的一厢情愿？会不会之前她对我根本就不满意？

　　这时，老板突然又宣我过去觐见，对我做的某项工作大加赞扬。重获领导的赏识，我欣喜若狂；油然而生的感激之情让我一时间大脑短路，跌跌撞撞地走出了她的办公室。须臾之间，我已然忘了自己最近以来、直到和老板见面之前都是怎样艰难度日。说不好我甚至还会责怪自己在过去这段日子里太过敏感了呢。

　　甚至还有这种可能：我会默默为老板早先的行为找出解释的理由，比如，那是因为她之前并不知道我做出的成绩；因为她最近工作压力大；或者因为她负责的事情太多了，怎么可能清楚掌握每一个人的工作情况嘛。更糟糕的是，我有可能会开始质疑自己的能力。或许我没有自己以为的那么能干。老板之所以不夸我了，恐怕与我没能足够好地完成工作有关。这都是我的错。

　　当你读这个例子的时候或许会想，我就不应当这么迫切渴求老板的关注。难道我就一定要靠别人的认可才能活下去吗？或者也许我可以从其他人那里寻求赞赏呢？好吧，你想得没错，但前提得是：我们是理性思考的生物。然而现在的我已经习惯了从老板那里接受夸奖；当夸奖没有了，我就变得不知所措。毕竟我失去了什么，所以我想把它夺回来。

赞扬是一种激励因素[1]，仅此而已。它能促使我前进；但当我失去它的时候，心里就会觉得空落落的。

请回想一下小孩子的心态。孩子们为了得到父母的认可，几乎愿意做任何事情。他们甚至宁可被父母大吼也不愿被冷落一旁，因为前者能表明爸爸妈妈是在乎他们的。成年人的心态基本和小孩子的相同，只不过情况更复杂一些。我们对他人的认可产生了依赖性，就是这样。他人的欣赏就好像某种毒品，让我们难以戒掉。

我的老板为什么要这样做

现在，倘若我的老板要求我做某件我可能不太情愿做的事，我将本着自己是否能得到赞扬的考虑来判断领导的指示。如果我断定天平的一边堆满了认可，那么我会选择遵从老板的要求，干她让我干的事情。我照做了，于是再一次受到了表扬，心理上也就再一次感到了满足。这让我觉得，似乎这么做也没什么大不了，一切看起来都好好的。就这样一点一点地，我的

---

1 根据美国学者弗雷德里克·赫茨伯格（Frederick Herzberg）提出的双因素理论，影响员工对工作满意度的因素被分为两种：认可、成就、发展机会等与工作本身相关，能够促使员工产生积极态度和满意感的因素称为激励因素；薪资、工作环境、管理体制等属于工作之外的，可能带来员工消极情绪和不满的因素称为保健因素。——译者注

老板如今已经可以使唤我去处理我自己以前碰都不会碰的事情。小到她自己的日常行政事务，大到某些从法律角度看无疑存在隐患的事情，她都可能扔给我去做。

然后我的老板又切换成了静音模式。对我在会议上的发言不屑一顾，完全无视我，再一次表现得仿佛我几乎不存在似的。我的老板通过利用这种手段，让我的情绪大起大落。别忘了，精于操纵之道的老手们喜欢给人创造出不安全感。这符合他们的目的。我的老板之所以那样对待我，也许是因为她想指使我做某件极为不合宜的事，亦或只是想让我更加卖力工作而不求任何回报。总之，她将一点一点地改变我的行为，让我做起自己从前绝不会做的事情来。

（现在试想一下，我举的这个例子要是换成一对恋人，事情会怎样？权利会完全掌控在操纵者的手中。因为，为了留住他人的爱，我们愿意付出很多很多。）

有哪些反制措施

如果你的性格以红色为主，那么这种伎俩很可能会导致你怒气发作。你会觉得，老板的行为太无耻了，去她的吧！总的来看，你对获得他人认可的心理需求较少。而且，你心里非常清楚哪些是你力所能及的，哪些是你力有不逮的。就个人在工作上的表现而言，你在这方面需要的认可比其他人需要的少。

当然了，你也不是完全的铁石心肠，也会想要得到认可，所以倘若你发现了老板的套路，很可能会有那个勇气跑去质问她的行径。面对这种情况，她会矢口否认；那么接下来你可以自行决定要如何看待此事。

如果你的性格以蓝色为主，情况也差不多。你自有一套方法来评估自己的工作表现。很可能你十分清楚自己的工作做到什么程度算达到了高质量标准。你自己的评价才是重要的。此外，你对赞扬也稍微存有一丝戒心。至少，过多的阿谀奉承从来没有吸引过你。这并不意味着红色性格和蓝色性格的人对这种肮脏不堪的手段免疫，只是如果要让这些人达到我在例子中描述的那种不知所措的状态的话，得花更多的时间。由于这两种性格的人是以任务为导向的，所以在他们心里，与老板保持良好关系的需求并不会像其他人那么强烈。

如果你的性格以黄色为主（黄—绿性格、黄—红性格或者黄—蓝性格也同样适用），那么这种龌龊的手段很有可能会让你痛苦不堪。从骨子里你就对他人的认可——尤其是公众的认可——有依赖性，并且一旦得到了认可，你就会非常有满足感。

不过也有人对此持有保留意见。我在工作中遇到的许多黄色性格的人否认自己有这种特质，因为他们知道这种特质会让人觉得他们以自我为中心，还有点幼稚。作为一个成年人，理当能够不待"褒奖"自奋蹄，对吧？然而我奉劝各位还是不要自欺欺人了。你心里清楚赞扬会让自己产生多大的化学反应。

你也清楚当自己突然受到冷落的时候是怎样一种滋味。若是你最看重的那些人没有给予你认可，你将感到身心受创、虚弱无力。还是面对现实吧。

纯黄色性格的人会迫切地在他人的脸上寻找认可的表情。他们希望得到每个人的认可，不过这些人的认可在黄色性格人眼里也分个主次轻重。如果认可是来自于他们的老板，那这些认可就意义非凡了。黄色性格人对自己与老板之间关系的变化十分敏感，而这种伎俩恰恰就是通过频繁改变关系来达到操纵对方的目的。

表扬，静默，表扬，静默。

黄色性格人也许会跟同事们提起这样的变化。不过，得不到老板的赞赏看起来并不光彩，黄色性格人是否真的会提起这个话题，就不得而知了。他们或许会把它闷在心里，因为他们以前曾经四处宣扬说新老板对自己很满意。

黄色性格人也不会有那个勇气去质问老板为何要反复无常，如果他们性格里还带有一点绿色特质的话就更是如此了。在这样的人的眼里，冲突一触即发，他们在公司的时候将感到极度惶恐。就这样一点一点地，黄色性格人也陷入了沉默。

绿色性格的员工也对人际关系上的问题很敏感，但他们自始至终都是有苦只往肚子里咽。首先，他们绝不会去质问老板为何如此，这种做法绝不考虑。不过与黄色性格人相比，绿色性格人遇到的问题没那么严重。原因很简单，因为一开始给予正强化的方式错了。假如老板没有仔细分析绿色性格人，那么他们有可能选择在某次会议上当着全体与会人员的面大声地表扬绿色性格人。换成黄色性格人的话，那真是再好不过了，因为他们享受站在聚光灯下的感觉。然而对于绿色性格人来说，那其实是相当尴尬的一个场面。他们心里想的是，自己被老板当众高调表扬，大家会怎么说？因此，如果老板的这种表扬不再出现，反倒有可能被绿色性格人当成好事一件。不过，如果老板意识到了绿色性格人更喜欢被自己叫到办公室，关上门接受私下表扬的话，他们就会改用这种方式的表扬作为正强化，时而给予，时而剥夺。在这种情况下，绿色性格人的弱点就很明显了。

因此，正强化在许多情况下都是非常可怕的一件武器——也许这听起来有些诡异。这种操纵手段可怕就可怕在，操纵者首先让受害人习惯温暖如春、鲜花环绕的情景；当这一切消失不再的时候，才是苦难的开始。受到过这种操纵的人因无法忍受精神上的折磨而不得不长期请病假或者干脆离职的情况并不罕见，而操纵这一切的老板则会转向下一个受害者，直到他们身边全是唯命是从的人为止。

爱的轰炸

请想象一下，假如操纵狂要对关系亲密之人（例如他们的伴侣）下手，这种时候就不只是黄色性格人和绿色性格人有跌入陷阱的风险，而是所有的性格类型都有危险。万一你还从来没有体验过真正的爱是什么样子，那你在操纵狂的邪恶计划之下不外乎鱼肉之于刀俎，羔羊之于恶狼。

多年来，心理学家们都使用"爱的轰炸"这一说法来形容这种非常阴险的伎俩。它在真正的精神病态者手中是一件极为有效的武器，他们非常善于利用这种手段来对付自己口口声声说"爱你胜过一切"的那个人。

精神病态者可能格外具有魅力，又深知如何利用这一点来祸害人。一开始，他们会先真挚地宣称自己对对方的真爱，毫不拐弯抹角。例如，你与一位女士共进浪漫晚餐（你请客），席间她十分坦诚地对你说，她从没遇见过像你这样的人；在她漫长的一生中，你是她所邂逅的最不可思议的人；她想要和你共度余生。她还特别赞扬了你自己也十分引以为傲的各个闪光点，表达了对你个性的仰慕。她口中所出的赞美之词简直就如一首歌一样美，你不曾听过有谁对你的个性给予这么高的赞扬，从来没有。

你怎么可能招架得住？恐怕你早已经缴械投降了。如果你是红色性格，那么你少不了会听到别人说你有点不近人情。然而现在来了一个看上去对此一点意见也没有的人。如果你是黄色性格，那么你会经常听到人们嫌你话太多，不给别人留说话的机会。可是现在你遇到了你的知音，对方一心只想听你一个接一个地讲有趣的故事，听完后还报以十足的大笑！如果你是绿色性格，她则会说自己超级喜欢你这种有主心骨、沉默寡言、总给人带来稳定感和安全感的类型。而如果你是蓝色性格，总认为自己有点保守、有点无趣，现在却听到对方说你富有条理、充满智慧的头脑简直性感得没边儿……

我知道——当你从局外人的角度来看，一切套路都是那么地简单。可是请想象一下，假如有人赞美你是造物主所创造过的最棒的一个人，而说话的这个家伙正好还是你很有好感的一个人，这对于你来说将意味着什么？再假设，你从早到晚还都会收到小礼物、鲜花、亲昵的表示、暖心的举动、亲吻和赞赏，这对于你来说又将意味着什么？我们现在可是在谈感情哎，所以逻辑什么的就算了吧。你不可能抗拒得了。

问题在于，精神病态者这么做只是在为将来打击你做准备，这打击迟早有一天要到来。也许是半年之后，或者是一年之后——这取决于精神病态者做的是几年的行动计划，或许也取决于你养一只寄生虫之后的经济能力。总之，在某个美好的一天，爱的轰炸突然停止了。此时你可能已经娶了她，或者更糟——她怀孕了。这时的你别无他法，只能跟着她把日子过下去。你没得选择。

一个不断恶化的过程

　　在某个美好的一天，她不再回复你留在她电话答录机上的留言。过去她总在某个时间点给你打电话，如今时间到了却一个电话也没有。以前散步的时候她常常牵着你的手，现在她也不牵了，把两只手都揣在兜里。不仅如此，也许你那亲爱的突然对另一个人报以让你感觉很不舒服的那种微笑，要是你表达不满，她会全盘否认。还有，你们已经一整个星期都没有亲热了，这在以前可是从没出现过的。然后，嘿！高潮来了！她竟然还数落起你的性格来了，要知道以前她对你的性格可是赞不绝口呢。

　　到了这种时候，如果你是红色性格，你将听到她突然开始抱怨——你总是要求按你的方式做事，什么都要你来拿主意，她都要喘不过气来了。如果你是黄色性格，她会控诉你太过愚蠢、懒散，从不聆听你心上人的倾诉。如果你是绿色性格，她则会指责你消极被动、胆小怯懦，一副要在家死宅到天荒地老的样子。如果你是蓝色性格，恐怕你将听到她说你无聊透顶、是个如假包换的闷罐子之类的话。

也许你还会遭受上一条手段中提到的那种不理不睬的对待，这种沉默式打击对于恋爱中的人来说是难以忍受的。如果把它和"爱的轰炸"搭配使用，这一套组合拳打过来，受害者极难招架得住。

形势就这样慢慢地，但无疑的，变得越来越糟糕，甚至一塌糊涂。不过也总会有你重新得到认可，即得到正强化的时候，因为精神病态者需要让你时不时感觉良好一下。所以冷不丁地，她给你来了一个浪漫的周末，你想要的东西她统统奉上，让你觉得仿佛生活重新向你露出了笑颜，枕边人又变回了你所渴望的那个对你倾心、对你爱慕的人。于是你开始觉得一切还有救！你在她心里还是有分量的！直到她故技重施，再一次停止"爱的轰炸"。然后你就会发现自己又坐回到了那辆感情号过山车上，并正在向谷底俯冲而去。

并且，无论她可能向你要什么，你都尽力一字不落地照办。

有哪些反制措施

要怎么样才能避免成为精神病态者"爱的轰炸"这一手段的受害者呢？若是你对这一阴险的伎俩一无所知，也许就真的是叫天天不应、叫地地不灵了。但是如今既然你已经了解了敌方的这一策略，具备了武装自己的知识，那么还是有几个反制措施是你可以采取的。

照例，问题的关键在于保持头脑冷静。

<u>如果有什么事听起来好得难以置信，那它通常就真的"不可"置信。</u>

把上面这句话至少读 3 遍，然后写下来，放在钱包里随身携带。

让我们进一步来看看信任的问题

和新认识的人打交道是什么感觉，你懂的。绝大多数人都会让我们多多少少产生一些主观上的反应。彼此是否气场相合，用不了几分钟我们心里就有了答案。请仔细思索一下，是什么让你对一个人产生信任？我这么问的理由很简单：一旦你开始信任某个人，你就能听进去他们说的话。所以你必须睁大眼睛看看清楚，究竟是什么让你给予他人信任。因为当你认定某个人可信、可靠，值得你去信赖时，你就已经遇到了麻烦。因为此时在你看来，这个人无论说什么，都是真的。

大家想想阿道夫·希特勒，他就是那样让全德国的人民都站在他这一边的。他说的全部都是德国民众想听的话，借此取得了他们的信任，然后才开始一步一步地执行自己的长期计划。假如希特勒当初一上来就设法通过攻击波兰和清洗犹太人来攫取权力的话，怕是早就被赶下台了，哪还让他有机会做出后来的那些恶行。

还有，信任不应当是终身制的。即使有的人取得了你的信任，你也不能对他们向你说的每一句话、做的每一件事都不加鉴别地照单全收。你必须敢于分开看待每一个单独的行为，也需要鼓起勇气质疑任何看似不正常的事物——即便你面对的是自己非常信任的人时也要如此。我的意思是，如果有人的行为让你感觉不太对劲，那么你完全可以经常性地对他们的可信度发起质疑。

信任的先决条件

简而言之，信任可以说是建立在三个因素之上：可预测性、可靠性、必然性。

可预测性是指你可以预知伴侣接下来的行为。与此形成强烈对比的是不可预测的行为。比如，时有时无且出现时机看起来完全没有规律可循的正强化；或者，曾经的爱恋和温柔突然被冷暴力所取代，同一件事情前一天还在积极夸奖第二天却变成了消极的批评。当你的爱人行事为人捉摸不定、反复无常时，固然很有可能有某些其他的原因，未必就是他们企图操纵你；不过，你仍需要对这种行为保持极高的警惕。他们那样做，是因为患有像双相障碍这类的精神疾病，还是因为他们真的是精神病态，可完全是两码事，不能混淆。

可靠性决定了你是否能够假定你的伴侣长期诚实可信。你是否觉得此人并非完全可靠？有多少证据可以支持你给予此人长期的信任？是不是仅在开始几周时还不错，然后他们就卸下了伪装，露出了真面目？如果是这种情况，就不值得给予其长期的信任。相反，如果这个人陪你一起经历了繁花似锦，又走过了刀山火海，却依然站在你身边，为你遮风挡雨，那么你就可以对这个人放一百二十个心了。

最后一个因素，必然性，不是指你相信必然有什么神明存在。而是说，你内心相信你的伴侣必然会一直长期地满足你的需求，做一个爱你、支持你的伴侣，而不是仅仅头几个月表现良好。精神病态者可没有多少耐心，所以他们演不了多久就会本性暴露。

你可能会犯一个严重的错误——根据伴侣的最早期表现来判断是否值得对其委以信任。请回顾一下上面所讲的信任的3个组成因素——可预测性、可靠性、必然性，仔细想想你的伴侣现今的行为如何；不是在去年如何，不是在你们结婚之前如何，也不是与你父母一起在家时的实际表现如何（你的伴侣可能在外人面前表现得很模范，因为精神病态者会为自己精心打造出良好形象，这样万一哪天你们俩闹崩了，你就成了坏人那一方）。不要看过去，要看看今天早上和昨天一天是怎么样的，或者就看看此时、此刻——也许只是谈个话，你的伴侣就已经让你难受到想吐了。

你刚刚观察到的行为值得你赋予信任吗？尽管精于操纵之道的老手们十分善于获取你的信任，但他们在保持信任方面其实做得很差，差到简直无可救药，因为一旦这些人觉得时机成熟，已经取得了你的信任，就会立刻从"模范模式"里切换出来。所以，可别被他们骗了。

立刻采取行动！

一旦你看清了精神病态者或者操纵狂的把戏，就要采取有力的行动；最重要的是，要立即行动。从心理学上讲，这就跟一个妻子被家暴时该如何应对是同样的道理。第一次被打时就赶快离开。只有最没品的男人才会打女人，她应该马上离开他。

我还从未听说过有哪个家暴男只动过一次手，然后就改过自新了。这种情况是不存在的。他还会再次打她。所有的研究都证实了这一点。

心理操纵也是这样。万一你的伴侣表现出操纵行为，那你可以百分之百放心，这种行为还会再出现的。精神病态者或者带有精神病态特质的人会反复使用他们觉得奏效的方法。如果这一次他们通过操纵你，成功地逼你让步了，那他们何不故伎重施呢？举个更简单的例子：假设有个小偷在地上发现一张 500 瑞典克朗的钞票，捡起来揣进兜里，然后用这笔别人的钱在城里快活了一个晚上；那么当他再一次发现地上躺着一张 500 瑞典克朗的钞票时，怎么可能会视而不见呢？你需要明白，二者的心理是一模一样的。就像英国人说的：骗我一次，算你狠；骗我两次，是我蠢。

万一有人操纵你，被你发现了——唯此一计，勿念其他。

你该怎样做才能抵御别人的操纵

学红色性格人那样行事。把你的真实情绪释放出来，迅速而有力地采取行动。在灵魂被粉碎、变成行尸走肉前拯救自己。因为这正是你的伴侣要对你做的事情。他们将把你折磨得只剩一副空皮囊。有一个事实你必须了解：当你长期感到缺乏安全感、不开心、担忧或者生气的时候，你将会深陷迷局而不能自拔，此时若想旁观者清地看明白精神病态者设下的更大一盘棋——他们对你的长期操控计划——就难如登天了。

你需要提醒自己回想一下我在这本书里前面几章写的内容：精神病态者感受不到任何正常的情绪，他们只是装出来的；当他们撕去伪装，露出真面目的时候，你知道该怎样做出抉择，我已经都教给你了。记住，越是迫切想要挽留恋情的人越是容易受伤的那一方。精神病态者才不在乎你。所以何必还要在他们身上浪费你宝贵的生命？他们根本配不上你。

负强化

大家很可能会以为所谓的"负强化"以批评和一般性的质疑居多，对吧？可惜，不对。那些分析、调查、研究过重要心理机制（蓄意操纵很可能是参数之一）的专家们全都对此表示否定。它揭示了很多有关人类内心的东西。

通过利用负强化的手段，操纵狂在你开始做某件他们喜欢的事情时就停止做某件你不喜欢的事情。这样就产生了一个极为简单的效果：从此你将按照操纵狂的喜好去做事。

用小白鼠做的进一步实验

你还记得那只从黑色箱子跑到白色箱子的小白鼠吗？研究人员自然还对另一个变量——负强化进行了测试。具体实验经过嘛……我只负责描述，你们可别怪到我头上啊——他们给黑色箱子的地板通上了电。当另一只小白鼠被放进去之后，它简直像疯了一样跳来跳去，直到发现白色的小门。这时它就可以逃离那个刑讯室般的地方，进入白色箱子了。虽然里面并没有任何奶酪在等着它，但地板不会再让它有轻微的触电感了。奖赏不再是一块奶酪（即<u>正强化</u>），而是脚下免受电击之苦（即<u>负强化</u>）。

但人类又不是小白鼠！

让我们假设你在一家公司上班。如果你写周报的方式不讨老板喜欢，就会被他当众训斥，所做的工作也将受到质疑。然而一旦你改用新的方法来写周报（也许根本没有原来的方法好），老板那边就会变得风平浪静。或者，若是你在开会时质疑了老板的观点，那么下次再有会议时你压根就不会被邀请发言。你可能被撇在一边，不得不忍受死一般的沉寂，直到你屈服，加入沉默者的队伍为止。

但是要记住：负强化这种手段不应当与一个人做了错事时应得的那种普通、正常和合理的批评相混淆。例如，是因为你多次错过了最后交付期限；因为你不遵守自己的预算，乱花钱；因为你从来不兑现承诺；因为你懒得费心维护客户而导致销售业绩骤然下滑；因为你不去安抚不满的客户；因为你在办公室无缘无故挑起争端。亦或者，因为你是一个正在想方设法操纵别人的人。

笔者目前谈及的是心理操纵，我们必须把各种不同的情况钉是钉铆是铆地分清楚，不能混为一谈。

那在家庭方面呢？

照例，夫妻或情侣之间的情况更为复杂。例如，假设有个周五的晚上你想出去和闺蜜们聚聚，而你的男友又是抱怨，又是争吵，很是大闹了一番，直到你给闺蜜致电说取消计划为止。然后他简直是眨眼的工夫就又变得开心起来。再例如，也许是想让你配合进行某种你根本不能接受的性行为，他很可能会连续两周都不碰你一根寒毛。这当然会让你感觉不是太好受。（许多人——其中以男性居多——常常会通过死缠烂打的方式迫使伴侣依从他们，发生对方原本并不接受的各种形式的性行为。但是这种策略自然是摆在台面上的。它无关操纵；看起来是死缠烂打，其实也只是死缠烂打而已。在这种情况下你直接拒绝就好："别再打那个主意了。本人不感兴趣。"）

负强化这种伎俩既简单又有效。操纵的一方会一直给予你消极的反馈，直到你屈服为止。到那时，一切都会再次恢复正常。记住我在前面讲的有关可预测性、可靠性、必然性的那些内容。它们在这里同样适用。

这种手段真的很简单。操纵狂知道你终归还是要投降的，这样你才能避开他们一系列行径造成的消极效应。而你一旦开始让步，就很有可能在以后遇到类似的情况时也做出让步。结果，本应该是由你自己形成的行为习惯，就这样被别人拿去随意塑造。

你能采取的反制措施有哪些

对抗的方法与随意性正强化例子中的对抗方法一样。你需要学会看透它。通常来说，我们周围总有想要向我们施加影响的伴侣和老板；这是既定的事实。有时候，你只要明说自己已经看出他们的企图就够了。对方如果是个并非想欺骗你的明智人，那么你很有希望能够与其好好长谈一次，理清你们俩的关系，然后迈过这个坎，继续过下去。

你需要记住，操纵经常是在不知不觉中发生的。若是某个方法一次奏效，那它就会次次奏效。若是按下某个按钮能解决问题，下一次你肯定还会按它。若是你发现哪种方法管用，你就会继续用哪种方法。很多人就是这样在不知不觉中操纵了他人，并没有意识到自己对受害者造成了多大的伤害，但是当你把它指出来后，情况就不一样了，他们也会就此收手。

这是正常的情况，没什么可担心的。你可以通过这种方法来判断自己正面对的人是否是个精神病态者。因为精神病态者非但不会就此收手，反而还会把所有事情怪到你的头上——孩子们不跟你沟通，是你自己的错；你丢了工作，还是你自己的错；你后悔和邻居们开性派对，那也怪你，明明是你自己提出来的建议；总之一切都怪你，你其实是个低贱、刻薄的人，只要有人愿意搭理你，你就应该感激涕零。精神病态者甚至还会说，你完全滥用了他们的好意……你无法改变别人，但你可以对自己负起责任。换个工作，离婚，弃船逃生。

让人摸不着头脑的烟雾弹

"臭毛病又上来了！你这是反应过度知道吗？你也太沉不住气了！你看看你搞的这个烂摊子！"

一个技巧娴熟的操纵狂为了让你阵脚大乱可是什么话都说得出口。他们这样做是为了把你的注意力从实际问题上转移开——在他们的引导下，反而成了你有什么严重的问题。要达到这一目的，往往需要调动你的各种情绪。

例如，假设你怀疑自己的伴侣出轨了，你想要好好地谈一谈。也许你的情绪已平静下来，内心实际上毫无波澜，你只是想把话说开而已。然而，你的伴侣非但对摆在面前的"不忠"这个问题避而不谈，矢口否认，反而还把矛头指向了你。现在他们倒要谈一谈你的缺点和不足了，比如你缺乏安全感或者嫉妒心太强，令人厌烦。他们也许会说，你的这些毛病极其不招人喜欢。然而他们说这些只是为了让你对你们俩的关系产生更多的疑虑，导致你开始怀疑会不会到头来错的是自己。

你怀疑伴侣出轨可能是有充足的依据的，谁知道呢：说不定你能拿到他的手机，里面一切证据都清清楚楚。这并不是什么意料之外的事，因为大多数精神病态者都是沾花惹草的惯犯。你会怎么做呢？你会带着证据去与他对质。

可这一次，他会把争论的焦点转移到另一件完全不同的事情上，即：你非法查看了他的手机。在他口中，现在的你犯下了大错，他将对你进行严厉的批评，指责你不信任他——还真是讽刺啊。操纵狂，尤其是能在《精神病态检核表》里得高分的那些，为了把焦点从现有的问题上转移开，什么事情都干得出来，甚至是那些最无法理喻的事。

当你被卷入这个混乱的世界，你需要知道，普通的规则已经不再适用了。

一个真实发生过的、特别恶心人的案例

大约一年前笔者遇到的一位女士给笔者讲了以下这个故事。她的丈夫有个特点，总是手头缺钱。尽管他薪资丰厚，银行账户里却几乎没有任何存款。他不仅花光了家庭账户里的钱，甚至还掏空了孩子们的储蓄账户，因为他从来没有一点自己的积蓄。出门在外，此人总是忘带钱包，让他人付账，他也从不承担自己乃至全家的经济责任。实际上，经常有法院的执行人员找他。

当这位女士看透他的为人之后，他换了一个完全不同的策略。

他站在孩子们的房间门口冲她大喊大叫。他嚷嚷着自己挣的每一分钱都花在了她和孩子们的身上，还质问道，难道她不想让大儿子有自己的运动装备吗？不想让二儿子有自己的电脑吗？虽然这位女士从理智上知道以上这些都是自己掏钱买的，然而她丈夫破口大骂，指责她吝啬、不愿意付出，完全把她的注意力从真正的目标上转移开了，害得她忘记了原本要讨论的问题：他花钱大手大脚的毛病。

她发觉自己突然之间——尤其是在孩子们面前——要被迫为自己辩护，要反驳丈夫所谓的自己什么东西都不愿给家里人买的诬陷。然而事情并未止步于此。她丈夫得寸进尺，咆哮道她不关心孩子，不理解孩子，是个冷酷无情的母亲，只在乎她自己！

他说的这一堆与他花钱大手大脚有什么关系吗？答案是：一毛钱关系都没有。

那后来怎么样了呢？这位女士的丈夫不想让自己从夫妻共同账户中盗取大量资金的事被翻出来谈，便把妻子的注意力转移到了她给自己买了高档手包和衣服这件事上：你就是这样，自己买得痛快，可我想买一件最普通不过的新衬衣你都不允许。接着，他打开她的衣橱，把她给自己买的衣服都拽出来，冲她喊着：明明是你自己大手大脚地过着滋润的生活。没错，你就是这个德行！

他说的其实没错，她确实挺宠自己的。有时候她会用自己挣的钱给自己买些贵的东西。但是这与他把原本要用来还房贷的钱花光这件事有哪门子关系？的确，说的都是钱的事儿，但是这完全是两个不同的问题啊。可惜，当时这位女士被丈夫抛出的这个烟雾弹蒙蔽了。再加上他还朝她这个做母亲的心里插刀子，指责她不关心孩子，导致她完全被搅糊涂了，最终转攻为守，被迫为自己辩护起来。事情就这样不了了之，他继续挥霍着全家的积蓄。直到今天，依然没人知道他把那么多钱都花到哪儿去了。

有哪些反制措施

不论你是什么颜色的性格，都有可能碰到这种操纵伎俩。红色性格人和蓝色性格人应付起这种情况来也许会稍微容易一些，不过这也不能打包票，比如，万一你的孩子们被牵涉进来……没有人对精神病态行为是完全免疫的。当这种事情发生的时候，你需要保持冷静和理性的头脑。你需要留意对方行为中每一个细小的反常表现，你也必须敢于质问对方在搞什么鬼。

你可以这样说："我注意到了，你改变了话题。咱们先把上一个话题说完行不行？"或者这样说："你对我的性格有意见，行，这个咱们当然可以谈，但首先咱们得谈谈钱都去哪儿了。"

再或者这么说："你凭什么冲我大喊大叫？给我打住啊，只要别嚷嚷，你想谈什么我们就谈什么，但是你要这么发神经的话，一切免谈。"

要么就是最简单的——离开那个房间，离开那所房子，离开那座城市。或者是趁有他人在场的时候把问题提出来。例如，在餐厅的时候，或者在你信赖的某个人在场的时候。这个人可以是一个你们俩都认识的朋友、亲戚或者任何人，他们的存在意味着精神病态者若是耍这种伎俩，就肯定会让自己大出一番洋相。

问题在于，精神病态者很有可能会把这种伎俩与许多其他手段结合使用，这样一来，当他们说你（在你的个性里，你最羞于面对的是哪个方面？填在本括号内）的时候，你会本能地让步。如果你和大多数人一样，那么这种情况将让你感到十分难受。

调动你的情绪来对付你

除了扔"烟雾弹"，还有一种手段可以造成困惑，把你的注意力从真正的问题上引开，那就是调动你自己的情绪来对付你。精神病态者们使用这种战术的目的也是为了把你的注意力从你真正应该关注的事情上转移开。

这种战术的具体做法是，找准你个性里的敏感点，然后施压。这些敏感点或许是你自己觉得不太光彩的点。在这一过程中，操纵狂所占有的优势显而易见：人们很难掌控自己的情绪，遇上消极情绪就更是难上加难。精神病态者清楚这一点，所以他们故意把你的这些情绪给逼出来，这样你就忘了关注问题的真正所在。

如果对方是女性，操纵狂很可能会说这样的话："发什么神经？你是不是又快来大姨妈了？"看到没，这就是典型的先声夺人策略。或者，他也许会专门捡一些你不爱听的说，因为他深谙此道，知道什么样的话能激怒你、让你乱了方寸。

请试想一下以好斗气质而闻名的红色性格人。一般人可能会想，这种人是难对付的硬骨头。然而，若是换成操纵狂，并且足够了解红色性格的受害者的话，事实可就不见得如此了。红色性格人众所周知的标签是什么？行为粗鲁，咄咄逼人。一般情况下，红色性格人心里并不在意别人对自己有这样的印象。不过，如果他们有良好的自我认知，自然能意识到自己总是为一点点小事就大发脾气，也一定能明白自己这样做会给深爱的人造成怎样的影响。

因此，本段提到的这种伎俩可以从两个方向发挥作用。其中一个是，操纵狂借助挑衅来故意激怒红色性格的受害者。因为精神病态者自己什么情绪也感受不到，所以当红色性格人火山大爆发的时候，他们不仅能轻松面对，而且还会迅速向对方指出："你看，我说得没错吧！现在你又在大喊大叫了！你总是怒气冲冲，你疯了吧你！"

这种话一出口，结果不用猜也知道了。从现在开始，他们二人之间的谈话将仅仅围绕红色性格一方的暴躁好斗进行，而不是最初要谈的操纵狂干的什么"好事"。关于这个主题，有很多素材可以说。假如我真的想对付某个红色性格的熟人，我可以连续几个小时不间断地列举出他们的种种"罪状"。

到这儿还不算完，这种伎俩甚至还能从反方向起效。如果操纵狂得知红色性格的受害者也不喜欢自己这样发脾气，认为自己发脾气时只会把话题引向很多原本完全不相干的事情，那么他就会说："你又要开始吵了，是吧？你又要发脾气了吗？过不了多久你就会跟往常一样对着我大喊大叫……"

如此一挑明，红色性格人就暗下决心不要让自己中这个圈套，于是乎，硬是压抑住了自己胸中的怒火。要做到这一点并非易事，就好像肚子痛时却四处找不到洗手间一样。最终，压力变成了痛苦。倘若红色性格人下定决心不要发火，就势必付出这种形式的代价，在内心经受某种煎熬。想抑制本能的冲动需要做出极大的努力，那几乎就如同是在自残。

如果受害人是黄色性格，操纵狂的做法将会看起来有些不同。倘若他们要采取第一种策略，故意诱导某种行为的出现，那他们会说："现在你肯定又要开始喋喋不休乱扯一通了，其实都没人听得懂你到底想表达啥好不好。你为什么总是非要滔滔不绝地讲你自己的事？要是你能学会少说多听该多好啊。你从来都不用心听我想说的话！"

这种话绝对击中了黄色性格人的弱点——他们站在人群中心自顾自话，却不懂得倾听。这也是相当不讨人喜欢的一种人格特质。所以，听了这样的话后，他们的反应可能是嗓门更大，语速更快，言语间开始透露出心理压力，不再是一副侃侃而谈的模样，而且（说实在的）还会变得语无伦次。这时，操纵狂就能平静地说："我说什么来着？你啰唆起来就是没完！说来说去都是说自己！除了自己你谁都不关心！你是个自私自利的人！"

另一种做法则与红色性格人的例子有点像。"你能不能闭上嘴，让我也说两句？就这一次行不行？你在听吗？"本方法若

260

是搭配眼泪使用，想来效果最佳。这样一来，黄色性格人就不吭声了，因为他们心里清楚自己确实有把所有话题都往自己身上扯的毛病。于是他们下定决心克制住自己，不去遵从本能行事。这种做法有点像是让一个人慢慢地窒息而死。如果黄色性格人不能借助大量的语言表达来释放内心的挫折感，还能怎么办呢？什么都憋在了心里，这些人不会好受的。然而操纵狂的目的却达到了，三两下就让黄色性格人闭上了嘴。

绿色性格人天生敏感，行事作风完全不同。假如操纵狂是跟一个绿色性格的受害者住在一起，那么事情从一开始就无比简单。我倒不至于说绿色性格人是最容易被操纵的受害者，不过，这些人的确天生容易变通，会尽力改变自己以适应他人。不幸的是，这意味着当别人为了某种见不得人的目的而利用他们时，往往不必费什么力气。

就个人而言，笔者一直觉得，要说对哪种性格的人提意见最难，其实是绿色性格人，因为再小的事情都能惹他们生气。你不得不十分小心，以免不必要地冒犯到这些人。所以，怎么可能还有人会故意去刻薄地对待绿色性格人呢？

哦，不好意思！我错了，我又在按常理来思考了。说得好像精神病态者会在乎别人的感受似的。这类人自然是一点也不会在乎的。她的绿色性格的丈夫，或者他的绿色性格的妻子，只不过是现实生活中用来获得好处的工具而已。

为了转移绿色性格人的注意力，操纵狂会说："你从来都闭口不谈。你真是太懦弱了，一有什么事就当缩头乌龟。你什么问题都不愿意好好跟我谈。我真是受够你了！你到底算不算个男人？"

　　总的来说，这些话句句都是事实，而且很可能会导致大多数绿色性格人听了之后愣在原地，大脑一片空白。操纵狂要的就是这个效果。绿色性格人缩回了自己的内心世界，只会坐在那儿，眼睛里或许还有泪水在打着转儿。平静的表面之下，内心却翻涌着挫败感。他们有那么多的话想说，可是怎么说出口呢？他们太害怕冲突了。

　　但要让绿色性格人站出来克服这种恐惧，也是有可能的。手段高超的操纵狂准保可以让绿色性格人情绪严重失控，最终爆发出来，开始喊叫着反驳。他们会把一切痛苦、不满、委屈通通说出来，大量的批判和难听的话尽情释放。绿色性格人将竹筒倒豆子一般，在毫无计划的情况下把过去几年自己受的委屈一股脑全说出来。这场狂怒的爆发会持续好一段时间，这样一来绿色性格人就给操纵狂提供了许多有价值的情报，以后有需要的时候就能加以利用。

　　操纵狂在这一过程中所占据的优势在于，绿色性格人事后将感到羞耻。对自己一时的情绪失控感到无地自容的他们会为自己的行为做出道歉。这时候，操纵狂就能扮作"受害者"的角色，要求绿色性格人对自己受到的不公责骂做出补偿，而实际上他们只是借此机会大肆渔利罢了。"你怎么可以对我说那么难听、那么刻薄的话？我真是太可怜了！你会为此付出代价的！"

　　这种手段用在蓝色性格人身上又将如何呢？操纵狂怎么才能利用蓝色性格人自己的行为来对付他们？简单。戳中蓝色性格人身上最敏感的地方就行。正如我在前面展示过的，在职场中这么做的难度要更大一些。有个办法可能会奏效——把这些人置于他们不喜欢的环境中。例如，迫使他们与清一色的黄色性格人一起做项目，那可真够他们受的了。再比如，给他们来个措手不及，临时把他们撺上台，当着全公司员工的面展示最新的项目。而且在此之前老板可能还说了句："我这会儿可不想听你那一套干巴巴的无聊汇报。给我来点儿轻松幽默的。听懂了吗？好了，上台去吧。"

　　蓝色性格人当然不缺乏幽默感，但期望他们个个都跟相声演员似的妙语连珠，确实强人所难。很可能他们会乖乖走上台，但最终汇报风格还是老样子。当老板那句不准按老样子来的威胁笼罩着蓝色性格人的时候，他们再怎么有幽默感也发挥不出来了。整个汇报将会史无前例地枯燥乏味，因为这些人并不懂得怎样临场发挥、怎样既表现自然又风趣幽默——这都是黄色性格人所擅长的啊。老板想要的那种就是行不通嘛。事后，老板可能会毫不留情地痛批他们一顿，责怪他们在台上还是死性难改，无聊得要命。

　　然而，蓝色性格人能受得了这种对待。他们不像大多数人那样重视自己与同事和老板的关系。但是在亲密的私人关系中，他们就和其他人一样容易受到伤害。

　　假设他的妻子想让他做某件他特别不想做的事情，咱们就说她想来一趟巴黎的浪漫周末之旅吧。那将意味着花钱如流水的买买买——毕竟，那可是巴黎啊同志们。根据以往惨痛的经验，他知道妻子肯定又会把她的 Visa 卡"忘"在家里。这一趟下来，他将花掉整整一个月的薪水，因为她选了最贵的酒店，而且想让他来支付全部的费用。一边是妻子指望丈夫花钱请自己逍遥一番，另一边是丈夫立刻进入了戒备状态。

第一轮交锋之后，他就已经有点不适了。他的妻子十分清楚他要怎么回应，因此她故意情绪激动地说，不准他拿出他那小计算器，一条一条地算什么花销。她要求他好好听她讲，别一脸不感兴趣，每次都那么扫兴。他毕竟还是爱妻子的，所以就闭上嘴听妻子说（实际上，他可以默默地在心里做算术嘛）。于是，他趁着妻子滔滔不绝连珠炮似的说着各种要求的时候，已经把费用算了个清清楚楚。当她说完之后，他指出这次旅行的花销太大，不存在可行性，然而她拿出了早就想好的对策——指责他冷酷无情。"你怎么可以对我这么冷漠？你要是爱我的话，肯定会带我去的，哪怕只有一次。"（事实是，他们俩基本每年都会进行一次类似的旅行，所以这回不算是个例。）

如果他依然不肯让步，她会拿出即使是蓝色性格人也招架不住的武器：哭。哀哀怨怨地说些不知所云的话。对蓝色性格人而言，这种情况处理起来真是痛苦。妻子的这场情绪大爆发折磨着他，以至于他不禁开始琢磨，能不能再多加点班，好凑够钱去一次他根本不想去的旅行。

三角剧

　　三角剧是用来剥夺受害者安全感的一种极为龌龊但也最为有效的伎俩。它可以被成功地应用于职场，但最重要的是，能用于私人关系中。要施展这种手段，操纵狂需要在他们自己、你以及完全与你无关的第三方之间制造出某种情况。

　　当三角剧手段被用在恋爱关系中，尤其是与其他伎俩合用时，是一件可怕的武器。请想象一下，假设你的伴侣连续几个月把你捧上了天（此处用的是正强化手段），然后突然沉默了。你辛辛苦苦卖力表现，想要得到更多的认可却一无所获。相反，你的伴侣还对你表达了许多让你意想不到的不满，说和你一起生活感觉如何糟糕（此处用的是负强化手段）。你被弄糊涂了，感到很难过。你的伴侣前几个月似乎还很爱你的这些地方，现在他却怎么也看不顺眼。还有，上个周末是在一片死寂中度过的，他一句话都没跟你说（此处用的是不理不睬[1]手段）。

　　带着不祥的预感，你试着找你的伴侣谈一谈——到底怎么了？

　　操纵狂此时非但不回答你担心的问题，还开始跟你说起另一个完全不相干的人来，你可能甚至都不知道有这么个第三方的存在。也许是他的某个老情人，或者是最近刚开始与他共事的某个女同事。他一整周都在谈这个女人，开心地跟你说她人有多好，和她聊天多么轻松，她对一切都是那么积极乐观。他很可能会把这个女人描述成在各方面与你恰恰相反的一个人。如果你是黄色性格，那么与他一起办公的女同事就是蓝色性格。如果你是缺乏安全感的绿色性格，那么他口中的那个女人就是红色性格，"超级能干"！看到这里你可能不禁在想，那会是怎样一种感觉啊？哈，要的就是你这种反应。你若是什么反应都没有，那你可真是石头心肠，基本也就不必再往下读了。

　　然而，你要是跟大多数人一样的话，那么以上的手段将会使你的不安全感达到前所未有的高度，你心中想满足操纵狂伴侣的需求的那份愿望也会空前绝后地强烈。不论他们要什么，你就算上刀山下火海也会一字不落地照办。你可能要反驳，为什么不呢？恋爱就是需要付出的，难道不是吗？人们都说，天上不会掉馅饼，努力才会有收获。可是，谈恋爱不是你一个人

1　详见本章第八节。——译者注

的事，双方都必须努力才行啊。

不过，倘若你拿这些道理去和你的操纵狂伴侣对质——比如，在你读了以上内容、意识到你已经置身于一场三角剧中之后——他们可一个字儿都不会承认。"你这是胡思乱想。你对自己也太没信心了，你必须改改你的这个毛病，省得整天疑神疑鬼乱吃飞醋。"

虚实并用的诈骗术

真正可怕的还在后头——操纵狂很可能一边当着你的面不断地提起这个第三者，一边真的利用空闲时间与此人私会。毕竟，精神病态者都热爱刺激感和兴奋感，冒巨大的风险对他们来说不过是小菜一碟。例如，他们有可能在你眼皮底下和自己反复提到的这个第三者调情并发展成为恋爱关系，顺带把你推进了嫉妒的熊熊烈火之中。如果你去质问他们的所作所为，他们则认为你不过是在吃醋而已，说这不过又是你的自信心问题在背后作祟。这甚至能被他们拿来作为最终和你分手的理由，而你则一直背着这个心理包袱过活，以为是自己的错才导致分手。

（这里我想补充说明一下，固然有许多人因为对伴侣缺乏信任而自讨苦吃，也有许多人在毫无理由的情况下乱吃飞醋，然而，这些完全是另一码事。有时候，真的不是你的问题，真的只是因为你栽在了一个十足的混蛋手里。若是这样的话，离开他，或者她。）

在正常的恋爱关系中，这些情况都不应该出现。在这样的关系中，双方（而不仅仅是其中一方）都应努力让对方有安全感和自信心，三角剧的把戏是不存在的。如果你的伴侣是个"正常"人而非精神病态者，那么，就算哪天你心里有了猜疑，你也能简简单单地就这个问题跟他谈清楚。当你的丈夫得知你并不想时时刻刻都听他聒噪某个女同事的种种优点之后，会加以收敛的；他还会提醒自己也要不时夸夸你的各种好——如果他是正常人的话。

在私人关系中，我们都容易受到这种操纵。我们每个人都有珍藏在心、害怕失去的东西。如果要失去的这个东西是爱情的话，那真是无论谁都会心生妒忌的。这种时候，要是你觉得自己有一种心里不踏实的感觉，别担心，那与你是什么颜色的性格并没有多大关系，只不过是你害怕失去你所爱的人而已，或者说，是失去你以为你爱的人——假如你进到操纵狂的大脑里转一圈，你的爱怕是就要换成别的什么东西了。

办公室上演三角剧

在职场生活中，三角剧的伎俩可能同样有效。曾经看起来对你挺满意的老板，突然之间有了新宠。你以前经常得到的那些赞扬，转眼间就纷纷扬扬落到了强尼——那个新来的家伙身上。"行吧,"你自我安慰道,"毕竟那家伙挺机灵的。"这没什么奇怪的。他似乎既聪明又招人喜欢,真的没什么可挑剔的。

然而,强尼是没问题,但你的老板却可能是个精神病态者(或者具有某些精神病态特质),所以他把你的一些日常工作交给了强尼来做。也许从表面上看是老板想减轻你的工作负担,毕竟你一直这么兢兢业业。但是,好做又重要的工作最后都跑到了强尼手里。你想不明白,就问强尼:"为什么你在做我的活?"可是呢,他并不知道那些活原本是你的工作。说到底,他只是新来的啊,你不能怪他。

于是你去找老板,询问这是怎么回事。老板说:你要是不配合,不愿意帮带新同事的话,就是忘恩负义。"你怎么可以这么自私呢?话说回来,强尼做事也确实非常利索,你不觉得吗?"也许老板还会意味深长地看你一眼,说什么"有时候事情也确实相当紧急"。你不得不承认,自己对每项工作所需的时间预估往往过于乐观,经常不能按时完成任务,说不好有时候还爱干画蛇添足的事情。

此外,强尼似乎每项工作都完成得非常棒。而当你的老板一边指出这一点,一边若有所思地看着你时,你的内心就开始打鼓了。或许……你没有自己以为的那么出色?

如今开会时,老板总是左一句强尼、右一句强尼的,就像以前总是把你挂在嘴边一样。这种现状会让你烦心,因为你失去了某样东西。再加上其他的操纵伎俩,比如正强化和负强化,你的好日子就到头了。追究你的老板为什么要这样做,并没有意义。

他可能有他自己的理由，至于具体是什么，真的不重要。也许是你以前有太多次质疑过他，或者他只不过是无聊，想耍耍你罢了。

如果你的老板是个真正的精神病态者，他就不需要任何特别的理由——他觉得耍耍人挺开心的，于是就那么干了。也可能是他想把你的工作交给一个他更容易控制的人去做。再或者，他只是想看看能把你逼到什么程度。在地地道道的精神病态者眼里，我们这些人不过是供他们随心所欲利用和丢弃的耗材。

谁会被这种手段坑到

不同颜色性格的人对三角剧这种伎俩的反应分别是什么样的呢？红色性格和黄色性格的人面临的危险最大。这两种人天生自尊心很强，当他们在专业层面受到质疑的时候，基本没什么好的结果。红色性格人自认为是天生的赢家，所以在这种时刻，他们会感到怒火中烧，而且十有八九不会把情绪藏着掖着。如果他们脾气够大的话，场面可能会变得相当火爆。

这样一来引发的问题显而易见——它正中精神病态老板的下怀。在工作场所大发雷霆是相当不专业的表现（尽管老板肯定也会以发怒作为武器），老板自然会要求红色性格人收敛一下自己的情绪。"你看看强尼，看看人家的言行举止，多镇静稳重，彬彬有礼啊。你怎么就不能跟人家一样有个上班的样子？"

而黄色性格人呢，由于他们很看好自己，对于自己的个人能力格外地自信，所以要是在同事中的地位下降了的话，他们心里马上就会不好受的。他们习惯了大家有难处时都来求助自己，可是现在老板天天夸强尼的好，说不好还同时散布了有关黄色性格人的负面谣言，进一步向他们传递出"你已经失宠了"的信号。于是他们会愈发败退，这从他们的工作表现上就能看出来。

时至今日，他们所有的心思都绕着当前的情形转，左思右想要弄明白为什么自己会突然沦落到这个地步。此时的黄色性格人非但无心工作，反而还可能变得极端被动，失去了方向感。这也会被老板拿来利用——至此，可以尽情地批评他们不按时完成任务了。而且当老板在公共场合这样批评的时候，黄色性格人真恨不得找个地缝钻进去。公开训斥等同于羞辱啊。对于一个黄色性格的人来说，失去地位本就是沉重的打击，现在又丢了脸，他们内心的自我形象正在崩溃瓦解。

这种事要是发生在绿色性格人身上，他们的反应则又不同了。别的先不说，他们根本就不想处在焦点上，所以小失一下宠什么的对他们来说无关痛痒。能有一段时间不再站在聚光灯下，其实还挺不错的呢。然而，从另一方面讲，绿色性格人希望得到更低调的认可。因此，当老板不仅不再当众表扬他们，也不再召他们去进行那些既愉快又不那么正式的小会谈的时候，他们就会担心起来。这些人的自信心本来就不怎么闪亮，现在还将进一步受到打击。

接下来的不同之处在于，绿色性格人实际上只在极少数情况下才会主动为自己争取什么权益。他们之前甚至从没向老板提出过任何要求，所以这时候他们也几乎不可能去找老板对质，要求老板认可他们的工作表现。主动去提这个事儿？光是想想就够他们受的了。绿色性格人对于冲突的恐惧使他们在遇到这种类型的问题时总是给自己画地为牢，只会乖乖地受着。

这些人会去找办公室里的老盟友，那些他们通常信任的人。但是，由于这些人十有八九也是绿色性格，因此也有可能出现问题——他们不想引起老板对自己的不满，所以很可能会在这种时候疏远他们可怜的同事。绿色性格人总是不怎么情愿直接对一个人表达看法。相反，他们更倾向于把意见说给别的人听。在这样的情况下，这意味着我们这位绿色性格的朋友很可能误以为同事们都站在自己这一边，而实际情况根本不是这样。那些盟友或许已经换了阵营——说不定投靠到了强尼那边——绿色性格人却一直被蒙在鼓里。倘若那个不怀好意的老板继续使用相同的手段，再交替着给予一些负面评价的话，将会害得绿色性格人难过不已。他们身上并不具备红色性格人和黄色性格人的那种逃离现状的魄力。毕竟，这些人的内向性格早在多年前就已经成形了。所有的挫败感都被他们闷在心里无从排遣。这种情况最终可能会导致他们精疲力竭，无法继续工作，甚至出现自杀倾向。

那么蓝色性格的人又将如何应对呢？我觉得你现在应该都

已经学会自己推导了。蓝色性格的人不太可能对以上说的某些事情做出反应。对于他们来说，失去自己在群体里的地位不是什么问题。在重要的事务上没人征询自己的意见也未必值得太过担心。毕竟，他们自己心里有数就行。即便是被大家集体疏远了也没有多大的关系，反正他们也嫌那些人平时闲话聊得太多，不用聊了正好。因此，尽管精神病态的老板成功让大伙跟蓝色性格人划清界限，转去喜欢强尼，蓝色性格人也还是能接受的。再说了，强尼没来的时候，他们也不见得就跟大伙打得多么火热嘛。

不过，当他们的工作质量受到质疑的时候，蓝色性格人就没法继续洒脱了。如果老板想利用强尼作为第三方，设法使蓝色性格人的工作表现显得不那么出色，好让他们六神无主的话，那么这个老板会选择他们的工作质量作为攻击点。你能对蓝色性格人做的最残忍的事莫过于指责他们粗心大意、漠不关心、在日常工作中偷奸耍滑。蓝色性格人绝不会这样做的，所以你的指责将句句戳中他们的心窝。他们很可能以愈发沉默作为回应。这些人以前就寡言少语，现在更是金口难开了。

煤气灯

这种伎俩很有意思。"煤气灯"这个说法来源于 20 世纪 30 年代英格丽·褒曼主演的一部电影[1]。在电影中，女主角的丈夫为了把她逼疯，不断变动妻子所处的环境和她身边的物件，并否认是自己所做。他把煤气灯调得时明时暗，最终让女主角无法再相信自己的真实感受，以为自己出现了幻觉。因此，"煤气灯"操纵法指的是完全扭曲受害者认知能力的一种伎俩。

对操纵狂来说，煤气灯操纵法是一种起效很慢却极为高超的手段。

举个简单的例子

实施煤气灯操纵法的方法之一就和那部黑白老电影里展现

---

1 即电影《煤气灯下》(*Gaslight*)，后来心理学界逐渐把这种心理、情感操纵手段称为"煤气灯效应"或"煤气灯操纵法"。——译者注

的一样：变换物体的位置。例如，往墙上挂一幅画时稍微挂得有点歪，听起来几乎算不上什么大问题。但是假如你把它调整到了水平的位置，后来发现它又歪了——那么你会如此这般重复多少遍之后再去找伴侣问这个事？"你知道我祖母给我的那幅画吧，它每天都会自己歪一点！"然而你的伴侣却回答不知道你在说什么，他没见那幅画有任何问题，从没有过。于是你们俩一起去看，结果画好好地挂着呢。"行吧，"你也许想，"这次就算了。"可是当天晚上那幅画又歪了。假设你每提一次画的事情，你的伴侣就把挂得好好的画弄歪一次的话，你会在多久之后开始怀疑整件事情是自己的臆想？毕竟，从头到尾都只有你自己看到画挂得有问题，这难道不奇怪吗？

以上这个例子当然有点简单了，我并不认为你需要担心自己的伴侣会使这种雕虫小技。仅仅挂歪画这种手段恐怕不会把我们中的谁送进精神病院。但是——这只是为了阐释煤气灯操纵法是如何起效的。

现在，咱们来看一看这种伎俩在更巧妙的手腕下是如何起作用的。

会让你对自己产生怀疑的巧妙骗局

假设你和一个精神病态者一起生活。他告诉你，今年圣诞节他将送给你一份前所未有的精美礼物。你欣喜若狂，马上想到礼物一定是你多年以来梦寐以求的那款 LV 手提包。包包的价格高达 2.5 万瑞典克朗，你可从没拥有过这么贵的东西。那个精神病态的家伙陪你去路易威登的店里，你亲自点名要那款包，甚至还会刻上自己的名字——那可又要多花个两三千。店员微笑着为你提供服务，每个人都很开心，其间你还喝到了店家奉上的一杯高档咖啡，你高兴得简直快要飞起来。这包包多漂亮啊！你真的找到了自己的梦中情人，他太大方了！

　　然而到了要付款的时候，你才发现那家伙身上什么钱也没带。你一脸困惑地看看手里的包，又看看你那精神病态的伴侣，再看看店员……最终掏出了自己的信用卡。不然就丢人丢大了啊。在开车回家的路上，你小心翼翼地提出了心中的疑问——这包是你送我的礼物，没错吧？谁知你的伴侣疑惑地看了你一眼。"你在说什么？我怎么可能有钱买得起这么昂贵的礼物？"

　　你百分百确定他承诺过要给你买个包的。然而如今他却说自己绝没有夸过这样的海口。于是你开始怀疑自己是不是真的误解了他。他看起来非常确定自己没记错。而且一般来说他确实不会送你贵重的礼物。那么，到底是谁误解了谁？

　　再举一个例子。某天晚上你的妻子梳妆打扮，要出门和闺蜜们聚聚。你问她为什么事先没提起过，她答道："我当然跟你说过了。上周咱俩谈过这个事啊。"也许你会表示不服，因为你肯定不会把这种事情忘掉的。但话又说回来——你以前确实忘过事儿，人无完人嘛。

她说她要和安娜一起出去。

安娜是你好哥们儿的妻子。所以当你的妻子深夜迟迟不归、也不回复你的短信时，你给好哥们儿打了电话，问他安娜回来了没。可是他说，安娜整晚都待在家里啊。

我去你……！到底是怎么回事？你立刻觉得事情有点不太对头。你的妻子和另一个男人有了私情吗？

当她深更半夜回到家时，正在气头上的你生气地指责她向你撒了谎。"你根本没和安娜一起出去！"由于你的妻子是个精神病态者，所以这时她会说，她绝对没有提安娜的名字；她说的是安娜莉。然而你十分确定她说的不是安娜莉；再说了，这个安娜莉又是从哪儿冒出来的？

这时你的妻子将采取不同的战略。她会朝你最软弱的地方展开攻击。如果你是红色性格，她会说你是个感觉迟钝的粗人，从来不在意别人说的话；如果你是黄色性格，她会断言你的眼里只有自己，反问你为什么都不能记住她朋友的名字；如果你是绿色性格，她就会干脆冲你吼一通，因为你这人害怕冲突；如果你是蓝色性格，她则很可能开始质疑你脑子是不是有问题——你已经变成老糊涂了吗？

这种操纵伎俩背后的心理机制

煤气灯操纵法的目的是让受害者产生困惑。周一告诉你这个事情，周二跟你说那个事情，然后到了周三，精神病态者又会声称这个事情、那个事情他们全都不曾提过。一开始你可能还扛得住，但再过一段时间，你将开始对自己说过什么、没说过什么没了把握。总之一切都变得混乱不清。不幸的是，当这种伎俩与其他策略联合使用时，真的能发挥效力。经验丰富的精神病态者会花时间慢慢让它达到预期的效果。一开始只是小规模地进行，然后逐渐提高他们所制造的混乱的程度。这种方法一点一点地侵蚀着你，最终你连自己要做什么都不敢确定了。

　　咱们再多加几个人进来。你那精神病态的伴侣给你说了一件事，但跟你的妈妈或者孩子讲的是差别很大的另一件事。当你过后对他们说起从伴侣那儿听来的那件事的时候，已经牢牢被精神病态者操纵的他们会认为你完全弄错了。

　　这种情况如果发生在职场，是十分具有毁灭性的。想象一下，要是一个精神病态的老板想赶走某个在公司干了多年的员工，会是怎样一种情况。或许只是因为老板厌倦了这个员工，或许是因为这个员工当众质疑过老板。再或许是，这个老板符合《精神病态检核表》里的每一条特征，就是单纯以摧毁别人的生活为乐。

　　那么老板要怎样干掉这位员工呢？把他完全地、彻底地搅糊涂，就能达到目的。不通知他来参加某个会议。重要的信息不让他知道。会议结束后，这位员工发现了，去问老板为什么没让自己参加会议。老板说，是别的什么人负责发会议通知的，一定是出了什么差错。于是这位员工又去找负责召集会议的人，那人却说老板特别交代了不要给他发参会通知。他再回去问老板，老板当然矢口否认。如果这位员工继续这样追根究底的话，可能会导致自己愈发遭受冷落。最好的结果是，老板只对这个员工发了一通火作罢。

你能想象得出那将是怎样一种混乱的场面。如果这个老板一贯如此行事的话，将会给员工造成巨大的困惑。到最后，每个人除了自己，谁也不信。

此外，手段娴熟的精神病态者会同时使用几种伎俩。于是要不了多久，整个团队的人都认为你是真的老了，开始不中用了，靠不住了。而你却自始至终说是别人的问题，尤其是指责你们那位对员工友好、亲切到没边儿的老板。这种时候，老板的棋子们都匆匆赶来为老板撑腰。无论你是什么颜色的性格，碰上这样的情况，都将面临被折磨得无法继续工作，被迫休病假，最终离职的风险。

煤气灯操纵法是一种丧心病狂的手段，它给人们带来的创伤是永久性的。它是一种可怕的操纵性控制术，而且它很管用，因为精神病态者无时无刻不在撒谎。

万一你身边有人正尝试这种做法，而你真的及时看穿了他们套路——赶快脱身！你这是在跟心理不正常的人打交道；你不应该跟这些人有任何的瓜葛。我觉得我已经把话说得够明白了吧。

不理不睬

对于以绿色性格为主的人，或者尤其是蓝色性格的人来说，上方小标题描述的情况并不是什么特别大不了的事情。在当今社会，电视上和电台里充斥着聒噪的人们，巴不得拿着话筒就不撒手，安静内敛这种品质反而为人所轻视。我经常听到这样的感慨："他就不能安静一会儿吗，哪怕一次也好啊！"

然而，想独自清静是一码事，遭到心理学家们所谓的被动攻击则是完全不同的另一码事。受害者将被迫遭受对方不理不睬的对待，提出的问题永远得不到任何回答，这种被完全忽视的感觉能把受害者逼疯。

也许是你做了什么，或者是没做什么，总之是没有遂了操纵狂的愿，他们就开始默不作声，疏远你，你对他们说话时他们也不做出回应。如此这般，纯粹是为了惩罚犯错的你。只要是经历过这样事情的人，一定会对我所写的这些深有体会。

我在曾经的一段感情里，就频繁遭受这种手段的攻击。倒不是我遇上了精神病态者，但毫无疑问那算一种具有操纵性质的行为。

试想一下，假设你和你的伴侣在某件事上起了冲突。暂不论谁对谁错，关键是，你的伴侣对你采取了不理不睬的方式作为惩罚，直到你受不了，让步为止。看到你时视而不见，早上起来没有问候，晚上睡前不道晚安，出门时也不打招呼。至于亲亲抱抱什么的更别提了。操纵狂的目标就是要有效掐断你们之间的一切沟通。你打电话，他们不接；你发短信，他们不回。要是你开口问到底怎么回事，他们很可能只会用一个充满杀气的眼神作为回应。所有这些都是为了让你产生无力感，让你觉得没有存在感。我向你保证，这一招确实行得通。这种令人难受的手段轻则让你良心不安，严重的甚至能害你产生羞愧不已、无地自容的感觉。

你会想："我到底是做了怎样伤天害理的事儿？"

与"正常"的两口子闹别扭不同，这种情形对于受虐一方是极其难熬的。操纵狂就是拒绝承认你的存在；如此冷落你几天之后，你就心甘情愿做任何事来找回自己存在的意义。最有可能的结果是，你会带着鲜花和礼物出现在操纵狂面前，奴颜婢膝地陪笑脸，只为了再次得到对方的垂怜。

有的心理学家把这种手段称为情感虐待。传说中有一种叫作"中国水刑"[1]的酷刑，尽管听起来有点夸张，但我还是要给大家讲一讲。行刑的方法听起来不怎么可怕，然而它能把一个人完全逼疯。具体做法是，让受刑人仰面躺下，头部上方是一只盛满水的水桶，桶上有一个水龙头，每分钟漏出一滴水。每滴水滴下来几乎没什么感觉，在水桶下面待一个小时也许没那么糟糕。但要是这样持续整整一周呢？有时候，受刑的囚犯会被折磨得疯掉。动作很小，却能给受害者造成巨大的影响。这正是不理不睬这种伎俩的起效原理。

多次遭受过这种对待的我，毫无疑问受到了伤害。这种伎俩与其他手段合用时是十分有效的。

照例，当你最终选择屈服，按操纵狂的想法去做时，一切就又会恢复正常。对于这种情况，解决办法是当面揭露操纵狂的所作所为。到那时他们也许会住手吧。

---

1 也称为"滴水刑"，来源不可考。美国电视节目《流言终结者》曾根据传说中的做法进行试验，将水滴在平躺着的志愿者的前额上。其中，手脚被缚的一名志愿者在一小时后心理崩溃，退出试验；另一名没有被束缚的志愿者未表现出明显异常。——译者注

更多的一些操纵手段

以上笔者所介绍的是操纵狂们使用的一些较为复杂的伎俩。当然还有其他的手段。笔者选出了其中一些列在下面，每一项附有简单的说明：

- **套取心里话**。精神病态者会在恋爱早期向你透露有关他们自己的各种错综复杂的（或真或假的）小秘密，于是备受鼓舞的你也跟着说出了自己内心的秘密。这些秘密以后会被他们用来对付你，例如，**"以前我父亲总是对我大喊大叫，所以谁跟我提高嗓门我就受不了。"**

- **反咬一口**。无论你们的感情出了什么问题，精神病态者总有办法把所有责任推到作为受害者的你身上。

- **间接侮辱**。本应是好话，背后却隐藏着刻薄的批评，例如，**"我喜欢你穿那件裙子的样子，因为显瘦。"**

- **含沙射影地评价或恭维**。非常含糊地发表看法，让你弄不清他们是什么意思，例如，"**你知道吗，你要是去卖身的话真的能挣不少钱呢！**"

· **营造负罪感**。指责受害者对操纵的一方太刻薄或者不公平，例如，"**你怎么可以这样指责我？为了你我向来把什么事都做了！**"

· **说空话**。精神病态者对自己说的话并不当真。为了逢场作戏，他们什么词都能拿出来用，例如，"**我爱你**"这句话能让你暂时保持冷静，然而它没有任何意义，因为精神病态者没有"爱"这种情感。

· **对自己的某些行为轻描淡写**。精神病态者强行说服你，他们做的事情没什么大不了的。"**那又怎样？大家都这么做啊，对吧？但后来什么事都没有啊！**"

· **撒谎**。从那些人的话里辨别谎言并不简单，但是假如你发现他们已经对你使用了以上列举的某些手段，那么你放心，撒谎就更不用提了。他们已经在任何事情上，在所有时间里，都对你撒谎了。这些人说的事你一件都别信。

· **弱化你的一切想法、感受、经历**，例如，"**你不应该有那样的感觉**"，或者，"**你在开玩笑吧——那有啥可大惊小怪的**"。

· **魅惑**。别忘了这一条！精神病态者采取的第一步行动就是先取悦你。在这种时候，他或者她会说些你从没听过的好话，让你自我感觉特别良好，于是你就着了魔。

· **健忘（确切地说，是故意的）**。精神病态者就是会忘记帮你从干洗店取回衣服，或者忘了买你最爱的果酱，再或者出差时忘记从酒店打个电话问候你……

· **发脾气**。若是你站出来反抗精神病态者的疯狂行径，他们会大喊大叫，迫使你退缩。

· **扮可怜**。尽管精神病态者不会为自己感到委屈，但是他们扮起可怜来可不比任何人差，例如，"<u>**我太蠢了，我早该知道不该借你爸的车的。你看，它在停车场被刮花了。你们都会为此讨厌我的！**</u>"

· **找借口**。这是常见的一种防御机制，但在此处它是被刻意利用的，也就是说，为不合逻辑的行为寻找符合逻辑的解释，例如，"<u>**是个男人都会看色情电影的啊**</u>"，或者，"<u>**抱歉，我打了你，我只是在你惹到我的时候气过了头**</u>"。

· **拍马屁**。这还需要我讲吗？大家都知道被人赞扬外貌出众、身材迷人、头脑聪明、品位高尚的时候是怎样一种美妙的感觉。精神病态者也知道这一点。所以别吃这一套！

当然了，还有更多操纵他人的手段，可若是我一一列举出来的话，这本书就要写个没完了。如果你想了解更多，本书末尾附有一份书目供你参考。

现在，是时候进入下一章了。我将向你展示如何对付所有这些坑害人的手段。让我们行动起来，抵制操纵！

10

CHAPTER
TEN

如何应对来自

非精神病态者的操纵？

无辜之人的信任是说谎者最趁手的工具。

——斯蒂芬·金[1]

    事情还是有一线希望的，尽管你也许很难现在就相信我这句话。并不是每一个喜欢操纵摆布、行为不端的人都是精神病态者。有的是具备若干精神病态特质，有的则只是有些不招人喜欢、没有意识到自己的不良行为。他们也许患有自恋症，或是对自己的能力过度自信，再或者是谎话说得太多，成了坏习惯。比如说吧，有许多人都沉迷于操纵自己的伴侣，有的是有意识的，有的是无意识的。所有这些细小的古怪特性确实是精神病态人格的一部分，但每一项单独出现的话，通常不过是惹人不快而已，并不意味着你得开始计划去另一个城市避难了。

---

1 即斯蒂芬·埃德温·金（Stephen Edwin King），美国作家、导演、制片人、演员。著有多部畅销小说，其中不少已被改编为电影和电视剧。代表作有《肖申克的救赎》《闪灵》《绿里奇迹》等。——译者注

现在我们来看看如何应对带有这些特质的人。

要是你不巧遇到了一个这样的人，该怎么办呢？要是你遇到的这个人虽说并不是真正的精神病态者，但一直以来言行举止的确像是一个十足的混蛋呢？

你有两个选择：

· **抵抗**

· **离开**

如果你认定事情无论如何还有转机的话，我愿意帮你一把。那么，就让我们把抵抗运动轰轰烈烈地开展起来吧。你有那个能力迫使他们摊牌，然后奋起抵抗，比如当你们的恋情出现危机的时候，当你们之间的权利平衡被打破，天平正以某种不祥的方式向你伴侣那一边倾斜的时候。

是抵抗，还是离开——这是个问题

也许你觉得这个问题很好回答；也许在你看来这个问题根本就是错的，不该问；也许你认为感情就是如此，要努力经营，不能轻易放弃。确实，如果你的伴侣不是精神病态者的话，毫无疑问你应该尝试着去解决问题。不过若想成功，你需要一些弹药来武装。这就给你，接好了！

开始抵抗（即清楚而果断地表明操纵者的肮脏伎俩将不再

对你有效）带给你的优势在于，这样一来操纵你的一方必须做出自己的抉择：

他们可以选择按你的要求做出改变——对你表现得更尊重一些，用实际行动促进你们俩之间的关系更加平等合理。操纵你的人也可以选择对你的抵抗感到厌烦，二话不说离你而去，去祸害下一个受害者。这个受害者很可能是他们早早在背地里发展好了的，现在只差逼其缴械投降了。

如果是后一种情况，那么你的伴侣一定有精神病态。一个真正的精神病态者是不会改变自己的行径的。或许他们会假装"学好"了几个星期，但要不了多久就会变回之前的老样子。

无论操纵你的人会怎么选择，一开始时他们很可能会对你的抵抗采取躲避措施，转移你的注意力，并给予反击，这会导致一场你们双方之间的小型战争。我可把丑话说到前头啊——这场战争的结果很可能是一地鸡毛。你们俩的关系很可能会破裂，因为你们共同经历的过往已经固化了你们各自的角色，很难再改变。

不过，万一你抵抗成功了，你们相处中的不平衡状态就会发生变化。开始你可能难以适应，因为它让你肩负了很大的责任。但是话说回来，如果你真的看好这段感情，或许这一切努力都是值得的。

打破操纵套路

　　当你发现自己被操纵的时候，通常的回应是立刻给予反击。如果有人对你大吼，也许你会立刻大哭一场或着立刻吼回去。如果有人诬陷你干了什么错事，你会立刻为自己辩护。如果你发现有人向你撒谎，你会想要立刻与其对质。如果你看到伴侣在派对上跟另一个人调情，你会想要立刻走过去，给他一记耳光。

　　然而，与其立刻给予回应，不如采取更有效的方法——等。事情发生之后，等上一段时间再做出反应。举个例子，当狡猾的十多岁的孩子趁你上班要迟到，急着出门的当口向你伸手要钱时，就可以使用这个方法。

　　过快做出反应带来的问题在于，它强化了你在面对操纵套路时的条件反射，而你的条件反射正中操纵者的下怀。别忘了，我们说的这个人很可能比你自己还要了解你。你需要时间来思考。仔细想想发生的事，计划一下要如何应对。不要凭着自己的直觉或者按照你的本能做出反应，以往导致你匆忙行事、事后拍着脑袋后悔的因素都要排除。停下来，想一想。

由于你可能已经习惯了对某些行为做出特定的反应——例如，对某些问题总是给予肯定的回答——所以我需要教你几招。

比如，当谈话进展过于迅速，于你不利时，借口稍后再给对方回电话是减缓进展的完美方法。情况或许是你亲爱的想用你的钱买什么奢侈品，于是对你拿出了那一套所谓"我保证一发工资就还你"的说辞来；又或许是你的老板耍了什么肮脏的手段给你挖了个坑，让你不得不用几百个小时的义务加班来填。

你立刻给出的回应应该是这个样子的：

- "你得等一下，抱歉。"
- "我这边有点事，必须挂了。5 分钟后再打给我。"
- "我手机快没电了。我得找一下充电器——我稍后再打给你。"

有时候，就是这种又小又简单的做法把人难住了。注意，你不是在请求任何人的许可。你不过是不失礼貌地挂了电话。你只是告诉他们，你需要几分钟的时间处理一下其他的事。这正是你打破操纵套路所需要的喘息机会。同时，你也有了时间去想清楚他们所说的话背后的真正含义，以及自己理当如何应对。

如果对方是发短信跟你说的，那你一点都不必放在心上。当没看到就行了，别回复。或者先晾它一两个小时。我有几个朋友经常是秒回短信。你也许觉得这说明他们做事情格外高效，然而，这也体现出他们回复信息时不过脑子。有时候这样做会导致灾难性的后果。

如果对方是当面跟你提的，则要难对付一些——这时就需要略施巧计了。何不再去多倒点咖啡，然后去趟洗手间，顺便跟遇到的不认识的新同事打个招呼呢。或者拿起手机，说你收到了一封紧急邮件，需要马上阅读然后回复。不论你怎么做，效果是一样的：你得到了一点喘息的机会，可以用来思考。

就照我说的做。思考。

像在那个狡猾的十多岁孩子的例子里，他们明知你赶时间还跟你要钱。此时你不要想着掏钱走人，反而要让他们等你晚上回来；告诉他们，那时如果他们能拿出用钱的充分理由，你会给的。（不用说，他们肯定不会再提这个茬了。）

尽管对于某些读者来说，这个建议听起来几乎简单得不能再简单了，可是对于其他人来说，这么做说不定会让他们心跳加速，浑身冒汗。你心里知道如果自己不服从对方就可能会导致某些后果。这个想法让你感到不舒服。但你要明白，你越是连试都不敢试，就越是需要照我说的做。因为对方让你如此害怕的情况不正常。

要是你争取来的这一点时间用完之后你还没有整理好自己

的思路的话，你尽可以放心大胆地继续拒绝做出任何回应：

- 我需要时间好好想一想你刚说的话，所以等我想好之后再给你答复。

- 你提的问题需要仔细考虑，所以我需要时间好好想想。我会尽快给你答复的。感谢你的理解。

- 我没法现在就答复你。我一定会考虑一下你的建议的。我将尽我所能尽快给你答复。

- 这件事听起来挺重要的，值得我花一点时间好好关注一下。然后我再给你答复，一定。

如果你是红色性格，很可能已经快要受不了我说的这些，想跳到下一章了吧。但是，我能否请你考虑一下我的建议？你早就痛苦地意识到火急火燎的作风已经让自己吃了好几次苦头，而你的粗心大意大概也害你交了不少的"学费"。你知道自己反应太快了，有时候甚至还没完全理解别人的问题就匆匆给出了回答。

如果你是黄色性格，也许你正在暗自腹诽——让我憋住不说怎么可能？因为你就是生了这样一张爱说话的嘴。许许多多未经三思的言语从你的嘴里说了出去。然而，倘若你花点时间想一想，你也会发现自己这张嘴有那么几次把你害得不浅。没错吧？闭上嘴，动动脑！

如果你是绿色性格——那就做你最擅长做的事吧。根本就不要回复。忽视你天生对冲突的恐惧，拿出你们绿色性格人最厉害的武器——被动攻击。我希望你干脆地摇摇头，说自己要考虑一下，第二天再做决定。假如你心里想拒绝，就不要在嘴上答应。把这句话念上十遍。

最后，如果你是蓝色性格，说不定你已经看出我的建议中蕴含的逻辑了。一边盯着操纵狂一边思考对你来说不是什么难事。不立刻答复对方所造成的冷场并不会让你焦虑不安，而且就算有人企图逼你快速给出答复，你手中也有个很棒的、具体的、历经实际经验验证的解决方案保底。

当然了，如果操纵你的人是个老手的话，你的抵抗并不会让他们就此罢休。你那位想"借"5000瑞典克朗等下次发工资再还你的伴侣，会大叫道自己向来对你有借有还，即使事实与此相差十万八千里；你的母亲将泪如泉涌，哭诉着你怎么可以这么没良心，她可是从来都把最好的给了你；你的老板则会威胁你说要把那个绝佳的项目交给别人去做，也许甚至还会隐晦地提到晋升的机会，以此来诱惑你。

别上他们的当。

这些人可是操纵你的人啊，不能信任的。万一他们还是精神病态者的话，你要是立即让步，就更危险，因为那样一来你就给他们的军火库里又添了一把武器。

别指望你能在整个过程中保持头脑冷静，临危不乱。你很可能会中途扛不住，不得不真的跑一趟洗手间。而且操纵狂也不会就此放弃，他们会改用其他曾经在你身上屡试不爽的伎俩。他们想要为所欲为。他们习惯了为所欲为。他们的目的就是为所欲为。

　　你给自己争取来的喘息机会将不会持续太久。我不想骗你，到时候他们会对你张牙舞爪地威胁一番。但请记住这一点：正是这份让你感到不适的人际关系激起了你的抵抗。这份关系不正常，你想改变它。

　　把这句话也记下来：你若是一如既往地行事，就将得到一如既往的结果。

　　再给你一个忠告：你的行为需要发生改变；只有先改变自己的行为方式，你对现状的感受才会随之改变。我们的思维模式和行为模式就是这样的。所以，不要放弃。

学学有划痕的唱片

如今的年轻人几乎不知道密纹唱片为何物，年龄大一点的人应该还记得这样的说法：他听起来就好像是跳了针的唱片[1]。

这种比喻通常是用来形容那些一遍又一遍重复说同样内容的人。不过，在我们要说的情况里，这是个好事。我希望你学着像一张有划痕的唱片那样：一遍，一遍，又一遍地向操纵你的人重复传达你的意思。

为什么呢？因为操纵狂是压迫人的高手，会向你施加你无法抵抗的压力。可是你必须抵抗。你不必为自己辩解。反复说你稍后再就此事给他们答复就行。没有必要道歉或者做冗长的解释。需要的话，哪怕把同一句话重复 500 遍都可以。

我想好之后再给你答复。

---

1 密纹唱片是黑胶唱片的一种，上面刻有一圈一圈的声槽，当唱针在声槽中滑行时就播放出流畅的音乐。然而唱片很容易被划伤，较深的划痕可能使唱针从声槽中跳出。如果跳到划痕位置之前的声槽中，就会重复播放已播放过的内容，直到再次碰到划痕，继续跳针，重复播放，如此无限循环。——译者注

就说到这。句号。

不要跟他们纠缠不清——不要让他们揪着问你为什么不回答原先的问题，也不要跟他们商量你什么时候给他们答复；这一点极为重要。否则你会再次失去对局面的把控，谈话只会向不利于你的方向发展，然后一不小心就又重蹈覆辙——你不得不答应去做自己本来避之不及的事情。

我想好之后再就此事给你答复。

就这样说。

始终如一，不要改变说法。行为也要前后一致，不要改变主意。言出必践的人能得到他人极大的尊重。你若是成功表明了自己突然不再愿意屈服于任何形式的压力——不论是眼泪、喊叫、威胁、承诺还是其他什么能降服你这样的人的手段——你将忽然发现，自己掌控住了局面。注意保持，不要让这种局面被破坏。

打定主意，不要动摇。坚持始终如一，你将从中获得巨大的力量。

一张有划痕的唱片听起来应当是这个样子的：

操纵狂（以下简称为"狂"）："你的办事能力很强，所以我已经决定整个派对由你来操办！"

你："又有个电话进来，我得接一下。抱歉。"（深呼吸，想一想，你愿不愿意接手这种要你命的任务）

你："多谢等待。我需要点时间考虑一下你的建议。我会尽快给你答复的。"

狂（可能已经有点不爽了）："还考虑啥啊？你的意思是不是不愿意负责派对？"

你："让你意外我能理解（认可操纵狂此时内心可能有的真实感受），但是这件事我需要仔细想一想，所以我回头再答复你。"

狂："那，我可以告诉你，我等不了多久。事实上，已经没时间可以耽误了。这也正是为什么我需要你来操办。我真的必须现在就得到你的答复。"

你："我能理解你的担忧，但是这件事我需要仔细想一想。我会尽快给你答复的。"

狂（此时可能被意料之外的反抗惹得有点火大）："你这人真是不可理喻。我现在需要你的帮助，而你却把我一个人扔在烂摊子里，自己袖手旁观。你这人怎么回事儿？有什么需要考虑的？没什么可考虑的啊！"

你（深吸一口气）："我能理解你的不满。但是我晚些时间再给你答复。拜拜。"

然后，我建议你在这个点上挂掉电话。

当然，你也可以一开始就让这个人直接滚蛋。但是这样做的问题在于，它会对你们之间的关系造成不良影响，而且你也并不能确定这个人是故意想操纵你呢，还是自己也不知情，在无意中做出了操纵行为。

始终如一的威力。把这几个字记下来。

消除恐惧、忧虑和负罪感

恐惧通常针对的是某个具体的、真实存在的事物，例如害怕被拒绝、害怕犯错误、害怕不被接受、害怕遭到批评、害怕产生冲突、害怕别人发脾气、害怕被群体孤立。我们中的大多数人都可能有这样或者那样的恐惧，以上列举出来的这些是其中的一部分。

忧虑是恐惧的某种变体，但它针对的往往是抽象的、想象中的事物。大多数情况下，人们所忧虑的事情从不会真的发生。比如，担心孩子出生时有根手指太短，担心开车遇到车祸，担心被炒鱿鱼，等等。

然而，我们所忧虑的事情大部分都从来没有发生过——这是事实。回顾一下你到目前为止的人生，回想一下你这些年来担忧过的事，你会发现绝大部分的忧虑都只是杞人忧天而已。（这就是为什么我常说，乐观主义者才是现实主义者，因为他们认为一切都会船到桥头自然直，大多数时候事实也确实如此。

而悲观主义者——那些自诩为现实主义者的人，他们压根没有睁开眼睛看看现实好嘛。）因此，忧虑几乎总是没有道理的。

最后，负罪感是我们欧美社会的一个通病（在西方世界以外的地方，相较于负罪感，羞耻感是更严重的问题）。此外，负罪感是只有人类才有的一种情感，动物没有。当人们因看到他人难过而觉得自己为此负有责任，这就是负罪感。这就好比说，在你看来，如果我感到伤心或者觉得自己受到了恶劣的对待，那就是你的错。

正如我之前说过的，手段娴熟的操纵狂想让你方寸大乱，他们知道如何把你内心的这些消极情绪调动出来。他们可能喊叫、威胁、抽噎、哭泣或者边扮作楚楚可怜边大倒苦水，好让你感到担忧、害怕或者内疚。到目前为止，他们这一招一直很凑效。

红色性格人害怕的东西

如果你是红色性格的话，要回答这个问题，你只需想一想所有那些不在你掌控范围内的事情。你心里是否有个声音在问："他们到底在做什么？"我知道你不会表现出来，但你甭想否认：有时候你确实感觉到了害怕，你的内心并非毫无感情。总的来说，红色性格人害怕对生命中重要的东西失去控制。

黄色性格人害怕的东西

如果你是黄色性格，那么总让你害怕的事情是被人拒绝。万一你所有的朋友都不理睬你——你还会是那个原来的你吗？对于黄色性格人来说，最可怕的事情就是被孤立。看看本书前面拉尔斯与安娜的例子吧（尽管是虚构的，但很贴近现实）。安娜设法孤立了拉尔斯，正是这种孤立最终击倒了他。

绿色性格人害怕的东西

如果你是绿色性格，那么冲突就是让你恐惧的东西。哪怕对方稍微提高了一下嗓门，你就双膝发软，这滋味可不好受啊。另外，你还害怕过快的变化。当你与人意见相左时，若是对方威胁要对你的世界大动手脚，你就会放弃主张，做出让步。

蓝色性格人害怕的东西

蓝色性格人最害怕的事情莫过于被愚弄——或许是在工作上，或许是在感情里的什么事情上，看起来像个一无所知的傻子。因此蓝色性格人会不遗余力地防止这种事情的出现。闹了丢人现眼的笑话和自己狼狈不堪时被人逮个正着，这种事对他们来说将是终生无法释怀的耻辱。

事情最坏还能坏到哪儿去

当你下定决心要斩断操纵狂对你的控制时，你的心底就会冒出许多这样消极的情绪：你会担心即将发生的事；你将害怕某些很具体的东西。最糟糕的是——你会因为这一次破天荒地为自己考虑而生出某种负罪感。

请别误会我的意思：我并没有把你想象成一个完美无暇的人。你和我一样有自己的缺点和不足，然而这并不意味着你就活该被操控、被玩弄。所以，在解救你自己脱离操纵狂的魔爪的过程中，你真的应该多为自己着想一下。随着时间的推移，你会找到方法弥补自己的缺点，提高自己的。但那是后话。

相反，真正需要你马上着手的，是提高你抵抗这些消极情绪的能力。身负恐惧、忧虑和负罪感的生活是让人很难忍受的。相信我，这三种感受我都经历过。我人生中有一段日子都快把自己修炼成忧虑专家了。但是后来我想通了——我所担心的事情，大部分都不会发生。

在苏珊·杰弗斯（Susan Jeffers）的一本很棒的畅销书《怕归怕，做归做》[1]（*Feel the Fear – and Do It Anyway*）中，她非常清楚地讲述了我们应该对这些消极情绪采取什么样的态度，并向我们揭示了以下这些有关恐惧的真理：

---

[1] 本书在国内已有中文译本出版，书名为《战胜内心的恐惧》。——译者注

- 除非你固步自封，再也不尝试新的事物，否则恐惧会永远伴随着你！
- 如果你害怕做某件事情，那么摆脱这种心理的唯一方法是……只管去做！
- 能帮你减轻恐惧、提高自信的唯一方法是……行动起来！
- 面对未知的时候，不只是你害怕，每个人都会怕！
- 生活在无助感之中要比直面恐惧更可怕，因为无助感会衍生出潜在的、更深的恐惧！

我们从中学到了什么

简而言之，情绪是真实存在的。否认这些情绪没有任何意义；就好像有人跟你说，没什么可怕的。这种建议从没帮到过任何人。这些情绪（恐惧、忧虑等等）是真实存在的。不过这并不意味着你就得被迫任其掌控你的生活。关键就在于此。尽管恐惧是真实存在的，但是有一些反制措施能够帮助你避免被恐惧压制得失去行动能力。

这世上总有事情会让你害怕，这辈子总有某些时刻会让你担忧——你若是接受了这样的现实，就能更容易地忍受自己心里时不时冒出来的这些情绪。把话说得再明白点就是：消极情绪是躲不掉的，只有招架的份儿。

当我给客户做个人心理辅导时，经常遇到的一种态度是，生活必须时时刻刻都保持完美状态。可是生活它老人家做不到啊。那是完全不可能的，为达到这个目标而努力也绝对没有任何意义。那就好像是在做一个理想国的梦，永远也不可能梦想成真。

想要试着忽略和逃避这些消极情绪的做法也是一样的不切实际，那就好像是在追求一个没有冲突的世界。那种环境不存在的。不管这听起来有多残酷，你必须放弃这个不切实际的幻想。

你真正应该做的，反而是学会接受一定程度的恐惧和忧虑。倘若你对自己或你爱的人不负责任，萌生内疚之感是正常的。但倘若你是在设法解救自己脱离他人的利用和剥削，就不必感到愧疚。从现在起，让那个剥削你的人自力更生去吧。

怎样才能学会接受一定程度的恐惧

答案是，你怕什么就去做什么。解决这个问题的心理学原理极为简单。当我们想帮助害怕蜘蛛的人克服恐惧的时候，用的也是一模一样的原理。让害怕蜘蛛的人每次接触一点点与蜘蛛有关的事物，直到他们发现蜘蛛其实没有想象中那么危险。（蜘蛛确实让人觉得不舒服，但极少对人构成危险。）好吧，我描述得太简略了，实际过程自然要比这复杂得多，不过基本上就是这么个意思。你越是害怕什么，就越要让自己去接触。

假如你怕黑，心理医生会让你在黑暗中坐上一小会儿，直到你意识到黑暗并不危险。开车时出了车祸或者骑马时从马背上摔了下来，心里留下了阴影的话，也是用这个方法治疗。哪怕你心里毛毛的，也得再次跨鞍上马。

我最害怕的事莫过于此

如果你的伴侣提出的某件事情你真心不想参与，又害怕拒绝，就想象一下当你真的不情愿地去满足这个要求时内心将是怎样一种感受，并把这个感受与你的恐惧做一下对比。假设你的伴侣对床笫之事有某种你无法接受的怪异而变态的癖好，具体是什么，请自行想象一下。你深知如果自己拒绝的话，他就会大动肝火、骂骂咧咧或者没个好脸色，并对你使出十八般的操纵手段，目的只有一个——让你改变主意，同意他的要求。要是你同意了那个怪异的要求，会是什么感觉？你身体力行的时候，会是什么感受？这样的感受与选择拒绝并面对他的怒火相比，真的让你觉得更好受一些吗？

怕归怕，但做还是要做。用前面讲过的技巧，把拒绝说出口。记住我之前说过的：这样的人配不上你。

你的内心总会有消极情绪的。你无法完全保护自己不受它们的影响，但是你可以选择由谁来触发这些情绪：你自己——还是别人。当别人操纵你的时候，你要对你自己和自己的人生负起责任，大声地、清晰地、明明白白地把拒绝说出来。

请你想一想：每个人在离开心理舒适区的时候都会感到忧虑和恐惧，可是仍然有那么多的人把这些情绪抛在一边，"只管去做"——既然这样，那么就只能有一个结论：问题并不出在恐惧上。问题在于你选择如何面对它。

还有，记住这个：脑袋里的想法并不可怕。你也许要问，这话是什么意思？这么说吧，恐惧和忧虑是在你的脑袋里产生的。是你在脑袋里开始担心由于没答应妻子无理的要求，妻子要发脾气了，担心她整个周末都不会搭理你，担心她会气得直喘，然后泪水涟涟。这一切担忧都存在于你的脑袋里，在它们真正发生之前，都只是你的想象。而且，要改变你自己脑袋里的想法易如反掌。

例如，你可以给自己灌输这样一个积极的想法：现在我已经掌握了所需的方法，我的人生将重新由我自己做主。

揭穿他们的操纵行径

　　只要你和操纵者之间的那种看不见的契约维持原状，你受到的操纵也将一成不变。因此你需要打破这种契约关系，说出你正在经历的事情。

　　在家或者在工作中表现出一脸痛苦的样子是没有意义的——没人能读懂你心里的想法。你需要做的，是当面与操纵者对质，说出你发现的事实。你可以专门准备一次私下的交流。倒不必特意为此安排一顿豪华晚餐，搞得多么隆重，但要确保你们能在不受打扰的情况下交谈。

　　斟酌好你需要说的话。为了你能理解我的真正意思，我先讲解一下大致框架。如果你不想让对方产生误会，就必须把每一句都用上。

你应该这样说：

1. 当你……（说出操纵者的所作所为，即你希望他们别再做的行为）

2. ……我感到……（准确描述他们的行径带给你怎样的消极情绪）

3. 如果你能不再（进行那种令你不悦的行为），而是（讲明在这种设定的情况下你希望看到哪种行为）

4. ……那么我会感到……（准确描述与操纵你的伴侣 / 老板 / 同事 / 母亲等人在一起时你想拥有的感觉）

你需要把这些话严格按照以上的顺序一字不差地说出来。这样一来，你的信息就能够被对方了解，而且操纵你的人很有可能真的会听进去。假如他们为人基本上还算通情达理，只不过是某种行为不太合适，那么通过这种方法，你将看到他们的改变。

举个例子。几年之前我曾教一个来找我做心理辅导的人这样说：

1. 当你提高嗓门，冲我大喊大叫的时候……

2. ……我感到害怕、忧虑。

3. 如果你能不再对我喊叫，而是用平静的声音跟我说话……

4. ……那么我会更能感觉到你对我的尊重和重视。

再比如：

"当你说你一直都特别孤独的时候，我感到很难过，觉得自己不是个好妈妈。如果你能不再没完没了地说你孤单，而是跟我讲讲你和爸爸今天都做了什么，我会不再感到焦虑，放下心来。"

在工作中的话，也许听起来像这样：

"当你说我是个无能的蠢材的时候，我觉得自己一无是处，只想卷铺盖回家。如果你能不再质疑我的智商，而是指出我犯了哪些错误，告诉我原本应该怎么做，那么我会备受鼓励，努力去提高自己的工作能力，更好地完成任务。"

假如要摊牌那一天你正好感觉状态满格，也许还可以说得再大胆一点：

"当你没完没了地抱怨自己感觉不舒服，并暗示这是我的错时，你带给我的负罪感压得我喘不过气来。如果你能别再赖在床上，臆想自己有这样那样的病，而是起床穿衣，梳洗打扮，哪怕就这一次，做点有用的事，我才会有勇气继续跟你走下去。"

现在我们已经打破了操纵者的套路，不是吗？他们的反应一定会令你意想不到。

如你所见，我给出的每个模板都是按这 4 个步骤的顺序来的。你不妨也拿出笔和纸，开始写写画画吧。首先在你脑海里蹦出来的是什么事情？他或者她的行为让你感觉如何？从今往后，你想看到什么样的改变？你想由此获得怎样的感受？把想说的话完整地按模板写下来，然后大声读上几遍给自己听。

当你向操纵你的人阐明你的立场时，声音要平静、带有自信。我知道，说起来容易做起来难，但是练习几遍之后会容易很多。

若是你想把自己的意思完全清楚地传达给操纵者，避免产生任何歧义，那么可以用下面这句话来给你们的沟通画上圆满的句号：

"我知道你是故意大喊大叫 / 哭 / 责怪我，但是现在我告诉你了，我会为此感到难过 / 害怕 / 一无是处 / 没有安全感。"

为什么这句话很重要呢？一方面是因为操纵你的人本来就没料到你会说出这些话，而你这样一说就又强调了一遍。另一方面则是因为，这样你就表明了你已经发现他们对你的那些做法是刻意为之。同时你也强调了产生消极情绪的责任在你自己。假如你的原话是责怪他们的行为让你感到不爽，就有引发争论的风险，而争吵的结论很有可能是：你所说的都是胡思乱想，你不该有那样的情绪，等等。

接下来就看操纵一方的了，看看他们是否愿意通情达理地接受你的意见，做出改变。

开弓没有回头箭，
要摧毁操纵就坚持到底

这很可能要被迫花费你数周甚至数月的时间。我想提醒你的是，你正在夺回你对自己、你的情绪以及你整个人生的控制权。这一切都是值得的。相信我。

那个操控你的人——你的丈夫、同居的伴侣、老板、同事、孩子、母亲或者那个也许早就应该断交的差劲的朋友——并不会满心高兴地接受这一切。在你说了上一条里我教你的那些话之后，你得到的回答可不会是："哦！你不说我都不知道！抱歉，我立刻就改。"

不是这样的。行为的改变需要时间。要完成从坏的行为到好的行为的转变，可能会花上几个月的时间，这也是为什么我想提醒你别忘了我之前讲的始终如一的威力。

你一旦跟他们摊了牌，就要走到底。

如果你已经说了你不愿接受某种行径，就必须坚持这一立场。万一操纵你的人恰好是精神病态者,那么他们会立刻答应你提出的要求,然后寻找你言行之间的差异,伺机而动。一旦他们发现了你的软肋,就会狠狠捅你一刀,而且这一次捅得更深。

再说一遍,始终如一的威力。

当操纵你的人用他们那一套方式对待你时——比如不理不睬、喊叫、咒骂、摔门、用拳头砸桌子、满面怒气、轻蔑地笑、哭泣、抽噎、生闷气、说难听的话、唉声叹气、无视、威胁,或者任何一种他们以前在你身上成功用过的手段——此时你只要说:"我知道你想让我做 / 不做某某事,但我不吃你那一套。"

举几个例子:

· 我知道你想让我替你做这个工作,但你的威胁再也吓不倒我了。

· 我意识到了,你想让我明天跟你一起去,但是你这样无视我,对我不理不睬是起不到任何效果的。

· 我看出来了,那件事你想让我去做,但是你朝我发火,对我说难听的,冲我挥舞拳头,这些花招再也不管用了,知道吗?

你要做的,就是头脑冷静地用平静的语气解释:

"我知道你打的是什么主意,你那招不再管用了。放弃吧。"

到这个时候,操纵你的人可能就得试试其他法子了。要么就从今往后对你放尊重些。

313

提出继续维持现有关系的条件

    实际上，比起在职场，这一步在私人关系中更容易做到。如果你有一个喜欢操纵人的老板，就会有所顾虑，未必会提这些条件。我这辈子所共事过的最好的老板中，有一位曾给过我一个善意的忠告，那就是——良禽择木而栖，贤臣择主而事。选错了老板，你将一事无成。你没有权力左右老板的行为，这是做员工的不幸。你只能寄希望于他们的判断力，希望他们能有那个脑子看出你所提的这些条件的重要性。此处的言外之意是：如果这位老板真的听不进去你的谏言，或许你是时候考虑一下跳槽了。

    在家庭中，这一步实际上要容易做一些。你可以对你的伴侣、母亲、兄弟姐妹们说，如果他们不对你放尊重些的话，你可是准备好了随时跟他们说拜拜的。

    我知道，这也是说起来容易做起来难。可是假如你已经发觉和你同在一个屋檐下的人在操纵你，那么其实你也找到了自己一直不开心的根源。如果你已经从第一页一路读到了这里，我想你应该不至于在此时打退堂鼓。

为了避免不必要的关系破裂，你可以提出一些条件，一些在你看来维持一份正常人际关系应该满足的条件。注意：此时并不是把你们关系中的控制权完全切换到你那边的时候。这一切并不是为了让你为过去几年承受的痛苦报仇。那样的话，你就变得跟正在操纵你的人一样了。己所不欲，勿施于人，我知道你一定有这个觉悟。不过在你们俩都做好准备放下包袱，继续维持现有关系之前，你的确需要把几件事情讲清楚。这相当于是为你们彼此关系中的某些部分建立起某种行为守则。

我建议你：

1. 与对方讲明，从现在开始，在你们的关系中你愿意或者不愿意做哪些事情，由你自己来决定。你会综合考虑自己的需求以及他人（包括操纵你的人）的需求。

2. 与操纵你的人讲明，你希望他们怎样待你，比如对你尊重一些、诚实一些、体贴一些；讲明你希望操纵你的人能够对你表现出正常人对一个伴侣（或者女儿、爱人等等）应有的重视。直截了当地告诉他们，你不会允许自己在你们的关系中受到伤害。

3. 建立明确的行为规则和底线。告诉他们，你不会再容忍他们对你使用操纵伎俩（最好再把你发现的那些手段挑明）。注意，不要威胁他们，那只会让情况更糟糕。只要讲清楚，但凡出现了你禁止的那些手段，你就绝不会在任何程度上与他们开展任何形式的对话。

4. 让操纵你的人承认你也有需求，有原则，有自己的看法和价值观；即使这些与他们所持有的不一致，并不说明它们就是错的。跟他们解释清楚，不能仅仅因为他们觉得自己是对的，就理所当然地认为你是错的。

5. 一旦你给自己的人格设定了清晰的界限，告诉对方，从现在开始你希望你们的关系能呈现出更好的质量。

6. 最后，（也许带着友好的微笑和善意的眼神）请操纵你的人确认他们认真听了你说的话，完全理解你要表达的意思，并且以后会努力按你所要求的去做。

就这些。

不过话说回来，那个搞不好已经操纵了你好几年的人不太可能听了你的话之后就说："好的，没问题。"但是，如果你是按照以上 6 个步骤来重塑你的完整人格的话，也确确实实有可能收到这种乖乖让步的回答。

不过话又说回来，当你要讲明这几件事情的时候，新的恐惧、忧虑、负罪感会从你心里冒出来。要做好心理准备。抵制住为此想要退缩的本能。记住，恐惧本身并不是问题，问题在于你怎么处理它。何不买一本《怕归怕，做归做》呢？现在机会就摆在你的面前，你可以让一段不正常的关系真正得到一些改善。

一切顺利的话，操纵你的人将逐渐采用一种新的处理问题的方式。借助于你的果断——最重要的还有你始终如一的行为——你的新措施说不定真的会给你们的关系注入新的活力。它很可能带领你们彼此的关系进入全新的、你们俩都未曾想象到的境界。

还有最最要紧的是——一点现实主义

我教你的方法存在一个风险：听了你的话之后，操纵你的人有可能会表示你们的关系走到头了，然后弃你而去。这种情况当然可能发生。不过别的暂且不说，最重要的是它证明了一件事：操纵你的人在乎的不是你。不是。他们当初和你在一起是为了得到你能提供给他们的那些东西，如今他们想换个人来榨取而已。假如他们不能完全按照自己想要的方式维持与你的关系，那么他们就不想和你有任何关系。

这当然就回答了我们在这一章开始时提出的问题：这段关系真的值得为之付出吗？

CHAPTER

ELEVEN

11

万一前面讲的方法
都不管用怎么办?

有些谎言比真相更容易让人相信。

——《沙丘》，布莱恩·赫伯特、凯文·J.安德森著[1]

换句话说：
怎样保护自己免受纯种精神病态者的伤害

　　为什么会有人爱上那些因为犯下令人作呕的罪行而锒铛入狱的暴力犯罪分子？很常见也十分奇怪的一个原因，是有许多人生活在一种臆想之中，以为自己有本事让精神病态者变回正常人。在世界各地的监狱里，关着犯有蓄意杀人、过失杀人、强奸、殴打、虐待、恋童以及更多罄竹难书的可怕罪行的罪犯。

1《沙丘》系列是科幻小说中的经典，前六部《沙丘》《沙丘之子》等由美国科幻巨匠弗兰克·赫伯特（Frank Herbert，1920—1986）所著，其余几部是其儿子布莱恩·赫伯特（Brian Herbert）与友人凯文·J.安德森（Kevin J. Anderson）共同创作。——译者注

然而，这些罪犯从渴望爱情的女性那里收到的情书比其他所有犯人都多。

这是为何？除了显而易见的原因——某些女性自己精神有问题之外，更有甚者，那些对杀人犯和其他暴力重刑犯着迷的女性甚至也愿意犯下重罪。例如，某些研究表明，有暴力倾向的女性往往会与有暴力倾向的男性"出双入对"。

这时候我们就要把自尊心匮乏的因素考虑进来。有的女性追求犯罪分子是因为，和一个具有危险性的男人组成一对能给她们带来某种地位，她们还会经常在熟人圈子里显摆这一点。既然这样，还有谁能比一个杀人犯更具有危险性？另一些女性爱上罪犯则是出于她们患有某种令人费解的自恋症。她们心中所想的是："的确，他杀过别的女人，或者强奸了她们，但我不一样。我能让他变回正常人。"这样的想法太危险了。

许多精神病态者具有的那种魅力就如符咒一般摄人心魄。说到这些恶棍，要是我把他们的案例细数给你听的话，你怕是会很难相信的。在小小的瑞典，因犯下滔天罪行而被判长期监禁的杀人犯和暴力犯罪分子，纷纷与他们的律师、受害者的律师、他们的精神病医生、把他们诊断为精神病态者的心理学家、警察以及狱警，谈起了恋爱。不难看出，精神病态者能从这些恋情中获益。但这些人呢？以上提到的这些人理应比常人更有洞察力才是啊！

最可怕的例子莫过于，精神病态者甚至成功愚弄了精神病学专家。本书中提到过几次的罗伯特·黑尔博士也承认自己被一个精神病态者愚弄过。如果连他都不能发现危险……你意识到可能发生在你我身上的事了吗？

可是，与精神病态打交道就是这样的。它以一种奇怪的方式吸引着人们，甚至还有以精神病态者为主角的影视作品问世。就拿那部播了不下八季的电视剧《嗜血判官》[1]（Dexter）里的主角德克斯特·摩根做个例子吧（此处剧透预警，如果你还没看过全集的话）。我自己把整整八季看完了，觉得挺好看的。不过我确实从大约第四季开始就数不清他到底杀了多少人了。如果平均一集一个受害者的话，德克斯特大概是荧幕上最可怕的连环杀手之一。假如这个故事是真的……不敢想。那将意味着几百个受害者失去了生命。（别给我发邮件，我承认这个数不准确，因为我没数过。）

然而尽管如此……我们也为他而着迷。

"可是，等一下，"也许你正在想（如果你看过这个美剧的话），"德克斯特只杀那些杀人犯，所以他其实为社会做了一些好事。就跟 007 詹姆斯·邦德差不多。"

我永远都不会主张人们用自己的双手主持正义，而且现实

---

1 又名《嗜血法医》《双面法医》等，是一部根据小说改编的美剧，于 2006 年至 2013 年播出，共八季。剧中男主角德克斯特·摩根因童年时期的创伤经历，在成年后表现出嗜血倾向。身为警察的养父发现此事后，开始教导德克斯特分辨善与恶，训练他成为一名专业的杀手。从此，德克斯特走上了白天当警局法医，夜晚击杀凶犯的双重人生。——译者注

生活中具有暴力倾向的精神病态者基本不会像德克斯特那样能控制住自己。但是，不管怎么说，他的一系列行为给他的家人带来了接连不断的危险。在电视剧的开头，他的妻子只不过是他用来掩盖自己杀人罪行的幌子。他想让自己看起来是正常人。然而他所做的一系列事情却导致了无辜的妻子惨遭割喉。在大结局里，他自己的妹妹在保护他的过程中被杀。德克斯特为此感到悔恨，这样的他当然显得更有人性。可是问题在于，他的悔恨在现实生活中不会存在。一个有他这种杀人本能的精神病态者不会因为亲密之人惨遭不幸而感到任何的悔恨。

话虽如此，事实上我们"支持"德克斯特的性质与某些女性支持现实生活中的精神病态者的性质如出一辙。她们找到正在服刑的精神病态者，听他们讲述另一个版本的故事，说司法系统如何不愿听他们的辩解（他们是无辜的），自己如何为此所累，成了受害者，错被定罪。还说，一直没有人理解他们，如今终于出现了一个似乎能真的读懂他们的女人。精神病态者往往还会拿自己童年的可怕经历来说事。不过当然了，童年遭遇其实与他们的精神病态没有任何关系。除了极个别的几个特例外，精神病态是与生俱来的，儿时是否受到虐待于此没什么大的影响。

（有些最新的理论认为，可以通过某些手段人为创造出精神病态，例如用某种特定的方法对年轻人进行训练。在某些非洲国家，有人让9岁大的孩子们先吸食大麻，然后给他们发步枪，鼓励他们朝死猪身上射击。这样一步一步地，最终训练出一群能端着 AK—47 射杀人群的娃娃兵。但这并不是精神病态，而是教化、洗脑，是一种让人性里的同理心变得麻木、迟钝的做法。训练孩子们做出恐怖行径的那个人才是这个例子中真正的精神病态者。）

　　许多女性认为自己能使犯罪分子改过自新，能驱除精神病态者内心的恶魔，让他们变回"正常人"。

　　精神病态不可能治愈。要是说专家们完全同意这种观点，会有点夸大其词——做学者的从来都不真正认同彼此的观点；但这种观点确实无可辩驳。精神病态是一种大脑异常造成的人格障碍。关于这一课题有大量的神经生物学研究，并且每年都有新的研究成果发表。借助核磁共振成像，有可能精准定位是大脑中哪个位置出了问题——简单地说，似乎与杏仁核（大脑的记忆与情绪中枢）有关——然而以目前的技术，是没办法治愈的。

　　用药不管用。

　　做手术也行不通。而且说到底，给哪个地方做手术呢？脑叶切断术[1]在几十年前就已经被认为是不可接受的了。

---

1 又称脑叶白质切除术，始于 20 世纪 30 年代，主要被用来治疗精神分裂症等精神疾病。但是限于当时的医疗水平，手术效果并不稳定，有的患者确实有所好转，有的患者则甚至有病情恶化倾向，还有的患者术后变得弱智、痴呆等。因此，该手术在 20 世纪 70 年代之后就逐渐被摒弃。——译者注

此外,自 20 世纪 60 年代以来,所有尝试用心理疗法治疗精神病态的努力都以失败而告终。而且,这些治疗似乎甚至让情况变得更糟。心理治疗往往是要帮助患者理解自己的行为,这通常是好的。然而如果你跟一个精神病态者解释他们的行为让别人如何痛苦,那只会给他们带来新的思路。有关精神病态的文献里有许许多多这样的案例,被关押的精神病态者利用自己在心理治疗中获取的各种知识,骗过了司法系统和心理评估师,被释放回到社会中,造成了更为巨大的破坏。别忘了,他们可是从心理治疗师那里拿到了通关秘籍。他们所做的就是给人一种可信的印象,让人以为他们又恢复了正常,这就更具有迷惑性了。所以,用药、手术、心理治疗都无法改变精神病态者。要说有什么东西看起来能影响这些人的话,似乎只有一样:年龄。随着年龄的增长,精神病态者通常会变得稍微平静一些。

我自己也遇到过类似的事情,有个精神病态者曾试图利用我,并且想方设法要从我这里获取什么。此人是我朋友的朋友,我跟他不怎么熟。他并没有对人做出什么暴力犯罪,而是采取了一些更为不易察觉的手段。但毫无疑问的是,他的身上具有一大堆精神病态特质。我们两个的朋友圈子存在交集,当时我们俩都认识的一个人(他的前妻)让他觉得很不爽,于是他就给我发了一封电子邮件,认为我应该对此做点什么。奇怪的是,他经常提到我是一个行为科学家的事;大概是他想通过这种方式告诉我,我理应更能理解他的处境,理应认同他这个精神病态者的说法，把他的前妻看作一个无赖。

从表面上看，这个人和蔼可亲、善于交际、性格外向、富有魅力。有点一根筋；还有，说老实话，他相当以自我为中心。但总的来说，人畜无害，是个不错的家伙。你若是不跟他住在一起，永远也不会相信他这人有什么特别之处。他在私人生活中和职场里都有大量的"棋子"环绕身边。

然而，一些有意思的事实却为我们呈现出了另外一副面孔。他一生都在模仿与自己生活在一起的人。他的上一任妻子，我的熟人，喜欢园艺和家居装饰。于是她的丈夫立刻也对在自家草坪四处挖洞产生了兴趣，又把家里的墙纸都撕了，开始重新装修。此外，这位女士还喜欢经常做大量的体育锻炼，后来她改为到健身房进行更专业的健身，然而这回她的丈夫又一次把她的兴趣接管了。他每周都要去训练几次，把身材练得很棒。他甚至任命自己为她的私人教练（又是自命不凡的体现），尽管她才是健身方面的行家。

这些看起来也许全都没什么特别奇怪之处。许许多多的夫妻都会一起去做一些事情，互相激励。然而在这个例子中，有个怪异的规律。当那位女士终于实现了多年的梦想，买了一匹马，开始上马术课时，她的丈夫也学起骑马来。可是夫妻两个一起学马术的状态顺利地持续了很久，以至于后来他不得不给自己报了很多额外的培训课，这样他妻子才能没有时间练习，放弃了原本属于她的梦想。结果就是，当他在外面练习她喜爱的马术时, 她却不得不待在家里——得有人照顾孩子。他就这样一个又一个地接管她的业余爱好, 没多久, 她的整个生活都被他接管了, 就好像被人从驾驶座请到了后排座椅上。

遇到偏差行为时, 我们必须注意观察其规律。有时候, 我们每个人都会做一些甚至连我们自己都无法解释的错事。因为我们所做的决定并不总是符合逻辑的。但是, 如果某种行为一遍又一遍地重复出现的话, 我们心里就要清楚——该提高警惕了。因为这个行为不会就此停止。回到刚才的例子上。奇怪的是, 此人在前一段感情中, 也对当时的恋爱对象做了相同的事。那位女士是精英级的体操运动员, 于是体操也变成了他的最大爱好。那时的他并没有去健身房, 也没有在自家草坪上挖坑或者去骑马。而在他目前所处的恋爱关系中, 以上这些兴趣爱好他一概不再从事。他现在干的是策划婚礼的事情, 因为在他的一系列交往对象里, 最新的这位女友干的是这一行, 她有一家专业做婚庆策划的公司。如今的他已不再钟情于园艺、家装、骑马、健身、体操。谁知道这些兴趣后来都被他怎么样了。

他觉得, 我作为一个行为科学家, 应该更能理解他, 并支持他的……我不太清楚要支持他什么。我自始至终没能理解他想从我这儿得到什么。

我真的不想卷入他们俩的冲突之中。一开始, 我答复他说, 正因为我是个行为科学家, 我才一早就看出了他和他前妻冲突的前因后果; 这也是为什么我没搭理他邮件里写的那一套。

不过他当然不会善罢甘休。最终我还是针对他的问题给了一些提示，比如为什么孩子不愿意见他。

他收到我答复之后的做法耐人寻味。他花时间对我的回复仔细斟酌掂量了一番，然后就开始在某些方面展示出"正常人"的样子。具体说就是，他自我表现得就好像真的很关心孩子，会为孩子负责似的。他甚至开始跟遇到的每一个人诉说自己一向为孩子做了哪些付出，看似深谙为人父母之道；其实他是刚刚才从我这儿学的，以前他根本不是这样。然而他周围的人中有许多都相信了他所说的"孩子是我的一切"这种谎话。他们只是听到他嘴上这样说，至于他是怎么对待自己的孩子的，他们却一无所知。他为孩子做了什么？他什么都不做。

如今我已不再回复他的邮件了。我不再给他任何建议，而是让他自己去猜该如何表现才"正常"。我不太清楚他的事最后怎么样了。

要对付真正的精神病态者，你必须这样做

所有的专家都建议，你一定要尽可能地远离精神病态者，越远越好。想说服他们弃恶从善？或者，想让他们明白自己的行为伤害了你或者你的亲友？算了，忘了这些想法吧。不要试图与精神病态者讲道理，也不要以为你能和他们进行什么接触。任何这种形式的接触只会于精神病态者有利。他们会积极主动

地施展手段，让你周围的人都起来反对你。他们会操纵认识的每一个人，让这些人相信你才是坏人。

精神病态者不等于精神病患者，后者经过药物治疗或者心理治疗之后，异常的行为会有所改善。精神病态者却永远都不会改变。这一点你必须明白。

如果你读了前一章的内容，并且按照我给出的建议，尝试去夺回对自己的控制权，那么很快你就能知道你正在尝试抵抗的对象是否是一个精神病态者。倘若你们之间的关系开始重回正轨，并且你们已经把这种正常关系保持了很长一段时间了，那么，你是幸运的。然而，万一情况不是这样，万一没过多久你就又一次陷入了同样的老旧套路之中，那么很不幸，你只有一条退路可走：起身，离开。

只有这个方法能奏效。尽可能地拉开你和精神病态者之间的距离，越远越好。我知道，在这里讨论要比在现实生活中真正去实行简单得多。然而这是你唯一能做的事。对精神病态者而言，你不过是一个资源，一个可替换的资源。

有一些我认识的人已经与父母一刀两断，这些父母曾经像寄生虫一般吸噬着子女原本健康的内心。那些做儿女的当初做出这样的决定并不容易，可是，他们总不能留在一个会让自己崩溃的环境中吧。

至于我自己，几年之前我结束了一段感情，在这段感情里我照做了前一章里所写的每一件事。我向她表示，如果这段关系要继续维持下去，就必须做出改变。

　　恋爱是相互的，然而她却对我这一方提出的问题不予理会，所以我选择了离开。她为此而做出的惩罚举动让我清清楚楚地看明白了在她心中我和我们的感情有多少分量。她要求得到我所有的钱；向法院起诉我，好把我的公司收归她名下；还指控我偷窃、骗保以及其他一摊子罪名。真是晴天霹雳。她曾经是爱过我的……我倒是从这个打击中重新站了起来，但是我知道，这段感情是毫无希望了。虽然是一场惨痛的教训，但是至少，如今我的人生确实由我自己来主宰。

　　所以我的建议是：起身，离开。

　　不要试图与精神病态者抗争。要打消一切报复的念头。报复是行不通的。别在社交媒体上曝光他们的行径，也别把他们描绘成精神病态者，尽管现实就是如此。因为他们对此早有准备，有可能会对你展开反击。万一他们被你惹恼了，就会凶相毕露，毫不留情地用尽方法来打垮你。他们很可能会得逞。因为这些人已经把虚假的个人形象四下传播，根植于人们心里。他们的"棋子"也无处不在。当你辛辛苦苦养家糊口的时候，精神病态者却在给各种各样的人打电话，散布有关你和你们俩关系的谣言。与手段高明的他们比起来，你永远只有认输的份儿。

　　"你说得没错，但是，"你可能在想，"我不能就这样任人宰割！"

没错，就是不能。

所以才要起身，离开。

这个决定你不做也得做。这一局你赢不了的，因为你是人。你有感情，有同情别人的能力；如果你真的伤害了谁，会感到内疚。而这一切，精神病态者什么都感觉不到。对于他们而言，你并不比一万多公里外加尔各答街上的一条流浪狗重要到哪儿去。你什么都不是，也什么都不算。你只不过是一个挡了他们路的人。

万一你爱上了一个精神病态者；万一你不巧已经与精神病态者结了婚；万一你发现自己和精神病态者一起养育了孩子……事情当然会极为棘手——

然而……

你要起身，离开。

如果你刚刚发现工作中有个同事，或者你的老板，是个精神病态者——那就换一份工作。当然了，若是你能保持自己不被盯上那就另说。可是那将是怎样的一种工作体验啊。再说了，精神病态者会想出什么坏点子，你可控制不了。说不定你就是下一个受害者，而原因仅仅是因为他们想找点乐子，试试看能不能把你整崩溃。也有可能是你挡了他们的升迁之路，让他们觉得必须把你除掉——而且他们也一定会去这么干的。

所以，起身，离开。

最后——一些助你前行的话

我亲爱的读者，很高兴你已经一路读到了这里。如果你还读过《周围都是白痴》的话，有几句话我想对你说：我一直都知道，这本书的风格应该更阴郁一点，也许笔触不应该这么轻松有趣。可是，当我发现有人选择错误地、有时还以十分阴险的方式利用这些知识时，我觉得必须写这样一本书。具有红色性格，绝不该用来替粗鲁的行为做辩解；把行事作风敷衍马虎归咎于"我是黄色性格，所以我无法保持文书工作井井有条"，也不是什么理直气壮的借口。

利用人的性格把人玩弄于股掌之中是不可接受的。既然你已经读过本书，那么，万一这种事情发生在了你身上，你知道该怎么应对。有许多人在个人生活中和职场里掉进了精神病态者的魔爪，罹患了创伤后应激障碍（PTSD，即 Post - Traumatic Stress Disorder），不得不长年累月地请病假；现实中这样的例子并不少。千万保护好自己，不要让这种事发生在你身上。万一你不幸真遇到了，要敢于向专业人士寻求帮助。比如认知行为疗法（CBT，即 Cognitive Behavioural Therapy）在很多案例中都被证明是非常有益的。不过，最重要的还是不要试图完全靠自己挺过可能存在的创伤。要寻求帮助。

如果你不想管它，至少也要阅读一本相关书籍。在本书的末尾我附上了一些阅读建议，有些是关于精神病态的，以便你们中有人真的想更多地了解当下的研究进展；不过也有一些是教你怎样训练自己的，比如，万一你想提高你的自尊心，好让自己能更好地抵抗他人的操纵。

如果你想了解四色性格的更多内容，如果你还没有读过《周围都是白痴》，那么，何不买一本呢？只要有书卖的地方，都能找到这本书的身影，公共图书馆里也有。何不借机好好了解一下 DISA 性格测评呢？它将帮你在工作上和个人生活中节省大量的时间，也能免去你许多的头疼事。

是否有必要每天忧心忡忡，担心会遇到精神病态者呢？是否从现在开始要对遇到的每一个人心存怀疑呢？

当然不。

但是，知识就是力量。

现在的你已经意识到了以前可能从没想过的危险。你知道了有不少人心存不轨，并且愿意大费周章，在攫取利益后让你买单。

咱们现实一点吧：开车也有风险，但是那并不会阻止你上路，对吧？想一想，当你坐在自己的车里，手握方向盘，始终注意四下、观察周围的车辆和行人，这并不意味着其他所有的司机都存心想撞你，而是说你了解与他人共用道路时实际存在的风险，并知道如何避免。如果你眼观六路、耳听八方，那么通常什么问题都不会发生。路口的红绿灯你要注意看；特殊车辆的警笛你要留心听；遇到旁边有骑车的，要给他们留足空间。

正如你在开车时会不断地去看后视镜一样，我希望你在与不了解的人（也许看过本书之后你倒是了解得透透的了）打交道的时候也保持足够高的警惕，注意他们的行为以及对你们关系的态度。

要提醒你自己，别忘了我在这本书里所写的内容。倘若某个人获取了你的信任，要小心，别以为从此就能一辈子信任下去。这个（无疑非常讨人喜欢的）人要是突然开始行为不端，那么此人三个月前的良好表现没有任何参考价值。一定要根据他们近期的行为做出判断，而不是开始的。

这近期的行为就代表了你此时眼前的这个人。他们现在展露出的才是真实的自己，不是他们诱捕你时用的那一套假面具。那副面具只是做给你看的。记住，你给他人的信任始终都需要靠他们自己以实际行动来赢得。

想象一下，假设有个人每天早上、晚上都要打妻子的脸，你会劝她挺住，想一想孩子们，想一想贷款，想一想她的名声还有三年前他对她的好，然后鼓励她继续跟他把日子过下去，抛开他不断地打她的脸这一事实不顾？

不，你当然不会。你会尽你所能帮她摆脱这个折磨她的人。

在精神病态者、带有精神病态特质者或者普通的操纵者的淫威之下，受害人恰恰就是这个样子。只不过身体上的暴行在这里换成了精神上的虐待，在某些案例中甚至是精神上的十足的折磨。无论别人会怎么想，无论孩子们会不会没有个"完整的家"，无论离开后会不会在经济上遭遇困难——留下，绝不是一条可选的路。

虐待就是虐待，无论是肉体上的还是心灵上的。

还有，最后，你需要回答那个我提过的问题：

你的自尊价值几何？

只有你能回答这个问题。

书单

Bentley,Barbara,A Dance with the Devil:A True Story of Marriage to a Psychopath,Berkley Publishing Group 2008

Black,Will,Psychopathic Cultures and Toxic Empires,Frontline Noir 2015

Boddy,Clive R.,Corporate Psychopaths,Palgrave Macmillan 2011

Cascadia,Janet,Tyranny of Psychopaths,Createspace Independent Publishing Platform 2015

Clarke,John,Working with Monsters,Random House Australia 2002

Cullberg,Marta,Självkänsla på djupet-en terapi för att reparera negativa självbilder,

Natur&Kultur 2009

Duvringe,Lisbet och Florette,Mike,Kvinnliga psykopater,Ekerlid 2016

Erikson,Thomas,Omgiven av idioter-hur man förstår dem som inte går att förstå,Hoi förlag 2014

Evans,Patricia,Controlling People,Adams Media Corporation 2002[1]

Forward,Susan och Frazier,Donna,Emotional Blackmail,William Morrow Company 1998[2]

Gregory,Deborah W.,Unmasking Financial Psychopaths,Palgrave Macmillan 2014

Hare,Robert D.,Psykopatens värld,Studentlitteratur 2005

Hintjens, Pieter,The Psychopath Code,Createspace Independent Publishing Platform 2015

Hyatt,Christopher S. och Tharcher,Nicholas,The Psychopath's Bible,Original Falcon Press 2008

Jeffers,Susan,Feel the Fear-And Do It Anyway,Vermilion 2007

Kiehl,Kent A.,The Psychopath Whisperer,Oneworld Publications 2015[3]

Lindwall,Magnus,Självkänsla bortom populärpsykologi,Studentlitteratur 2011

Lingh,Sigvard,Vardagspsykopater,Recito 2011

---

1 本书在国内已有中文译本出版，书名为《不要用爱控制我》，京华出版社出版。

2 本书在国内已有中文译本出版，书名为《情感勒索——助你成功应对人际关系中的软暴力》，金城出版社出版。

3 本书在国内已有中文译本出版，书名为《精神病态者的科学——不是我杀的人，是我的大脑和基因！》，湖南科学技术出版社出版。

McKenzie,Jackson,Psychopath Free,Berkley Publishing Corporation 2015

McNab,Andy och Dutton,Kevin,The Good Psychopath's Guide to Success,Corgi 2015

Näslund,Görel Kristina,Lär känna psykopaten,Natur&Kultur 2004

Ronson,Jon,The Psychopath Test,Picador 2012[1]

Shelby,Richard,Hunting a Psychopath,Booklocker.com 2015

Törnblom,Mia,Mera Självkänsla,Forum 2006

Törnblom,Mia, Självkänsla nu!,Forum 2005

---

[1] 本书在国内已有中文译本出版，书名为《疯狂心理学——发现潜伏在日常生活中的疯狂》，江苏人民出版社出版。